本书为国家检察官学院科研基金资助项目
"捕诉一体办案机制研究"（GJY2019D01）的最终研究成果

"捕诉一体"论

闵丰锦 ◎ 著

知识产权出版社
全国百佳图书出版单位
——北京——

图书在版编目（CIP）数据

"捕诉一体"论／闵丰锦著.—北京：知识产权出版社，2020.6
ISBN 978-7-5130-6842-0

Ⅰ.①捕… Ⅱ.①闵… Ⅲ.①检察机关—工作经验—中国 Ⅳ.①D926.3

中国版本图书馆 CIP 数据核字（2020）第 079649 号

责任编辑：齐梓伊 唱学静 责任校对：王 岩
封面设计：张新勇 责任印制：刘译文

"捕诉一体"论

闵丰锦 著

出版发行：知识产权出版社有限责任公司		网 址：http://www.ipph.cn	
社 址：北京市海淀区气象路 50 号院		邮 编：100081	
责编电话：010-82000860 转 8112		责编邮箱：ruixue604@163.com	
发行电话：010-82000860 转 8101/8102		发行传真：010-82000893/82005070/82000270	
印 刷：天津嘉恒印务有限公司		经 销：各大网上书店、新华书店及相关专业书店	
开 本：720mm×1000mm 1/16		印 张：17.5	
版 次：2020 年 6 月第 1 版		印 次：2020 年 6 月第 1 次印刷	
字 数：260 千字		定 价：78.00 元	
ISBN 978-7-5130-6842-0			

出版权专有 侵权必究
如有印装质量问题，本社负责调换。

前言 Preface

在职务犯罪侦查权转隶、以审判为中心的诉讼制度、认罪认罚从宽制度等司法体制改革大背景下，从理论体系到实践运行，检察权都面临着重构与调整的机遇。如何做优刑事检察工作，夯实刑事检察权在检察权中的核心地位？检察机关选择了"捕诉合一"的内设机构改革道路，并在内设机构改革之后，将"捕诉合一"的动态改革升级为静态运行的"捕诉一体"办案机制，成为新时代检察权内部整合后的做优之举与关键一招。历经2018年下半年部分省市试点、2019年全国范围内推广之后，恰逢2020年初的新型冠状病毒肺炎疫情防控期间，对于涉疫情犯罪案件，检察机关均提前介入、引导侦查、完善证据，发挥"捕诉一体"办案机制优势，将"从严从重从快"与"可捕可不捕的不捕，可诉可不诉的不诉"的宽严相济刑事政策相结合，取得了良好的政治效果、法律效果与社会效果。

然而，与检察系统在全国范围内推进"捕诉一体"改革不同的是，理论界、律师界对"捕诉合一"改革的疑问、质疑与反对声频发，甚至在中央政法委于2018年7月在深圳举行的全面深化司法体制改革推进会上提出"探索捕诉合一"后，依旧有学者公开撰文反对，捕诉关系的改革存在实践"肯定"与理论"否定"的话语冲突乃至"撕裂"现象。一方面，从此次捕诉关系调整后各界反应来看，自2018年年初"捕诉合一"的风声初起，刑事诉讼法学界、检察机关内部就产生了较大争议，支持者言之凿凿，反对者声势浩大，高校研讨会、律所论坛、检察院辩论赛等频出，不少微信公众号内掀起文章论辩。另一方面，从检察系统有关捕诉关系的历史观点来看，以《检察日报》《人民检察》《国家检察官学院学报》《中国刑事法杂志》等检察系统报刊所刊发的新闻、论文为例,如今的支持立场与10余年前的反对立场截然不同,不少检察系统的学者也从以前的反对者成了如今的支持者,体现了"世易时移"带来的截然变化。

自2019年年初起,以最高人民检察院内设机构改革为标志,"捕诉合一"改革已成为全国检察机关正在做的事,但在探索为主的改革初期,对捕诉关系调整的研究力度相对较弱,"捕诉合一"可能带来的弊端多为理论探讨、推断,检察系统内部对"捕诉一体"办案模式的实践状况研究较少,立足"捕诉合一改革只能继续深化的现实"所提出的建设性意见也有不足。笔者作为从事八年检察实务工作者的一员,兼具诉讼法学的博士研究生身份,既能在检察实践中对"捕诉一体"办案机制进行实证研究,也能在基本法理与比较分析上对捕诉关系展开理论研究。从理论到实践再回理论,笔者对"捕诉一体"的态度经历了"将信将疑—深信不疑"的升级转换,本书为笔者践行"捕诉一体"模式近两年的潜心之作。故不畏粗浅,就本轮"捕诉一体"办案机制的若干研究整理成册,以供学术界和实务界批评。

本书共3编12章。

上编为理论研究(第一章至第四章),从"捕诉一体"改革的理论争议出发,系统解读权力合一、人员合一、标准合一的三重内涵,并将"捕诉分离"与"捕诉合一"进行全面对比,提出"捕诉一体"的正当程序证成之路。

第一章,"捕诉一体"模式的正当程序证成。从程序正义的基本理论出发,提出一条为"捕诉一体"正名之路。"捕诉一体"改革在检察实践中取得了丰硕成果,但依旧面临正当程序缺位的理论质疑。纵然理论界质疑居多,但在实务界看来,"捕诉一体"既是职务犯罪侦查权转隶后的改革契机,也是做优刑事检察的关键一招,更是公正执法的客观义务使然。"捕诉一体"改革的争论之根,在于批捕权改革方向之争。在"捕诉一体"办案模式下,检察机关应当把握批捕权的共性与特性,通过大幅度降低批捕率促使批捕权独立有效行使,通过强化内部监督机制而预防和纠正检察环节的冤假错案,为"捕诉一体"程序的正当性正名。

第二章,"捕诉一体"模式的基本内涵。在对我国批捕权和公诉权二者关系的历史沿革展开系统回顾基础上，对"捕诉一体"办案机制进行了基础理论研究。中华人民共和国成立以来，我国刑事诉讼中批捕权与公诉权的关系彰显出"合久必分、分久必合"的历史规律，分为1949—1978年伴随检察制度新生的初创重建期、1978—1997年我国检察史上的第一个"捕诉合一"期、1997—2018年改革后的"捕诉分离"期，以及2018年至今的第二个"捕诉合一"期——"捕诉一体"期。笔者结合各个时期的特定背景，对不同时期选择不同捕诉关系配置模式的顶层设计进行分析，最终以史为鉴，对此次"捕诉一体"改革的时空背景展开分析。随着检察机关自身对捕诉关系集约化调整的认识逐步深入，以检察机关内设机构改革为载体，此次检察系统的"捕诉合一"改革包括了表面上的捕诉权力合一、捕诉人员合一以及实质上的捕诉标准合一。在捕诉"三合一"的动态改革完成后，捕诉关系进入了"捕诉合一2.0版"——"捕诉一体"的静态化运行状态。"捕诉合一"与"捕诉一体"有何异同？在捕诉关系调整的过渡期，检察机关如何把握改革的进度？笔者在考察了西方法治国家批捕权与公诉权的运行模式后，对"捕诉合一"改革所引起的理论"否定"与实践"肯定"之话语冲突现象进行剖析，并探求潜在的互动与调和之道。

第三章，捕诉标准合一的隐忧与出路。对"捕诉合一"改革过程中的一个"自然结果"——捕诉标准合一，展开官方改革防范警惕与实践运作依然如此的分析评论。检察机关"捕诉一体"改革后，逮捕的证明标准已经无限趋同于起诉的证明标准，形成了事实上的捕诉标准合一。"捕诉分离"时，批捕引导侦查，逮捕标准低于起诉标准，理论上存在"高于逮捕证明标准、低于起诉证明标准"的"中间状态"；"捕诉合一"后，公诉引导侦查，表面上逮捕证明标准被人为"拔高"到起诉证明标准的程度，实际上是在防范冤假错案的高度上，对逮捕条件"有证据证明有犯罪事实"的合理解读。直面"捕诉一体"后的批捕权"虚化"隐忧，应当辩证看待捕诉证明标准合一，正确看待捕诉标准合一对案件质量的提升作用，完善检察机关内部考核机制，以保持捕诉标准合一基础上的批捕独立性。

第四章，"捕诉分离"与"捕诉合一"的对比。从宏观维度，对"捕诉分离"与"捕诉合一"两种模式下的批捕办案环节与公诉办案阶段进行逐项对比。在"探索捕诉合一"的精神下，检察机关的批捕与公诉关系进入了再调整的新阶段。相比"捕诉分离"，"捕诉合一"会带来提前介入强化、控辩协商前移、公诉自行逮捕的机遇，也会引发讯问实效降低、未决羁押增多、辩护难度增大的挑战。"捕诉合一"属于检察机关内设机构和内部职能的调整，应当遵循法治规律，抓住内在的机遇、直面存在的挑战、化解潜在的隐忧。

中编为实证研究（第五章至第九章），分享作者"捕诉一体"办案中积累的批捕、公诉经验，重塑"捕诉一体"下的新型检警、检律关系，创新"捕诉一体"下的内部监督机制。

第五章，"捕诉一体"模式下的批捕工作。对"捕诉一体"办案机制下的批捕权运行进行实证研究，根据最新官方数据，分析后首提"批捕权公诉化"一词。"捕诉一体"模式下的最新批捕数据显示，存疑不捕率提高、相对不捕率下降、诉讼化审查逮捕趋无，反映出批捕权的"公诉化"导向。"捕诉一体"模式下，批捕权运行存在公诉标准"取代"批捕标准、起诉便利性"入侵"逮捕必要性、办案时间"碎片化"的三重样态，有利亦有弊。为了彰显"捕诉一体"模式下的批捕行权独立性、司法性与正当性，应当辩证看待捕诉权力合一、大幅提高相对不捕率、创新轻罪案件非羁押诉讼机制，对公诉权对于批捕权的不当"进犯"加以矫正。

第六章，"捕诉一体"模式下的公诉工作。对"捕诉一体"办案机制下的公诉权运行进行实证研究，根据笔者所在的重庆市南岸区人民检察院"捕诉一体"办案数据和典型案例，展开"捕诉一体"模式下的公诉权运行经验分析。立足重庆检察机关2018年8月内设机构改革后的一线实践，对"捕诉一体"办案机制下的提前介入、批捕、公诉、诉讼监督等系列流程做出剖析。以重庆地区捕诉关系调整前后的批捕、公诉、诉讼监督等相关数据对比，结合此次"捕诉一体"改革之前吉林、山西、湖南省长沙市雨花区、江苏省苏州市工业园区、重庆市渝北区、湖北省武汉市东湖开发区等"捕诉合一"先行检察院的实践经验，重点研讨"捕诉合一"改革是公诉权"吸收""兼并""弱化"批捕权，还是达到了批捕权与公诉权叠加后"1+1＞2"的质量、效率双提高效果。

第七章,"捕诉一体"模式下的新型检警关系。以"检警共赢"为主题,对"捕诉一体"模式带来的侦查"红利"进行剖析。相比"捕诉分离","捕诉一体"办案模式对侦查活动更有裨益。其一,检察官合二为一后,以审判为中心、以证据裁判为标准提前介入引导侦查,侦查质量得以提高。其二,对于侦查员无法"突破"的口供,检察官可以在批捕提讯时,以"从轻量刑""相对不捕"等条件与犯罪嫌疑人进行"认罪协商",侦查手段得以丰富。其三,检察机关在做出批捕或不捕决定时,同步发出继续或补充侦查意见书,填补捕诉之间"真空"状态,侦查效率得以提高。其四,从批捕环节"告知后果,相对不捕",到公诉阶段"宽严相济,兑现承诺","捕诉一体"模式为轻罪案件非羁押诉讼提供了新路径,未决羁押得以减少。据实践调研,检察机关"捕诉一体"办案模式取得了侦查机关的普遍欢迎,提高了刑事案件的侦查质量和侦查效率。

第八章,"捕诉一体"模式下的新型检律关系。以"检律关系"为主题,对"捕诉一体"模式带来的辩护权"弱化"现象进行剖析。检察机关"捕诉合一"的改革,对于检律关系提出了新的挑战。相比"捕诉分离","捕诉合一"会使辩护空间减少、辩护难度增大,不仅影响律师工作,也不利于检察官在内部制约弱化情况下的外部监督,甚至有冤假错案的隐患。律师是检察官的朋友,双方应当携手构建"捕诉合一"模式下的新型检律关系。

第九章,"捕诉一体"模式下的内部监督机制。以"左右手"形象指代"批捕权与起诉权同属一人"的现象,对"捕诉合一"模式下刑事检察权的内部监督机制进行研究。中央在提出"探索捕诉合一"的同时,也提出"探索自我管理、自我监督的自律机制"。针对"捕诉一体"改革可能引发的最大问题——内部监督制约弱化,以"捕诉分离"时的检察权内部监督机制为对比,从理论上分析"自己否定自己有悖人性"与"否定同事比否定自己并不容易"两种观点,立足于"捕诉合一""审查逮捕右手制约左手"与"审查起诉左手绑架右手"两个实际,对"捕诉合一"下内部监督机制的必要性与可行性进行细化剖析和前景展望。"捕诉分离"模式下否定同事相对容易,"捕诉合一"模式下否定自己相对困难,尤其是办案人员的合二为一导致自我监督人性之困、批捕环节的控辩协商导致自我监督意识减弱、微罪不诉的内部消化导致自我监督效果降低。应当对症下药，完善检察官办案组内监督制约机制，健全检察机关内部监督考评机制，建立特殊情况下的更换检察官机制，进一步强化"捕诉一体"模式下的刑事检察权内部监督机制。

下编为前景展望（第十章至第十二章），纵向对比批捕权改良的正面样本——诉讼化审查逮捕机制、负面教训——附条件逮捕制度，横向对比批捕权改良与看守所管理权改良、执行权改良，提出深化"捕诉一体"改革的本土进路。

第十章，批捕权改良的正面样本：诉讼化审查逮捕机制。本章是"捕诉一体"办案模式的纵向对比研究之一，对多年以来检察机关改良批捕权的先进经验——诉讼化审查逮捕机制进行研究，以此对"捕诉一体"改革提出可资借鉴之处。随着"探索建立诉讼式审查机制"的提出，各地检察机关开始了以公开听证、公开听审、公开审查为主的诉讼化审查逮捕探索。诉讼化审查逮捕机制的探索起到了良好的法律效果与社会效果，也引起了一定的争议。应当坚持诉讼化审查逮捕的国际标准，通过听取意见构建诉讼化批捕的常态机制，通过司法听证发挥诉讼化批捕的特殊价值。

第十一章，批捕权改良的负面教训：附条件逮捕制度。本章是"捕诉一体"办案模式的纵向对比研究之二，对多年以来检察机关改良批捕权的曲折教训——附条件逮捕制度进行研究，以此对"捕诉一体"改革提出警惕反思之处。从2006年确立到2017年废止，附条件逮捕制度的"生命"定格在短暂的11年。从诞生初的悄然而至，到运行中的轩然大波，再到维持下的孑然独行，最后到废止时的轰然倒塌，附条件逮捕制度的历史沿革及经验、教训有待梳理、研究。蓦然回首，附条件逮捕制度的废止对于逮捕制度及备案审查制度的完善，具有反面教材与正面样本的双重意义。只有以人民的选择为制度设计的出发点与落脚点，秉持"改革必须于法有据"的原则，才能有效避免制度消亡的跌宕"悲剧"。

第十二章，批捕权改良的合理方向：与羁押权、执行权的对比。本章是"捕诉一体"办案模式的横向对比研究，将学界均有所诟病的公安机关行使羁押权、检察机关行使批捕权、法院行使执行权对比统筹，从理论"否定"与实践"肯定"的现象出发，提炼出公安机关、检察机关、审判机关在司法体制改革中的话语冲突之因，并结合公安机关对看守所管理权、法院对生效裁判执行权的职权配置改革经验，对"捕诉一体"的检察权运行模式做出司法体制改革层面上的展望。我国司法体制中，公安机关行使羁押权、检察院行使批捕权、法院行使执行权的实践"肯定"彰显出本土色彩浓厚的"特色学说"，却被学界以不符合司法职权配置的"普遍学理"诟病，有"侦羁不分""捕诉不分""审执不分"的理论"否定"之虞。从看守所监管权、逮捕决定权、裁判执行权的权力配置沿革切入，通过梳理学界对"羁押权回归中立化""批捕权回归司法化""执行权回归行政化"的改革立场，将公检法三机关对合理行使羁押权、批捕权、执行权所做出的努力进行横向比较，探求背后"法律移植论"与"本土模式论"，"外部改革论"与"内部改良论"，"部门主义论"与"实用主义论"的话语争端，并探寻符合我国国情的羁押权、批捕权、执行权改革之道。

目录 Contents

上编 "捕诉一体"模式之理论研究

第一章 "捕诉一体"模式的正当程序证成 ……………………(3)

一、问题的提出 ……………………………………………………(3)

二、实践肯定：捕诉改革的三维动因 ……………………………(4)

 （一）宏观动因：权力转隶引发改革契机 ……………………(5)

 （二）中观动因：做优刑事检察的关键一招 …………………(6)

 （三）微观动因：公正执法的客观义务使然 …………………(7)

三、理论否定：捕诉改革的话语撕裂 ……………………………(9)

 （一）学者观点：以否定为主 …………………………………(10)

 （二）检察系统观点：从否定到肯定 …………………………(14)

四、争论之根：批捕权何去何从 …………………………………(16)

 （一）猜想之一：权力捆绑，以此守住批捕权 ………………(17)

 （二）猜想之二：釜底抽薪，加速批捕权转隶 ………………(17)

 （三）猜想之三：时移事异，批捕权改革破冰 ………………(18)

五、多维重构："捕诉一体"的正当程序 …………………………(19)

 （一）承认批捕权的共性与特性，不反对转隶 ………………(20)

 （二）大幅度降低批捕率，保持批捕权独立性 ………………(21)

 （三）重塑内部监督机制，对顽症下猛药 ……………………(22)

六、小结 …………………………………………………………… (25)

第二章　"捕诉一体"模式的基本内涵 …………………………… (26)
　　一、批捕与公诉的权力合一 ………………………………………… (26)
　　　　（一）"捕诉一体"权力配置的合法性 ………………………… (26)
　　　　（二）从"捕诉合一"到"捕诉一体" ………………………… (28)
　　二、批捕与公诉的人员合一 ………………………………………… (30)
　　　　（一）批捕干警与公诉干警配对重组 …………………………… (30)
　　　　（二）"捕诉一体"改革后检察办案的碎片化现象 …………… (34)

第三章　捕诉标准合一的隐忧与出路 ………………………………… (38)
　　一、问题的提出 ……………………………………………………… (38)
　　二、捕诉关系调整对捕诉证明标准的影响 ……………………… (39)
　　　　（一）"捕诉分离"时，批捕引导侦查，逮捕标准低于起诉标准…… (39)
　　　　（二）"捕诉合一"后，公诉引导侦查，逮捕标准趋同起诉标准…… (40)
　　三、逮捕标准的人为"拔高"之惑 ………………………………… (41)
　　　　（一）存在"高于逮捕标准、低于起诉标准"的中间状态吗 …… (41)
　　　　（二）正确理解"有证据证明有犯罪事实" ………………… (43)
　　四、逮捕标准提高后的隐忧 ……………………………………… (44)
　　　　（一）"捕诉一体"后的批捕权"虚化"隐忧 ………………… (44)
　　　　（二）辩证看待捕诉标准合一 ………………………………… (45)
　　五、重塑逮捕的高证据标准要求 ………………………………… (46)
　　　　（一）"捕诉一体"对案件质量的提升 ………………………… (46)
　　　　（二）完善检察机关内部考核机制 …………………………… (47)

第四章　"捕诉分离"与"捕诉合一"的对比 ……………………… (49)
　　一、问题的提出 ……………………………………………………… (49)
　　二、"捕诉合一"相比"捕诉分离"的优势 ……………………… (51)

（一）提前介入力量显著增强 ………………………………（51）
　　（二）控辩协商提前到批捕环节 ……………………………（56）
　　（三）公诉阶段可自行决定逮捕 ……………………………（59）
三、"捕诉合一"相比"捕诉分离"的隐忧 ……………………（62）
　　（一）对犯罪嫌疑人的讯问实效降低 ………………………（62）
　　（二）轻微犯罪的未决羁押现象增多 ………………………（65）
　　（三）刑事辩护难度增大 ……………………………………（68）
　　（四）认罪认罚真实性的弱化 ………………………………（71）
四、小结 …………………………………………………………（76）

中编　"捕诉一体"模式之实证研究

第五章　"捕诉一体"模式下的批捕工作 ……………………（81）
一、问题的提出 …………………………………………………（81）
二、"捕诉一体"模式下批捕数据的三维动向 ………………（82）
　　（一）存疑不捕率提高，本质是公诉标准"取代"批捕标准 ……（82）
　　（二）相对不捕率降低，表明起诉便利性"入侵"逮捕
　　　　　必要性 ……………………………………………………（84）
　　（三）诉讼化审查批捕趋无，实乃办案时间"碎片化"使然 ……（85）
三、批捕权"公诉化"的三重样态 ……………………………（86）
　　（一）逮捕证据要件"公诉化"，"捕诉一体"改革优势凸显 ……（86）
　　（二）逮捕必要考量"公诉化"，"捕诉一体"改革弊端初现 ……（88）
　　（三）逮捕审查方式"公诉化"，"捕诉一体"改革附带后果 ……（89）
四、批捕权"公诉化"的矫治之道 ……………………………（90）
　　（一）辩证看待捕诉权力合一，坚持批捕行权独立性 ………（90）
　　（二）大幅提高相对不捕率，力证"捕诉一体"正当性 ………（91）
五、小结 …………………………………………………………（93）

第六章　"捕诉一体"模式下的公诉工作 …… (95)

一、问题的提出 …… (95)
二、创新一："捕诉一体"与认罪认罚从宽制度相结合 …… (96)
 （一）基本案情 …… (96)
 （二）批捕环节：告知后果，相对不捕 …… (96)
 （三）公诉阶段：宽严相济，兑现承诺 …… (99)
 （四）审判阶段：法检沟通，多方共赢 …… (100)
三、创新二："捕诉一体"与以审判为中心相结合 …… (102)
 （一）基本案情 …… (102)
 （二）诉讼流程 …… (103)
 （三）法理分析 …… (103)
四、创新三："捕诉一体"模式下轻罪案件从快不捕 …… (105)
 （一）从快不捕机制的解读 …… (105)
 （二）轻罪案件从快不捕机制的构建 …… (106)
五、创新四："捕诉一体"起诉书写入批捕翻供情况 …… (107)
 （一）基本案情 …… (107)
 （二）诉讼流程 …… (108)
 （三）法理分析 …… (108)
六、改革际遇与经验分析 …… (110)
 （一）提升刑事检察工作的质量与效率 …… (110)
 （二）体现检察监督体系下的公诉担当 …… (111)
 （三）深化公诉职能的"加减法" …… (113)
 （四）促进检察机关在刑事诉讼中的主导作用 …… (114)

第七章　"捕诉一体"模式下的新型检警关系 …… (117)

一、问题的提出 …… (117)
二、共赢之一：提前介入引导侦查能力显著增强 …… (118)

三、共赢之二：有效填补捕后诉前的侦查"真空" …………… (121)

　　四、共赢之三：控辩协商提前到批捕环节 …………………… (123)

　　五、共赢之四：减少轻罪案件未决羁押率 …………………… (126)

　　六、小结 …………………………………………………………… (129)

第八章　"捕诉一体"模式下的新型检律关系 ………………… (130)

　　一、问题的提出 …………………………………………………… (130)

　　二、一种现实：刑事辩护难度增大 ……………………………… (130)

　　三、一种必要：重塑新型检律关系 ……………………………… (133)

　　四、一项策略：抓住捕前辩护的黄金期 ………………………… (134)

　　五、个案剖析：速裁案件应当"快速"辩护 …………………… (136)

第九章　"捕诉一体"模式下的内部监督机制 ………………… (140)

　　一、问题的提出 …………………………………………………… (140)

　　二、否定同事易："捕诉分离"时的检察权内部制约 ………… (142)

　　　（一）公诉制约批捕：较为常见，力度较大 ………………… (142)

　　　（二）批捕制约公诉：较为少见，力度较小 ………………… (144)

　　三、否定自己难："捕诉合一"后的检察权内部制约 ………… (145)

　　　（一）办案人员的合二为一导致自我监督人性之困 ………… (146)

　　　（二）批捕环节的控辩协商导致自我监督意识减弱 ………… (149)

　　　（三）微罪不诉的内部消化导致自我监督效果降低 ………… (151)

　　四、对症下药：完善内部监督的三重机制 …………………… (154)

　　　（一）构建检察官办案组内监督机制 ………………………… (154)

　　　（二）健全检察机关内部监督考核机制 ……………………… (157)

　　　（三）创新特殊情况下的更换检察官制度 …………………… (160)

　　五、小结 …………………………………………………………… (162)

下编 "捕诉一体"模式之前景展望

第十章 批捕权改良的正面样本：诉讼化审查逮捕机制 (167)
 一、问题的提出 (167)
 二、实践之考：诉讼化审查的三种样态 (169)
  （一）公开听证 (169)
  （二）公开听审 (170)
  （三）公开审查 (171)
 三、问题之思：诉讼化审查的双重效应 (171)
  （一）先定后听：诉讼化审查的作秀之嫌 (171)
  （二）过度公开：诉讼化审查的公审之嫌 (173)
 四、价值之求：诉讼化审查的机制完善 (175)
  （一）合理行权：诉讼化批捕的国际标准 (175)
  （二）以听取意见为主，构建诉讼化批捕的常态机制 (176)
  （三）以司法听证为辅，发挥诉讼化批捕的特殊价值 (179)
 五、小结 (181)

第十一章 批捕权改良的负面教训：附条件逮捕制度 (183)
 一、问题的提出 (183)
 二、悄然而至：附条件逮捕制度的诞生 (184)
  （一）理论基础：对逮捕证据条件的细化 (184)
  （二）理论探讨：支持者理由不尽相同 (185)
  （三）实践分析：附条件逮捕的公开样本 (189)
 三、轩然大波：附条件逮捕制度的运行 (192)
 四、孑然独行：附条件逮捕制度的维持 (196)
  （一）修法之时：附条件逮捕制度的入法未果 (196)

（二）修法之后：附条件逮捕制度的持续争议……………………（197）

　五、轰然倒塌：附条件逮捕制度的废止………………………………（199）
　　（一）理念转化：防范错案产生制度量变……………………………（199）
　　（二）备案审查：刚性协商导致制度质变……………………………（201）

　六、蓦然回首：附条件逮捕制度的功过………………………………（203）
　　（一）反面教材：对完善逮捕制度的意义……………………………（203）
　　（二）正面样本：对完善备案审查制度的意义………………………（206）

第十二章　批捕权改良的合理方向：与羁押权、执行权的对比……（208）

　一、问题的提出…………………………………………………………（208）

　二、三类"合一"：司法实践的行权现状……………………………（209）
　　（一）侦查权与羁押权合一于公安机关………………………………（209）
　　（二）批捕权与公诉权合一于检察机关………………………………（211）
　　（三）审判权与执行权合一于审判机关………………………………（211）

　三、三种"中立"：学术理论的持续呼吁……………………………（213）
　　（一）羁押权回归中立化………………………………………………（213）
　　（二）批捕权回归司法化………………………………………………（216）
　　（三）执行权回归行政化………………………………………………（217）

　四、三方"拒绝"：公检法的内部改良进路…………………………（220）
　　（一）公安机关提升看守所人权保障，成就巨大……………………（220）
　　（二）检察机关多维度改良批捕权运行，有得有失…………………（221）
　　（三）法院立"军令状"破解"执行难"……………………………（223）

　五、三重"争议"：特色与普适………………………………………（225）
　　（一）"法律移植论"与"本土模式论"……………………………（225）
　　（二）"外部改革论"与"内部改良论"……………………………（228）
　　（三）"部门主义论"与"实用主义论"……………………………（230）

　六、三维"现实"：探寻改革的相对合理之路………………………（233）

（一）"谣言"起伏，"导火索"缺失 …………………………（233）
　（二）三权"重置"，检察院"消亡"? ………………………（235）
　（三）一种"内部合一"，两个"省级统管" …………………（237）
七、小结 ………………………………………………………（240）

参考文献 …………………………………………………………（242）
后　　记 …………………………………………………………（255）

上 编
"捕诉一体"模式之理论研究

第一章
"捕诉一体"模式的正当程序证成

一、问题的提出

从借鉴苏联检察制度之始,我国检察机关行使批捕权的权力配置就存在不小争议,对此,检察机关采用内部分权的机制设计将此种争议最小化,"捕诉分离"模式下检察机关行使批捕权有一定的正当程序色彩;自捕诉关系调整以来,从2018年6月部分检察机关试点探索"捕诉合一"到2019年1月全国检察机关全面推行"捕诉一体",检察机关将司法属性的批捕权与行政属性的公诉权"捆绑行使",直接引发了捕诉权力配置的合理性之问。正如王敏远教授所言,"不论是新的司法体制还是新的诉讼制度,只表明了实行捕诉一体的重要性与必要性,却并未由此而解决捕诉一体的正当性"[1]。正是由于"捕诉一体"改革的实践先行,缺少正当程序的理论铺陈,在检察机关已经全国、全面、全力推进"捕诉一体"改革之后,依旧有不少学者公开撰文质疑、反对,捕诉关系的集约化改革产生了一定程度的"实践肯定"与"理论否定"的话语撕裂。

实际上,不仅刑事诉讼法学界内学者争议颇多,在捕诉关系的改革初期,检察系统内部也并非铁板一块。2018年上半年"捕诉合一"改革的风声初

---

[1] 王敏远:《透视"捕诉一体"》,载《环球法律评论》2019年第5期,第36页。

起，就有个别检察干警发出了反对之声，① 也有基层检察院举行了"捕诉合一还是分离"的辩论赛，② 甚至当时对"捕诉合一"改革"最高检党组成员最开始意见也并不统一"③。笔者作为一位从事了批捕工作六年之久的基层检察干警，也在改革初期对"捕诉合一是否会影响批捕权独立行使"怀有疑虑，但自 2018 年 8 月重庆检察机关内设机构改革以来，历经一年半的基层一线实践，笔者对"捕诉合一"改革的态度经历了"将信将疑—深信不疑"的升级转换，深感在检察改革的新时代，"捕诉一体"的一线实践者有责任也有义务对"捕诉一体"的程序设计进行理论反哺与正当证成，并以此作为进一步做优刑事检察工作的动力推点。

二、实践肯定：捕诉改革的三维动因

2019 年 3 月 13 日，最高人民检察院张军检察长在第十三届全国人大二次会议做最高人民检察院工作报告时提出，"推进内设机构系统性、重构性改革。针对批捕、起诉职能关联性强，分别行使影响办案质量和效率，改为

---

① 2018 年上半年的"捕诉合一"理论争端，源于陈瑞华教授 2018 年 5 月 29 日在"中国法律评论"微信公众号发表的《异哉，所谓"捕诉合一"者》一文，从刑事诉讼法理角度强调批捕权行使的司法性、中立性与独立性特征，引起了刑事诉讼理论与实务界的广泛争议。次日，网名为"法学笔记"的人士在"法学笔记"微信公众号发表《谬哉，反对"捕诉合一"者》一文予以驳斥，话语"交锋"正式展开，并逐渐扩展到检察系统内部。最高人民检察院检察理论研究所邓思清研究员 2018 年 6 月 5 日在"中国法律评论"微信公众号发表《捕诉合一是中国司法体制下的合理选择》一文，化名"小李飞刀"的基层检察官同日在"法律人那些事"微信公众号发表《基层检察官：我为什么坚决反对捕诉合一》一文，观点讨论趋于白热化，检察官江朋 2018 年 7 月 8 日则在"法学学术前沿"微信公众号上发表了《一线检察官：捕诉合一是符合刑事司法运行规律的正确选择》一文，检察系统内部不同观点"你来我往"，直至 2018 年 7 月底最高人民检察院对捕诉关系的合一化改革定调之后，方才告一段落。

② 2018 年 7 月，山东省菏泽市牡丹区检察院举办了以"捕诉合一还是捕诉分离"为辩题、六名青年干警组成两支队伍的第一届青年干警辩论赛，正方提出"审查起诉也有中立性，捕诉合一合的只是办案人员，而不是检察职权，不会影响批捕中立"的论点，反方提出"公诉人审查案件时的独立思考不能等同于公诉权的中立性，捕诉合一会大大压缩犯罪嫌疑人及其辩护人的辩护空间、只能获得一次辩护机会"的论点。参见马静：《捕诉合一还是捕诉分离？辩论场上见分晓》，载《山东法制报》2018 年 7 月 25 日，第 3 版。

③ 蒋安杰：《最高检的里程碑式重塑性变革》，载《法制日报》2019 年 3 月 11 日，第 3 版。

捕诉一体,同一案件批捕、起诉由同一办案组织、同一检察官负责到底"①。在随后的全国人大代表、政协委员讨论最高人民检察院工作报告时,虽然也有内部监督制约弱化的担忧,但对"捕诉一体"充分认可。可见,在顶层设计者看来,"捕诉一体"的办案模式改革是检察机关内设机构改革的重要组成部分,能够提升刑事案件的办案质量、办案效率与办案责任感,是做优新时代刑事检察工作的关键一招。总体而言,"捕诉一体"的刑事检察办案模式调整,存在宏观层面、中观层面与微观层面的三层改革动因。

(一) 宏观动因:权力转隶引发改革契机

纵览改革开放 40 多年来的我国司法体制发展历程,公安机关、检察院、法院、司法局等政法机关一直处于机构改革的浪潮之中。多数政法机关在改革之中权力扩张,如公安机关持续保持"强势"地位、审判机关开始发挥"中心"作用、司法行政机关逐渐转轨"大司法行政"方向,而检察机关在"失去"了职务犯罪侦查权之后,展现出权力限缩的发展格局。即使保留了个别司法人员渎职犯罪的侦查权、新增了公益诉讼检察权,但毋庸置疑,经历了"拳头产品"——职务犯罪侦查权的转隶之后,"伤筋动骨"的检察机关已经走到了一个制度发展的分水岭,何去何从发人深省。在此背景下,学界再次产生了"批捕权转隶法院""检察机关并入司法行政机关"等检察权限缩之声,不少检察人员也心生消极。若要正确面对检察机关在新时代的发展"危机",检察机关必须重新构建检察权力的理论框架与实践逻辑;甚而言之,既然已经"伤筋动骨",何不彻底"刮骨疗毒",唯有祛除原有检察体制之中不符合新时代法治发展要求的部分,才能重整行装再出发,真正做到以人民为中心、让人民群众在每一个司法案件中都感受到公平正义。

正如浙江省人民检察院 2019 年 6 月 4 日印发《浙江省检察机关刑事案件捕诉一体办理工作规则(试行)》的通知中指出,"捕诉一体办案机制改革是坚持中国特色社会主义检察制度、完善检察机关法律监督格局的积极探索,是适应以审判为中心刑事诉讼制度改革的重要选择,也是推动新时代检察工

---

① 张军:《最高人民检察院工作报告(摘要)》,载《人民日报》2019 年 3 月 13 日,第 2 版。

作转型发展的重要抓手"。直面司法改革带来的机遇与挑战，检察系统提出了"转隶是转折，也是转机"的口号，以一系列正当防卫案件中体现出的检察担当精神，力求在"转隶关上一扇窗"的同时"找到新的一扇门"。首先，要旗帜鲜明地坚持检察制度的中国特色，在吸收借鉴国外法治国家有益经验的基础上，秉持我国司法制度"四个自信"的定力与主见，把新时代人民群众对法治产品的新要求转化为检察工作发展的新动能，以"供给侧"的高度责任感生产出更多更优质的检察产品，这是新时代检察事业的担当与使命。其次，要与时俱进，认识到"世异则事异，事异则备变"的道理，虽然检察权是诉讼整体过程的中间环节、没有"实际权力"，但作为法律监督机关的检察机关必须履行好宪法赋予的法律监督职责，以办案为中心，在办案中监督、在监督中办案，用好检察权、用好法律监督权，为此有必要也应当以提高办案质量与效率为方向展开内设机构改革。最后，在以审判为中心的诉讼制度改革与司法责任制改革的双重影响之下，刑事检察工作必须找到因应之道，检察办案理念上的变革在于修订《检察官法》时正式写入客观义务——"检察官必须维护社会公平正义，秉持客观公正的立场"，检察办案模式上的变革则在于做优刑事检察的破冰之举——捕诉关系的集约化、专业化、一体化调整。

（二）中观动因：做优刑事检察的关键一招

新时代召唤新的检察理论，做优刑事检察、做强民事检察、做实行政检察、做好公益诉讼检察的"四大检察"理念提出，可谓正逢其时。刑事检察作为"四大检察"的首要内容与招牌产品，长期以来，存在发展不平衡、不充分的问题，以至于检察机关无法发挥在刑事诉讼中的审前程序主导与审判程序主体作用，有从法律监督机关"沦为"单纯的公诉机关之势。如何在刑事检察工作上从合格迈向优秀、从不全面走向全面，这也是司法改革背景下检察层面的直接改革动因。

一方面，刑事检察中的公诉、侦查监督、刑事执行、诉讼监督等业务发展不平衡，过于强调公诉机关的核心职能导致其他法律监督职责发挥不充分。从刑事检察的职能上看，捕诉分设最大弊端在于检察监督职能碎片化。宪法赋予检察机关的批捕、公诉权力被"人为割裂"成两段后,"捕诉分离各管一段"直接导致批捕检察官、公诉检察官"各扫门前雪"的短视思维,对一个案件负责到底既主观上不愿也客观上不能,在做出批捕与否决定之后案件就与批捕检察官无关,在移送审查起诉之前案件也与公诉检察官无关,导致审查逮捕之后至移送起诉之前的侦查后期处于检察监督真空地段,不利于及时案结事了、实现公平正义。

另一方面,检察机关办案机构的设置不符合司法办案和法律监督的规律,按照捕诉阶段分设办案机构缺乏专业化、精准化分工,有悖于检察机关的专业化建设方向。以公检法三机关相对比,公安机关分设了禁毒、经侦、图侦、环保、网络等专业性警种,法院增设了知识产权法院、互联网法院、生态环保审判庭等专业性法院、法庭,公安机关与法院的专业化建设进程领先于检察机关。在执法办案过程中,检察干警的"一张脸"面对公安干警与法院干警的"专业脸",不仅在政法干警的外部对比上办案理念与办案能力有所差距,而且在检察干警的内部对比上呈现出公诉干警能力"高人一等"的优越感,容易导致个案中意见不统一。建立在内设机构改革背景之下的捕诉关系集约化调整,使检察官办案能力贯穿于侦捕诉审的刑事诉讼全流程,公诉检察官、公诉部门"一家独大"的检察内部不平衡格局得以打破,刑事检察的专业化建设持续加强。

(三)微观动因:公正执法的客观义务使然

在微观的技术操作层面,检察机关"捕诉一体"改革的可行性在于,当认识到宏观、中观动因使得捕诉关系的合一化改革具有必要性之后,检察机关更是清楚看到捕诉关系集约化调整可能引发的问题,并以兼容并蓄的态度有则改之、无则加勉。一个突出的例证是,针对学界对"捕诉合一"改革的最大担忧——刑事检察权内部监督机制弱化,检察机关不仅不回避、否认,反而邀请持反对观点的学者前往"捕诉合一"的先进地区调研、座谈,从理论研讨与实证考察的方式直面问题本质,并在此基础上提出了一系列潜在问题的防范预案。

一方面,在"捕诉分离"的办案模式下,检察机关内部制约效果存在但着实有限。实践中，不少检察院分管侦查监督与公诉工作的分管领导都是同一位副检察长，即使是不同副检察长或检察委员会专职委员分管，也经常存在分管院领导、侦查监督部门负责人与公诉负责人互相轮岗的情况，更普遍存在批捕检察官就疑难案件提前"咨询"公诉检察官"能否起诉"的内部沟通现象。最为关键的是，在检察长负责制的大框架下，批捕部门与公诉部门在个案之中"捕后必诉"与"捕后不一定诉"的各自利益上有所冲突，但否定同事并不比否定自己更加容易，在检察长主持检察委员会投票决定的争议案件决策模式之下，"批捕之后案件是否起诉"的内部制约往往演变为在大利益之下的内部协调，捕后存疑不诉的案件往往因利益平衡而"内部消化"为微罪不诉，捕后可诉可不诉的案件往往因已经批捕的原因而选择起诉，这与捕诉权力的内部分离抑或合一配置无关，而是由天然的公诉机关——检察机关行使批捕权的权力配置使然。因此，相比有限的内部制约，对检察机关更加有效的监督制约来源于外部，如律师的个案辩护、侦查机关的复议复核、法院的个案裁判、人民监督员的民主监督、上级检察院的层级监督等。

另一方面，在"捕诉一体"改革背景下，检察机关将公正执法的客观义务正式写入修改后的《检察官法》，不仅因"一人负责到底"而使得批捕、公诉等检察环节的司法责任更加明晰，有力增强了检察官的办案责任心，更彻底改变了批捕标准较低、引导侦查不力等"捕诉分离"痼疾，有助于检察机关发挥在刑事诉讼中的主导作用。改革之后，同一类刑事检察业务，由一个机构、一个办案组、一个主办检察官办到底；同一案件的批捕、起诉，由同一名检察官负责到底，检察官的作用得以体系化，在介入侦查、审查批捕和审查起诉等各环节都有决定权和发言权。在捕诉关系上，捕与不捕是基础，优质高效诉出是目标，而"捕诉一体"改革将审判中心、庭审标准、证据裁判的思维与规定引入批捕环节，决定捕与不捕时就考虑能否起诉，捕诉得以无缝衔接。更重要的是，可以克服"捕诉分离"时批捕办案"只考虑一个事实、一个罪名"的短视思维，尤其是批捕之后侦查阶段的侦查人员取证积极性减弱、批捕检察官继续引导侦查意愿与能力双缺位，导致案件到达以全案审查为原则的审查起诉阶段之后，批捕时未考虑的其他事实、其他罪名客观上因时过境迁证据灭失后无法补正而加大取证难度。在"捕诉一体"办案模式之下，检察官办案呈现出以审判为中心的长线思维，批捕或不批捕的同时，在客观公正的检察办案新理念指引之下，凭借"做加法"的主动担当，向侦查机关写明取证方向与取证意图的精确化继续或补充侦查提纲，以此强化批捕环节之后、侦查终结之前的全面引导侦查。尤为重要的是，通过"捕诉一体"化办案，检察官在办理案件中能够逐渐形成正确的业绩考评观念，根据内设机构实际加强针对性考核，按照不同刑事检察部门所管辖的罪名区分批捕率、不捕率、起诉率、不起诉率，如重罪的批捕率和起诉率相对较高、涉民营经济的批捕率和起诉率相对较低，罪行轻重和是否脱逃作为捕与不捕的指标，并在此基础上提出出于不批捕率上升导致逃跑率适当增加但尚可接受的改革"代价观"。在检察机关业务管理指标体系建设上，"捕诉一体"办案模式创新建立"案件比"的检察管理指标体系，有效解决了不批捕后案件侦查停滞久拖不决、审查起诉阶段退回补充侦查比例过高等"案不结、事不了"的不正常现象，避免该捕不捕、不该捕而捕、不当诉勉强诉。"捕诉一体"办案机制，充分体现了"在监督中办案、在办案中监督"的科学理念，有助于达到双赢、多赢、共赢的良好效果。

三、理论否定：捕诉改革的话语撕裂

回首改革开放以来的我国检察史，从1979年《人民检察院组织法》通过后最高人民检察院依法设立刑事检察厅统一负责批捕、起诉工作，到1996年在大连市召开的全国检察机关第二次刑事检察工作会议提出"批捕、起诉部门分设"，再到2018年检察机关司法责任制改革再次提出"捕诉合一"，20年一个轮回，捕诉关系经历了合一到分离再到合一的调整，"合久必分、分久必合"的历史发展规律彰显无遗。从2018年初"捕诉合一"风声初起，学界就产生了较大争议，支持者言之凿凿，反对者声势浩大，甚至个别以前的反对者成了如今的支持者，不仅有学术机构举办了"捕诉合一还是分离"

的研讨会，① 还有律师事务所举办了"捕诉合一对刑事辩护影响"的研讨会。② 毋庸置疑，捕诉关系的调整属于检察权运行模式的问题，无论是分离模式还是合一模式，检察机关捕诉关系的内部权力运行改革都是合法的，但改革是否合理，则需根据具体时空加以分析。

（一）学者观点：以否定为主

截至 2019 年 11 月，在公开发表观点的学者中，据统计（见表 1-1），有 8 位学者支持"捕诉合一"改革，有 16 位学者反对"捕诉合一"改革，有 6 位学者表达了中立的建设性态度。可见，公开发声的学者以反对为主，其理由主要有四点。

其一，改革方向上，纵然于法有据，但捕诉关系的合一化调整并非仅是检察机关内部事务，而是影响侦查机关、审判机关、辩护人和被追诉人的牵一发而动全身之举，捕诉关系的调整应当遵循批捕权与公诉权运行的基本诉讼规律。

其二，基本属性上，虽然批捕权与公诉权都是检察权的重要组成部分，都具有对侦查机关和审判机关的监督制约权，但批捕权具有居中裁判的司法权属性，公诉权具有指控犯罪的行政权属性，二者在根本属性上不同。③

其三，历史沿革上，回溯 20 年前"捕诉分离"的制度选择，是基于当时职务犯罪侦查权、批捕权与公诉权形成的"侦捕诉合一"现象，而做出的

---

① 2018 年 6 月 16 日，中国人民大学刑事法律科学研究中心和中国政法大学国家法律援助研究院主办了一场"捕诉分离 PK 捕诉合一"学术研讨会，并进行了全程网络视频直播，持"捕诉分离"立场的学者、律师与持"捕诉合一"立场的学者、检察人士展开了有理、有据、有节的观点交锋，会后发表了会议综述。参见段君尚、聂友伦：《"捕诉分离"V."捕诉合一"学术研讨会会议综述》，载微信公众号"中国政法大学国家法律援助研究院"，2018 年 6 月 23 日。

② 2018 年 9 月 1 日，北京市京都律师事务所举办了以"捕诉合一对刑事辩护影响"为主题的第三届"刑辩十人"论坛，陈卫东教授与田文昌、钱列阳、徐兰亭等十余名北京知名刑事辩护律师阐述了"捕诉合一"改革可能对辩护业务的影响。参见：《第三届"刑辩十人"论坛在京都举行，探讨"捕诉合一"对刑事辩护的影响》，载微信公众号"京都律师"，2018 年 9 月 2 日。

③ 有学者认为，在"捕诉一体化"的模式下，公诉人因受到追诉思维惯性的影响，很有可能倾向于指导公安机关收集有罪证据，而在有意无意中忽略了证明犯罪嫌疑人罪轻或无罪的证据。值得警惕的是，我国检察机关与公安机关长期以来过度关注"互相配合"的原则，实际上形成了"重配合，轻制约"的局面，如今实行"捕诉一体化"则更不利于改变这种局面了。参见杨帆、林果丰：《"捕诉一体化"改革的路径选择和规制》，2019 年中国刑事诉讼法学研究会年会论文。

系统内部分权之策,这并非权宜之计,而是体现出刑事检察权力过于集中之下的相对合理。①

其四,改革后果上,"捕诉合一"虽然未直接导致批捕权异化,但会加剧批捕权的控诉化与非中立性,为公诉权服务成为批捕权的价值取向,承办检察官可能会以"若认罪,则不批捕或从轻量刑"为条件变相强迫犯罪嫌疑人认罪,从而为自己后续的起诉工作创造便利。虽然因证据标准的提升可能导致证据不足不批捕的案件增多,但更会在起诉便利原则的影响下导致无逮捕必要不批捕的案件减少、构罪即捕现象增多。"捕诉合一"会导致批捕率的上升,有损批捕权的独立公正行使。

表 1-1 有关"捕诉合一"改革的学者观点汇编

观点	学者	观点摘要
支持	张建伟	并不危险;避免重复审查;提升侦查监督效率;体现出刑法逻辑②
	叶青	"捕诉合一"超越捕诉程序简单叠加,整体性变革,多方面积极影响③
	洪浩	在实现诉讼目的、提高效率、强化监督和两法衔接等有重要作用④
	郭华	在诉讼经济效率、保证案件质量、培养专业人才上,合一优于分离⑤
	郭烁	软环境改善与硬环境约束,"捕诉合一"从理论到实践有更多可能性⑥

---

① 有学者认为,"捕诉一体"办案机制存在对逮捕程序的独立价值否定的风险。"捕诉一体"不仅将把握逮捕条件的权力分配给了追诉方,而且使追诉方完全占据了逮捕程序的权力,使逮捕程序的独立价值受到损害。实践中,"捕诉一体"模式下,逮捕与公诉由同一检察官负责,两者的证明标准将发生混同,在一定程度上导致审查批捕异化成审查起诉的"前阶段",使审查批捕失去了独立的价值。参见王洪宇、林静、陈春江:《"捕诉一体"模式运行机制研究》,2019 年中国刑事诉讼法学研究会年会论文。

② 参见张建伟:《"捕诉合一":职能整合之功能分析》,载《人民检察》2018 年第 14 期,第 17-20 页;张建伟:《"捕诉合一"的改革是一项危险的抉择?——检察机关"捕诉合一"之利弊分析》,载《中国刑事法杂志》2018 年第 4 期,第 12-27 页;张建伟:《逻辑的转换:检察机关内设机构调整与捕诉一体》,载《国家检察官学院学报》2019 年第 2 期,第 63-76 页。

③ 参见叶青:《关于"捕诉合一"办案模式的理论反思与实践价值》,载《中国刑事法杂志》2018 年第 4 期,第 3-11 页。

④ 参见洪浩:《我国"捕诉合一"模式的正当性及其限度》,载《中国刑事法杂志》2018 年第 4 期,第 28-42 页。

⑤ 参见郭华、李红霞:《司法改革背景下的捕诉关系路径选择》,载《河北法学》2019 年第 7 期,第 37-48 页。

⑥ 参见郭烁:《捕诉调整:"世易时移"的检察机制再选择》,载《东方法学》2018 年第 3 期,第 133-140 页;郭烁:《为什么捕诉合一可行?》,载微信公众号"法学学术前沿",2018 年 6 月 17 日。

续表

观点	学者	观点摘要
支持	陈实	与批捕权归属问题无关，有利于以审判为中心，具有相对合理性①
	沈海平	"捕诉合一"有超越于"捕诉分离"的功利性价值与法理上正当性基础②
	卢乐云	有效形成侦诉追诉合力，提升办案效率，促进谨慎行使职权③
反对	朱孝清	"捕诉分离"是守住批捕中立性的最后底线，否则丧失批捕行权正当性④
	陈瑞华	削弱侦查监督，否定逮捕独立，压缩辩护空间，消灭司法审查⑤
	龙宗智	维护批捕"相对正当性"，捕诉性质不同，逮捕添加控诉色彩⑥
	陈卫东	舍弃内部权力分离与制约，侵蚀批捕中立性，应配套人民监督员⑦
	孙长永	检察官行使批捕权缺乏独立中立，违反刑诉规律、国际人权公约⑧
	闵春雷	混淆职权不同性质，不利于检察官专业化养成，不符合法治经验⑨
	陈永生	批捕是裁判机能，公诉是控诉机能，不能赛场上由选手担任裁判⑩

---

① 参见陈实：《论捕诉一体化的合理适用》，载《法商研究》2019年第5期，第14－25页。
② 参见沈海平：《捕诉关系的辩证思考》，载《国家检察官学院学报》2018年第4期，第51－63页。
③ 参见卢乐云、曾亚：《以审判为中心改革下的检察运行机制转型》，载《中南大学学报（社会科学版）》2017年第3期，第52－53页。
④ 参见朱孝清：《对检察官中立性几个问题的看法》，载《人民检察》2016年第2期，第5－11页。
⑤ 参见陈瑞华：《异哉，所谓"捕诉合一"者》，载微信公众号"中国法律评论"，2018年5月29日。
⑥ 参见龙宗智：《检察机关内部机构及功能设置研究》，载《法学家》2018年第1期，第141－151页。
⑦ 参见陈卫东：《人民监督员制度应退出司法舞台吗》，载《人民论坛》2019年第3期，第88－89页。
⑧ 参见孙长永：《"捕诉合一"的域外实践及其启示》，载《环球法律评论》2019年第5期，第5－28页。
⑨ 参见闵春雷：《论审查逮捕程序的诉讼化》，载《法制与社会发展》2016年第3期，第62－69页。
⑩ 参见韩仁洁：《北大法学院"入门讲座"之二陈永生：如何学习刑事诉讼法学》，载微信公众号"中国法律评论"，2018年9月26日。

续表

观点	学者	观点摘要
反对	刘计划	逮捕的独立中立性丧失，"捕诉合一"是公诉人直接决定羁押被告人[1]
	徐昕	违反司法规律，减弱监督力度，否定批捕独立，压缩辩护空间[2]
	孙远	影响逮捕必要性判断，逮捕异化为积极取证手段，给辩护造成障碍[3]
	汪海燕	"捕诉合一"本质是控制职能前移，带来逮捕控诉化，可能一错到底[4]
	谢小剑	导致"侦捕合一"，批捕拔高标准、丧失中立，损害起诉对批捕制约[5]
	童伟华	合一不符合正当程序原则，与强化法律监督的改革路向不相吻合[6]
	张勇	损害逮捕独立，不利于内部监督，为公诉效率可能姑息违法侦查[7]
	夏继金	不利于内部监督，不能提高办案效率，不利于培养专家型人才[8]
	孔璋	否定逮捕独立价值，导致逮捕滥用，损害检察官客观义务原则[9]

---

[1] 参见段君尚、聂友伦：《"捕诉分离"V."捕诉合一"学术研讨会会议综述》，载微信公众号"中国政法大学国家法律援助研究院"，2018年6月23日。

[2] 参见徐昕、黄艳好：《中国司法改革年度报告（2018）》，载《上海大学学报（社会科学版）》2019年第2期，第14页。

[3] 参见孙远：《为什么捕诉合一不可行？》，载微信公众号"中国政法大学国家法律援助研究院"，2018年6月16日。

[4] 参见汪海燕：《检察机关审查逮捕权异化与消解》，载《政法论坛》2014年第6期，第80-91页。

[5] 参见谢小剑：《检察机关"捕诉合一"改革质疑》，载《东方法学》2018年第6期，第102-109页。

[6] 参见童伟华：《谨慎对待"捕诉合一"》，载《东方法学》2018年第6期，第110-121页。

[7] 参见张勇：《检察一体化与金融检察专门机构职能模式选择》，载《法学》2012年第5期，第157-159页。

[8] 参见夏继金：《质疑"捕诉合一"》，载《人民检察》2003年第9期，第50-51页。

[9] 参见孔璋：《现行检察体制内捕诉关系的论证——兼谈中国特色审前羁押司法审查制度的构想》，载《人民检察》2004年第5期，第32-36页。

续表

观点	学者	观点摘要
中立	王敏远	应当分析"捕诉一体"争议，探讨"捕诉一体"功能，妥善解决相关问题①
	万毅	把捕诉改革与案件类型专业化改革结合讨论，培养"全能+专业"检察官②
	杨依	为了提升效率兼顾逮捕公正性，应构建科学的审查逮捕证明机制③
	拜荣静	引入比例原则限制逮捕权和公诉权，可相对解决内设机构问题④
	步洋洋	以除魅方式回归问题原点，从逮捕诉讼化、相关配套措施来完善⑤
	聂友伦	"捕诉合一"必将导致批捕实体化倾向更严重，但不会有严重的危险⑥

（二）检察系统观点：从否定到肯定

从历史角度辩证来看，在近 20 年前的"捕诉分离"初期，检察系统多数对"捕诉合一"持否定态度。如 2003 年，有调研从"某直辖市 40 个基层院侦查监督工作的考评情况（包括审查办案数量及效率、立案监督、侦查活动监督三个方面的总评分），实行捕诉合一的 7 个基层院总评分下滑的有 6 家，上升的仅有 1 家"出发，指出"捕诉合一最大的问题、最严重的后果就

---

① 参见王敏远：《透视"捕诉一体"》，载《环球法律评论》2019 年第 5 期，第 29 - 39 页。
② 参见万毅：《检察权运行的改革调整》，载《中国检察官》2018 年第 8 期，第 55 - 58 页。
③ 参见杨依：《我国审查逮捕程序中的"准司法证明"——兼论"捕诉合一"的改革保障》，载《东方法学》2018 年第 6 期，第 122 - 131 页。
④ 参见拜荣静：《比例原则在捕诉程序中的引入与适用》，载《兰州大学学报（社会科学版）》2019 年第 1 期，第 65 - 77 页。
⑤ 参见步洋洋：《除魅与重构："捕诉合一"的辩证思考》，载《东方法学》2018 年第 6 期，第 132 - 140 页。
⑥ 参见聂友伦：《检察机关批捕权配置的三种模式》，载《法学家》2019 年第 3 期，第 43 - 56 页。

是会导致侦查监督的削弱、案件质量的下降"。① 确实，随着近20年来"捕诉分离"机制的常态化运行，包括高层在内的检察系统人士已经形成了批捕权与公诉权必然分离的思维定式，直至司法责任制改革、职务犯罪侦查权转隶之后，才逐渐认清检察权内部分离行使带来的运行不畅、质效不佳、监督漏洞等问题，转向"捕诉合一"行使的思路，这充分体现出新时代检察工作与时俱进的鲜明改革特征。

时移则事异，观念更新的自我革命并不容易。先反对、后支持"捕诉合一"的检察干警并不否认自己认识的局限与观点的变化（见表1-2），而是通过检察实践的理论反哺，为做优刑事检察找到了一条符合本国国情、更具可操作性的渐进之路。如2018年7月，北京市人民检察院指出"捕诉合一"是原则但非"一刀切"，提出"社会关注度高、重大疑难复杂的刑事犯罪案件和职务犯罪案件实行捕诉分离，审查逮捕工作由审查逮捕部门负责，有利于避免因前期介入导致的先入为主"。② 又如两年前反对"捕诉合一"的最高人民检察院检察理论研究所所长谢鹏程，如今已经转变观念，认为"从捕诉分离到捕诉合一，既不是纠偏，也不是倒退，而是新时代中国检察制度发展特别是内设机构改革和建立科学的检察权运行机制的要求"。③

表1-2　先反对、后支持"捕诉合一"的检察干警观点汇编

姓名	时间	观点摘要
敬大力	2018年2月反对	合一不是专业化方向，权力滥用风险、执法标准不统一④
	2019年1月支持	朝阳区：整合两项审查，突出实质审查，审查引导侦查⑤

---

① 参见元明：《"捕诉合一"解决不了案多人少矛盾》，载《检察日报》2005年4月13日，第3版。

② 参见北京市检察院审查逮捕部：《检察新产品系列（9）：强制措施检察工作体系》，载微信公众号"京检在线"，2018年7月22日。

③ 参见谭畅：《争议"捕诉合一"：新方向还是回头路？》，载《南方周末》2018年8月2日，第3版。

④ 参见敬大力：《优化配置强制措施审查职能，加强人权司法保障》，载《人民检察（首都版）》2018年第2期，第6页。

⑤ 参见敬大力：《捕诉一体重构刑检职能提升工作质效》，载《检察日报》2019年1月23日，第9版。

续表

姓名	时间	观点摘要
谢鹏程	2016年8月反对	是内在冲动，弱化批捕功能，有违检察规律、诉讼规律①
	2018年6月支持	批捕和起诉都有监督制约的性质，一致性证明可以合一②
邓思清	2013年3月反对	损害公诉对批捕的监督制约，不符合诉讼规律内在要求③
	2018年6月支持	少捕保障人权，提高效率，提高办案责任、检察官素质④

四、争论之根：批捕权何去何从

在捕诉关系的调整过程中，居于诉讼中段的核心检察权力——有行政权性质的公诉权岿然不动，居于诉讼前端、有司法权性质的批捕权何去何从，在合一化的浪潮之中加速弱化还是强势反弹，成为改革者重点关注与学界争议极大之处。不少"捕诉合一"的反对者不仅反对批捕权与公诉权合一行使，更从根本上反对批捕权由检察机关行使，甚至发出"捕诉合一的'倒退式'改革可能导致批捕权彻底外化"的悲叹之声。从批捕权的历史、现状与属性、规律出发，笔者以探索之态，对"捕诉一体"改革中批捕权的话语争端加以解读。

---

① 参见：《抓住改革的"牛鼻子"——检察院司法责任制改革的理论与实践》，载《中国法律评论》2016年第4期，第13页。

② 参见段君尚、聂友伦：《"捕诉分离"V."捕诉合一"学术研讨会会议综述》，载微信公众号"中国政法大学国家法律援助研究院"，2018年6月23日；谢鹏程：《动态平衡诉讼观与检察工作》，载《中国检察官》2018年第7期，第17-18页。

③ 参见邓思清：《检察权内部配置与检察机关内设机构改革》，载《国家检察官学院学报》2013年第2期，第52页。

④ 参见邓思清：《捕诉合一是中国司法体制下的合理选择》，载微信公众号"中国法律评论"，2018年6月5日；邓思清：《捕诉合一是中国司法体制下的合理选择》，载《检察日报》2018年6月6日，第3版；邓思清：《捕诉一体的实践与发展》，载《环球法律评论》2019年第5期，第40-50页。

(一) 猜想之一：权力捆绑，以此守住批捕权

有观点认为，之所以检察机关要"捕诉合一"，是在职务犯罪侦查权转隶之后感受到检察权弱化的危机，即改革下一步可能是批捕权转隶法院、检察机关沦为单纯的公诉机关，再下一步甚至可能是检察机关并入司法行政机关、成为政府的一个业务部门，因此，从未雨绸缪的角度，只有将"风雨飘摇"的批捕权与核心权力——公诉权合一化行使，才能彻底守住批捕权。

笔者以为，必须承认的是，发端于2018年中段的这场"捕诉合一"改革，检察机关当然受到了职务犯罪侦查权转隶的一定"刺激"，认为检察系统的内部改革已经箭在弦上不得不发，但这仅仅是检察改革的导火索，而非"捕诉合一"的直接理由。试想，倘若依旧坚持侦查、批捕、起诉的"侦捕诉三合一"办案模式，可借此保住职务犯罪侦查权？在国家统筹反腐败资源的大局之下，恐怕也未必如此。也因此，"捕诉合一"并非保住批捕权的最佳选择甚至根本不是选择之一，检察机关行使批捕权的路径只能是在尊重本国国情与尊重法治规律双重基础上的自我完善。正如1996年《刑事诉讼法》修改后检察机关持续呼吁保留的"定罪免于起诉权"被取消，也如2017年运行11年之久的附条件逮捕制度因全国人大常委会行使备案审查权而被废止，对于注定为历史所淘汰的权力或其中部分不合理因素，即使权力捆绑行使也不能阻止法治进步的浩然之势。随着社会的发展，检察机关也进入了一个新的历史时期，而新的历史时期要求检察机关必须提供新的检察产品，此次借由内设机构改革而随即开展的捕诉关系调整，正是检察机关为了满足人民新时期的新需求而进行的工作机制内部改良。

(二) 猜想之二：釜底抽薪，加速批捕权转隶

有观点预言，推行"捕诉合一"，将加速批捕权转隶法院的进程。理由在于，近年来，批捕权的中立化、司法化、诉讼化行使方式得到公认，最高人民检察院曾数次表示将部分案件的批捕权移交给法院，但都被最高

人民法院婉言谢绝。因此，将批捕权与公诉权合一行使，即使短期之内弊端暂时无法显现，但长期以后批捕权的控诉化倾向、独立性缺失定会凸显，届时无论是"主动移交"还是"被动转隶"，批捕权由绝对中立的审判机关行使都会成为必然。

笔者以为，此观点仅单纯考虑批捕权该不该从检察机关剥离，而未考虑在当前司法职权配置的现实之下，法院对待批捕权的态度。2014年党的十八届四中全会中公布的《中共中央关于全面推进依法治国若干重大问题的决定》提出了"推动实行审判权与执行权相分离的体制改革试点"，法院面临执行权的可能外分局面。在执行权外化还是内分的关键节点，法院系统自2016年3月集全系统之力开展的"两到三年时间基本解决执行难"专项行动正在取得巨大成效，并以此为据力证执行权内分方案的可行性。在力保执行权之际，法院系统对于是否接受批捕权显然自顾不暇；换言之，除非执行权从法院转隶到司法行政机关或其他独立执行部门，法院需要从权力配置的层面寻找新的权力增长点，否则在目前情况下，既缺少批捕权转隶法院的导火索，法院系统也基于"自己批捕是否一定判处有罪"的理论顾虑与"忙于执行权内分工作"的实践考量，并不一定会欣然接受批捕权。

（三）猜想之三：时移事异，批捕权改革破冰

有观点认为，面对监察体制改革对法律监督机关的定位冲击，只有对最具有司法属性的批捕权进行改革，才能找准新时代检察改革的具体方向；甚言之，直面检察权总体受到削弱的现状，通过批捕权与公诉权的合一化行使，最大程度减少检察权较为分散带来的权力内耗，才能更好因应以审判为中心的诉讼制度与依法独立行使检察权的司法责任制改革。总而言之，新时代的检察权改革已成为必然，捕诉关系维持现状已无可能，要么内部改良后合一行使，要么以外部转隶后法院行使，维持捕诉关系的现状不可持续，而检察机关当然有自身动力证实批捕权行使的合理性与有效性。时移事异，从最有争议的批捕权入手，检察权到了必须改革的时候，"捕诉合一"改革正是冲破利益束缚藩篱的破冰之举。

笔者以为，从历史沿革的维度，改革就是试错，就是允许出错，检察机关对批捕权的多次内部改革并非一帆风顺。有批捕权改良的失败典型，如已经被废止的附条件逮捕制度；也有批捕权改良的成功举措，就是正逐渐推广的诉讼化审查逮捕机制。① 因此，对批捕权再次内部改良并非此次"捕诉合一"改革的主要动力，通过捕诉关系的集约化调整，对只兼顾审查逮捕期间的批捕权向贯穿立案到侦查终结全流程的侦查监督权彻底转化，继续强化批捕权的司法性、独立性与中立性，才是"捕诉合一"改革对批捕权的有力促进。

五、多维重构："捕诉一体"的正当程序

作为"应有的、必经的、适当的过程"（due process），"正当程序要求政府公平对待人民，若某一法律或政府行为有失公允，便可视为正当程序事件"②。"捕诉一体"改革属于违反刑事诉讼基本法理的正当程序事件吗？在多数学者看来恐怕如此，但在检察机关与少数学者看来未必如此。理论上，"相比捕诉分离，捕诉合一会带来提前介入强化、控辩协商前移、公诉自行逮捕的机遇，也会引发讯问实效降低、未决羁押增多、辩护难度增大的挑战"。③ 实践中，从2018年下半年"捕诉合一"改革在上海、重庆等地试点，到2019年起"捕诉一体"改革在全国推行，检察机关在捕诉关系的集约化改革进程中已经积累了一定经验，经过"肯定"的实践是时候反作用于"否

---

① 2009年最高人民检察院发布《关于深化检察改革2009—2012年工作规划》，提出"有条件的地方检察机关，还可对争议较大的案件，试行当面听取侦查人员和犯罪嫌疑人及其律师意见的类似于听证程序的审查批捕机制"，首次提及"批捕案件中的听证程序"。2012年最高人民检察院侦查监督厅开始在上海等部分省市进行"审查逮捕诉讼化"的理论研究和实践探索，直击书面化审查逮捕的行政治罪模式。2016年9月最高人民检察院发布《"十三五"时期检察工作发展规划纲要》，提出"围绕审查逮捕向司法审查转型，探索建立诉讼式审查机制"，正式从官方层面回应学界"逮捕案件司法审查"的呼声，使用了"诉讼式审查"一词，将逮捕公开审查作为侦查监督厅2016年度工作要点之一。至此，以公开听证、公开听审、公开审查等模式为代表，诉讼化审查逮捕模式逐步推广，起到了良好的法律效果与社会效果。
② 邓子滨：《刑事诉讼原理》，北京大学出版社2019年版，第70页。
③ 闵丰锦：《从捕诉分离到捕诉合一：检察改革再出发》，载《西部法学评论》2019年第4期，第68页。

定"的理论了，而这种反作用的最佳途径与必要路径，就是对"捕诉一体"办案模式进行正当程序的证成——从批捕权改革的应有态度、"捕诉一体"改革中防范批捕权弱化与完善检察机关内部监督机制的三重维度上，解决因应捕诉关系集约化改革带来的程序正当性之惑。

（一）承认批捕权的共性与特性，不反对转隶

从我国宪法将批捕权赋予检察机关之始，就注定我国刑事诉讼中未决羁押的决定权与国外绝大多数国家不同，但这种决定主体的不同并不能否认逮捕决定权的司法权属性。从我国逮捕制度最直接的法律渊源来看，2001年修订的《俄罗斯刑事诉讼法》取消了检察长批准羁押的权力，规定只有法院有权决定羁押、羁押前的拘捕不得超过48小时，更对效仿苏联检察制度、扎根于列宁法律监督理论中所生的我国检察制度产生了冲击。也因此，审查逮捕这一最具有司法属性的检察职能显然充满了中国话语——不同于西方国家只审查犯罪嫌疑人的羁押必要性、不涉及案件定罪量刑的实质审查，我国批捕权是建立在实体审查构成犯罪之上的程序性裁判。与日本的精密式司法相类似，在我国无罪判决率极低的现状下，基于"未经法院判决不得对任何人定罪"的规定不可能正式宣告有罪，但逮捕后极其接近甚至无限接近有罪的价值判断毋庸置疑，我国逮捕制度具有鲜明的本土特色。在过度强调逮捕的证据条件、轻视逮捕的必要性和刑罚条件的情况下，审查逮捕工作必须遵循批捕权的司法属性，承认并践行批捕权独立于公诉权的特有价值——在侦查阶段第一时间监督侦查机关执法办案工作、保障犯罪嫌疑人合法权益的优先效应。

改革就是要突破部门利益的藩篱，要求被改革对象来回答是否"割肉改革"，答案当然是否定的。正如在"顶层设计、强力推进"的改革模式下，当初的铁道部不可能主动提出撤销自己的国家部委地位、检察机关不可能主动提出将职务犯罪侦查权交给其他机关，这不仅是部门利益所致，更是"不能主动搬起石头砸自己脚"的人之常情；但如果中央下定决心，以政治高度推进改革，相关利益主体只能服从改革大局，正如检察机关全力配合做好职务犯罪侦查部门的转隶工作，对于同样处于争论之中的看守所管理权和生效

判决执行权，公安部、① 最高人民法院②都公开或私下表达过"中央决定权力转隶，坚决服从"的态度。笔者以为，倘若为了国家反腐败大局，检察机关可以对职务犯罪侦查权的转隶做出"牺牲"；同理，倘若为了国家刑事法治发展的大局，一旦中央决定，批捕权的转隶又有何不可？在摈弃部门利益基础上，③ 清楚认识到"司法属性的批捕权可能转隶"的现实局面，花大气力吸收借鉴批捕权行使的通行法理与法治规律，通过检务公开主动接受社会监督，这正是检察机关对批捕权理念上的调整契机。

（二）大幅度降低批捕率，保持批捕权独立性

"捕诉一体"后，由潜在的公诉人"提前"行使批捕权，存在一定理论上的弊端，如控方角色导致其审查逮捕时无法保持中立和超然的地位，又如批捕后会对起诉和审判产生重大影响导致流于形式，再如原告做自己案件的"裁判员"会压缩辩护空间等。从理论上推演，在"捕诉一体"办案模式下，批捕权的独立性会有显著下降，直接反映在实践中批捕率可能会小幅上升，其中存疑不捕率略微提高、无逮捕必要不捕率大幅下降。

令人欣慰的是，"捕诉一体"的改革设计者早已意识到了此问题，针对批捕权可能弱化的改革担忧对症下药，诸多"捕诉合一"先行地区批捕率的下降就说明了这一点，这也印证了李昌林教授的分析："检察机关有改良审查批准逮捕程序的动力和条件。"④ 笔者设想，在做优刑事检察的过程中，倘

---

① 针对全国政协委员侯欣一多年以来有关"侦查权与羁押权分离"的提案，公安部监所管理局对其答复，"如果上面决定了要移交出去，我们立即移交"。参见刘瑜：《看守所改革：十年呼吁"侦羁分离"——访全国政协委员、天津财经大学近现代法研究中心主任侯欣一》，载《民主与法制周刊》2017年第15期，第9页。

② 最高人民法院曾在其官方网站发布《关于将执行局与人民法院剥离的建议答复》，在阐述"审执分离"改革的不同观点、"深化内分"的好处和成绩后，表达了"中央一旦作出决策，无论是深化内分还是彻底外分，最高法院都将坚决贯彻落实，确保改革进程中执行工作的正常秩序"的态度。

③ 法理上，在职务犯罪侦查权转隶之后，只有公诉权并不足以支撑检察机关作为法律监督机关的宪法地位，只有公诉权、没有批捕权的检察院或许会被司法局"吞并"。从这个意义上来说，检察机关在批捕权改革上存在一定的部门利益局限之虞。

④ 李昌林：《审查逮捕程序改革的进路——以提高逮捕案件质量为核心》，载《现代法学》2011年第1期，第118页。

若检察机关能够顺应"未决羁押越来越少"的法治发展趋势,正确认识批捕权在检察权体系之中的应有地位,下大力气解决批捕权行使过程中的诸多痼疾,通过"捕诉一体"办案模式,依法把握逮捕的必要性条件,加大检察绩效中捕后判处轻刑率的考核比重,在注意改革限度的前提下循序渐进,① 将当前全国范围内80%以上的批捕率降低到50%以下,就可从根本上革除侦查中心乃至逮捕中心的不良影响,以批捕权作为认罪认罚从宽制度中发挥检察主导作用的第一道关口,来力证批捕行权的合理性。

具言之,"捕诉一体"办案机制改革对于逮捕的证据条件与必要性条件都产生了影响,这种影响如果引导得当,就会使"捕诉一体"模式之下的批捕权产生相当大的独立性。一方面,"捕诉一体"后,"有证据证明有犯罪事实"的批捕标准已经被事实上提升到了"事实清楚,证据确实、充分"的起诉标准,加之公诉检察官、批捕检察官合二为一后提前介入侦查活动,使得对批捕时的证据条件把握更高,存疑不捕率会略微升高,批捕之后《逮捕案件继续侦查取证意见书》的发出会对侦查机关的侦查工作提出更高的要求,"证据早晚都要补"使侦查人员普遍欢迎"捕诉一体"带来的高要求。另一方面,既然检察系统已经普遍认识到"捕诉一体"办案模式可能对逮捕必要性条件的不利影响,为了最大限度减少"构罪即捕"的羁押增多现象,更有必要从检察机关内部考核机制入手,以发挥认罪认罚从宽制度中的主导作用为价值取向,通过对认罪认罚犯罪嫌疑人的"构罪不捕",提高相对不捕率的考核比重,并与公诉阶段可能建议的轻缓刑罚相衔接,以此坚守"捕诉一体"模式下的批捕权独立价值。

(三) 重塑内部监督机制,对顽症下猛药

一只木桶能盛多少水,并不取决于最长的那块木板,而是取决于最短的

---

① 如广东省深圳市检察院在"捕诉一体"地方经验的探索中,提出了"侦捕诉合一"的办案模式,即使内容有所不同,但口号重回20余年前,难免引起非议,应当注重警惕;又如不少"捕诉一体"改革支持者提出的深化诉讼化审查逮捕机制构想,在批捕案件7日决定、速裁案件10~15日内决定的办案实践中,"捕诉一体"下检察人员办案时间呈现碎片化特征,诉讼化审查逮捕机制费时费力且对于一般案件独立意义不大,在"捕诉一体"办案模式下,诉讼化审查逮捕机制已经近乎"聊胜于无"。

那块木板。毋庸讳言，"捕诉一体"将批捕与起诉的"两环节两人办案"减少为"两环节一人办案"，批捕检察官与公诉检察官的内部监督已经转化为检察官批捕"左手"与起诉"右手"之间的自我监督，内部监督的削弱是无法回避的关键问题。具言之，办案人员的合二为一导致自我监督人性之困，批捕环节的控辩协商导致自我监督意识减弱，微罪不诉的内部消化导致自我监督效果降低，这都对刑事检察权的内部制约提出了挑战。而一旦刑事检察业务的内部监督机制失衡，就会加剧在检察环节产生冤假错案的风险，产生"捕诉一体"改革不可承受之重的木桶效应。

  难能可贵的是，从"捕诉合一"改革之始，检察系统就清楚意识到内部监督机制可能弱化的问题，采取各种方式强化内部监督。以实行"捕诉合一"三年有余的山西省太原市小店区检察院为例，"为了防止'捕诉合一'后可能出现的内部监督制约弱化，通过案件评查、流程监控、网上巡查强化案件管理监督"。① 以"捕诉合一"先进单位——湖南省长沙市雨花区检察院为例，"加强监督制约机制建设，在'充分放权'的同时'合理管权'，实现了办理一千多件审查逮捕、审查起诉案件无一错捕、错诉，侦查监督、审判监督实效得到增强的目标。"② 2019 年 10 月 25 日，最高人民检察院检务督察局肖卓局长对全检察系统人员进行了《强化检务督察职能完善内部监督机制》的授课，重点讲解了司法责任制尤其是"捕诉一体"改革以来，如何强化检务督察职能、完善检察官办案内部监督机制。从基层到中央，检察机关不仅毫不回避"捕诉一体"改革可能带来的最大顽疾，反而未雨绸缪，对改革可能带来的最薄弱环节严加防范。笔者作为一名从"只管一段"的批捕检察干警转为"全盘皆管"的刑事检察干警，在一年有余的"捕诉一体"办案实践中感触良多，通过执法办案的亲历性观察，也提出了"构建检察官办案组内监督机制、健全检察机关内部监督考核机制、创新特殊情况下更换检察

---

  ① 郑赫南、梁高峰：《"捕诉合一"在这里已实行一年多——走进山西省太原市小店区检察院》，载《检察日报》2018 年 7 月 27 日，第 2 版。
  ② 李勇：《加强监督制约，确保办案质量》，载马贤兴主编：《捕诉合一思索与实践》，中国检察出版社 2018 年版，第 85 页。

官制度"① 的强化"捕诉一体"模式下检察权内部监督机制之策。

  曾经,"捕诉分离"被认为是彼时检察权运行规律之一;如今,"捕诉一体"也正朝向新时代检察权运行规律之一迈进。"司法有诸多规律,对司法规律必须遵循;遵循司法规律必须从我国实际出发,确定该规律在我国恰当的实现形式。对某些司法现象包括外国的某些做法,要鉴别它是不是属于司法规律,防止把非规律的东西当作规律而认为应当遵循。"② 从"捕诉分离"到"捕诉合一",即使与"权力内部分离制约"的理论不一致,也与国际通行的"法院决定羁押"模式不符,但正如世界上独一无二的检察机关提起公益诉讼制度,只要"捕诉一体"改革能够效仿、凸显近期在诸多正当防卫案件中那样的"检察担当",参照王玉雷案的示范精神,秉持"批捕就是该谨慎"的办案理念,将审查逮捕环节作为防范冤假错案、降低审前羁押的第一道检察防线,并将提高案件质量、降低批捕率、加强内部监督机制作为价值追求,"捕诉一体"化定会受到侦查机关和审判机关的专业认可,得到人民群众的真心拥护,以人民为中心的"捕诉一体"之路会更加坚定。③ 不仅如此,通过在检察机关年度工作报告中主动公开本年度无逮捕必要不批捕的人数、邀请国外相关组织和持质疑观点学者对"捕诉一体"先进地区进行考察调研,笔者相信,"捕诉合一"改革后的检察机关内部监督不仅不会弱化,反而会有所强化,"捕诉合一"模式下的检察官会成为提供优质法治产品、检察产品的"能工巧匠"乃至"大师","捕诉一体"模式终会成为刑事诉讼中国模式的有机组成部分之一。④

---

  ① 闵丰锦:《左右手何以制约:捕诉一体模式下检察权内部监督机制研究》,载《新疆社会科学》2019年第3期,第100页。
  ② 朱孝清:《论司法体制改革》,中国检察出版社2019年版,第9页。
  ③ 参见闵丰锦:《羁押权、批捕权与执行权的话语争端与消解》,载《江淮论坛》2019年第4期,第125页。
  ④ 作为"捕诉合一"反对者,陈瑞华教授以经济领域中的"中国模式"为对比,提出了"在刑事诉讼领域中,中国究竟是否形成了一种相对独立的'模式'"之问,指出"真正的社会科学研究,则是将中国问题作为研究对象,循着'中国的问题,世界的眼光''先归纳后演绎''从经验到理论'的思路,提出具有解释力的理论"。参见陈瑞华:《刑事诉讼如何形成"中国模式"》,载《检察日报》2019年3月23日,第3版。

六、小结

回溯新中国检察史,"检察制度屡受质疑,但质疑能够激励检察机关砥砺前行"。① 一个必须直面的现实是,"捕诉一体"已经是一项全国范围内全面推行的检察改革,再多的批评甚至质疑也无法重回"捕诉分离"的老路,将批评声音中的若干担忧转化为深化改革的建设性意见,更是一种现实之举、积极之举、正面之举。为了彻底证成我国"捕诉一体"办案模式的正当程序属性,从思想上不反对批捕权的转隶,但在中央尚未决定批捕权外分的现在,检察系统不仅不能自怨自艾,反而应当主动承认、接纳批捕权的共性与特性,通过大幅度降低批捕率来保持批捕权行使的独立性,通过强化、完善内部监督机制来预防和纠正检察环节的冤假错案。唯有如此,才能最大限度发挥"捕诉一体"办案模式的优势,最大限度防止捕诉关系集约化带来的潜在痼疾。尤为重要的是,必须调整刑事检察干警对"捕诉一体"程序正当性证成的积极性,怀着一颗对不同意见的兼容并蓄、虚怀包容之心,在"捕诉一体"办案模式下,以客观公正的执法义务为指引,坚持问题导向,通过实打实、看得见、有好评的检察实践,为"捕诉一体"程序的正当性在理论上正名,这正是我们新时代刑事检察干警的担当与使命。

---

① 参见金园园:《法治越是被需要和重视就越需要护法机关——专访最高人民检察院原副检察长朱孝清》,载《检察日报》2018年11月26日,第4版。

| 第二章 |

"捕诉一体"模式的基本内涵

一、批捕与公诉的权力合一

(一)"捕诉一体"权力配置的合法性

回首改革开放以来的我国检察史,从1979年《人民检察院组织法》通过后最高人民检察院依法设立刑事检察厅统一负责批捕、起诉工作,到1996年在大连市召开的全国检察机关第二次刑事检察工作会议提出"批捕、起诉部门分设",再到2018年检察系统再次提出"捕诉合一",20年一个轮回,捕诉关系经历了合一到分离再到合一的调整。① 回溯此次捕诉关系的调整过程,从2018年7月25日全国大检察官研讨班提出"总体上,要以案件类别划分、实行捕诉合一,形成完整的、适应司法责任制需求、有助于提高办案质量效率和提升检察官素质能力的内设机构体系",到2018年12月4日中共

---

① 在此期间,部分检察机关的内设办案部门也实行"捕诉合一"办案机制,如全国范围内均实行"捕诉合一"办案机制的未成年人检察部门。以上海地区为例,未成年人检察部门与金融检察部门、知识产权检察部门均采用"捕诉合一"办案机制,未成年人检察部门主要立足于"捕、诉、监、防"一体化,金融和知识产权检察部门重点在"捕、诉、研、防"一体化。本质上,未成年人刑事检察机构之所以同时承担审查批捕、起诉职能,最主要的原因是未成年人案件有着其涉案主体的特殊性——未成年人的心智尚未成熟,未成年人的犯罪性质较之于成年人犯罪来说相对轻微,不具备十分强的反侦查能力和对抗意识。因此,应当在未成年人刑事案件办理过程中,坚持"教育为主、惩罚为辅"的原则,以不羁押为原则、羁押为例外。在未成年人刑事案件的审查逮捕和审查起诉两个检察阶段,案件证据已基本在前一阶段固定成型,不会出现翻供等突发的诉讼情况。

中央办公厅印发《最高人民检察院职能配置、内设机构和人员编制规定》明确"按照案件类型组建刑事办案机构，实行捕诉一体办案机制"，捕诉关系从合一升华到一体，在内设机构改革的背景下统筹推进。

"捕诉一体"是检察机关推进内设机构改革的一项重要内容，旨在更好地适应检察权结构调整，强化检察一体化和专业化建设，深化落实司法责任制。具体要求是，坚持"一类事情原则上由一个部门统筹、一件事情原则上由一个部门负责"，按照类型重建专业化的刑事办案机构，统一行使审查逮捕、审查起诉、补充侦查、出庭支持公诉、刑事诉讼监督等职能。由此可见，"捕诉一体"办案机制改革，绝非简单的"1+1=2"——将审查逮捕和审查起诉工作简单叠加，而是将审查逮捕工作向后延伸到后续侦查环节、审查起诉工作向前拓展到提前介入阶段，使侦查全流程与公诉全阶段两者有机结合，以达到优化审查模式、减少不必要的重复劳动的效果，并与认罪认罚从宽制度中的主导作用相结合，实行繁简分流，实现简案快办、繁案精办，促使批捕权与公诉权一体化行使后产生"1+1>2"的合力，全面提高办案质量和效率。

正确看待捕诉关系的集约化趋势，必须充分认识到"捕诉一体"改革在法律层面的合法性。其中，批捕与起诉的权力一体化运行，这是"捕诉一体"改革的核心内容。批捕权与公诉权是检察机关的法定权能，我国宪法、刑事诉讼法均明确检察机关行使批捕权，但并未规定批捕权应由不同的部门行使，因此，作为天然的公诉机关，检察机关内部由同一部门行使批捕权与公诉权的职权配置本身是合法的。除了审查逮捕、审查起诉的权力一体行使，"捕诉一体"改革亦使侦查、起诉、审判三阶段的诉讼活动监督和羁押必要性审查得以贯通进行，这既有助于发挥检察机关的全流程法律监督功效，也有助于强化检察机关的审前主导和过滤作用。在北京检察机关看来，"捕诉一体"改革既有助于坚持审查引导侦查，引导传导压力，以审查实质化促进庭审实质化，全面落实以审判为中心的诉讼制度改革；也有助于把握专业化这一根本方向，"捕诉合一"是使办案走向专业化、精细化的方法；更有助于探索刑事检察审查工作机制，整合两项审查，突出实质审查，审查引导侦查，推进审查的实质化、实在化。

（二）从"捕诉合一"到"捕诉一体"

正确看待捕诉关系的集约化趋势，一方面，必须合理认识"捕诉合一"与"捕诉一体"的关系。"合一"即合而为一，强调多个体合并为单个体；"一体"谓关系密切或协调一致，犹如一个整体，突出单个体是多个体合并而来。以规范性文件为例，上海市人民检察院2018年7月印发《上海市检察机关捕诉合一办案规程（试行）》第二条、重庆市人民检察院2018年12月印发《重庆市检察机关捕诉一体办案暂行办法》第二条、浙江省人民检察院2019年6月4日印发《浙江省检察机关刑事案件捕诉一体办理工作规则（试行）》第二条，都对捕诉关系在合一之后的一体化运行方式进行了阐述，厘定新时代捕诉关系运行的"四同"方式，即以优化检察院机构职能体系为出发点，以类案划分为基础，同一检察院同一案件的提前介入、审查逮捕、审查起诉、诉讼监督等工作，由同一业务部门的同一检察官负责。[①] 可见，从官方文件来看，"捕诉合一"与"捕诉一体"的检察权运行模式并无本质区别，二者只是从动态改革与静态运转的角度，对捕诉关系的集约化趋势进行了提纲挈领的概括，捕诉关系动态"合一"的结果就是静态"一体"，这也体现了在上命下从的检察一体化纵向体制下，各级检察机关内部权力运行的横向一体化。

有关"捕诉合一"与"捕诉一体"的具体关系，最高人民检察院专家解答组于2018年12月21日在"检答网"上做出了《关于规范表述"捕诉一体"的问答》，体现出动态改革与静态运行的继承关系。回答指出：在内设机构改革进程中，为明确把原侦查监督部门行使的批捕权和原公诉部门行使的起诉权等统一到一个部门行使，更形象地称呼为"捕诉合一"。

[①] 在捕诉关系集约化调整的初期，对如何科学界定"批捕权与公诉权集约化行使"的改革名称，存在一定认知递进、逐步完善的过程。2019年1月，有江西检察干警在"检答网"上对"捕诉一体的标准概念，以便向人大代表答复"的提问做出了回应："捕诉一体"是检察机关推进内设机构改革的一项重要内容，旨在更好适应检察权结构调整，强化检察一体化和专业化建设，深化落实司法责任制。具体要求是，坚持"一类事情原则上由一个部门统筹、一件事情原则上由一个部门负责"，按照类型重建专业化的刑事办案机构，统一行使审查逮捕、审查起诉、补充侦查、出庭支持公诉、刑事诉讼监督等职能。

12月4日，中共中央办公厅正式印发了《最高人民检察院职能配置、内设机构和人员编制规定》，明确了按照案件类型组建刑事办案机构，实行"捕诉一体"办案机制，由同一刑事办案机构专门负责办理一类或几类刑事案件，由同一办案组或检察官全过程负责同一刑事案件的批捕、起诉、出庭公诉、抗诉、侦查监督、审判监督和相关案件的补充侦查工作，以及办理相关刑事申诉案件等。为此，检察机关内设机构改革后，"捕诉合一"已完成，下一步的检察权行使中，称作"捕诉一体"更符合工作实际。今后，在系统内外介绍此项改革时，应统一称作"捕诉一体"。

从"捕诉合一"到"捕诉一体"，需要办案流程再造、考评体系完善、专业结构优化等配套跟进。正如检察系统对于捕诉关系集约化改革的认识，处于从"捕诉合一"上升到"捕诉一体"的不断深化。不同地区检察机关对于"捕诉一体"后刑事检察部门的具体职能内部配置，仍处于探索与实践之后的不断完善之中。以湖南省长沙市雨花区检察院为例，根据立案监督和侦查监督的特点，该院将立案监督职能划给了控告申诉部门（隶属刑检三局），刑检部门专注于办案中发现的线索，进行侦查监督和审判监督。以重庆市为例，2018年12月28日，重庆市人民检察院发布了辖区内适用的《重庆市检察机关捕诉一体办案暂行办法》，第二条对"捕诉一体办案"的定义中，直接涵盖了羁押必要性审查的工作职责，体现出不同于上海、浙江等地更广泛的职权配置。[①] 随着"捕诉一体"改革在重庆市检察机关的持续深入，2019年8月1日，重庆市人民检察院发布了渝检（办）〔2019〕45号《关于调整刑检部门工作职责的通知》，从落实检察一体化机制、方便上下工作联系的角度出发，将全市检察机关刑事检察部门负责的羁押必要性审查职责交由刑事执行检察部门负责。2019年8月9日，重庆市人民检察院检察七部发出了《关于做好羁押必要性案件办理的通知》，对辖区内各级检察院刑事执行检察部门办理羁押必要性审查工作提出了要求，包括加强学习、规范办案、做好

[①] 有观点认为，"在捕诉分离下，审查批捕的检察官不愿关注后续羁押事宜，审查起诉检察官迫于审限，也不愿轻易变更强制措施。前后两道关口，羁押必要性审查不能显示动态变化，犯罪嫌疑人的权益受到严重影响"。在此观点影响下，"捕诉分离"模式有"忽视审前羁押的动态性特征"之弊端，因此应当将羁押必要性审查职责纳入"捕诉一体"模式中，由刑事检察干警负责。

衔接工作三方面。至此,从 2018 年 8 月"捕诉合一"改革试点一年后,羁押必要性审查职责从刑事检察办案部门重新回到刑事执行检察部门。究其原因,据了解,除了"捕诉一体"改革后刑事检察部门因主要业务内容在于审查逮捕、审查起诉和诉讼监督,在认罪认罚从宽制度和刑事速裁程序带来的刑事诉讼快速化推进浪潮中,刑事检察办案时间碎片化导致对羁押必要性审查工作无暇顾及,更在于自己批捕后又要自己"放人"还要"放人"后再起诉的节奏不适之感,[①]加之刑事执行检察部门因派驻在看守所的缘故对在押人员有天然的办案条件优势,其他省份并未将羁押必要性审查职责交由刑事检察部门行使等因素,羁押必要性审查职责的"重回正轨"可谓顺理成章。可未曾预料到的是,2019 年 12 月 30 日施行的《人民检察院刑事诉讼规则》第五百七十五条规定,"负责捕诉的部门依法对侦查和审判阶段的羁押必要性进行审查"。以此为据,全国范围内的羁押必要性审查工作均由捕诉部门承担,采纳了重庆市最初的相关做法,实践效果如何有待考察。

二、批捕与公诉的人员合一

(一)批捕干警与公诉干警配对重组

在"捕诉合一"改革的过渡期,对批捕检察干警、公诉检察干警以及案件管理检察干警提出了一定挑战。据了解,在"捕诉合一"改革风声初期时,不少批捕检察干警都反对或不欢迎"捕诉合一",而不少公诉检察干警都支持"捕诉合一",这与本质上公诉检察干警认为自己行使的公诉权是检察权的核心、"捕诉合一"有公诉权"兼并"批捕权之感有关,甚至有公诉检察官提出批捕时就可签署《认罪认罚具结书》的极端观点,这种公诉检察

[①] 如果把羁押必要性审查也和"捕诉"一样"合一"到办案部门,则仅有的内部监督制约就荡然无存。办案部门自己批捕的案件,当事人及其律师再去申请羁押必要性审查,效果可能就微乎其微,变更强制措施的可能性很小,从而导致羁押必要性程序被虚置、形式化。从这个角度,笔者以为,羁押必要性审查不能归口办案部门,应有独立机构承担,检察机关应当维持由刑事执行检察部门统一负责羁押必要性审查的做法,以体现内部的监督制约。

官视角的代入感，污染审查逮捕权实施过程的中立性，亦即提前用是否构成犯罪的证明标准审查，直接取代审查逮捕期间对当事人羁押必要性的审查。"捕诉合一"之后，批捕检察官需要学习的公诉业务相对较多，公诉检察官需要学习的侦查监督业务相对较少。其一，"捕诉一体"办案模式的重大变革，对检察机关统一业务应用系统提出了更高的要求，业务部门与案件管理部门、技术部门如何分工配合，检察官公诉和批捕的案件如何配置为同一人，案件分配规则如何制定，绩效考核时办案量如何核算，都成为亟待解决的问题。其二，"捕诉一体"的办案模式启动后，原承办公诉业务的检察官和原承办侦监业务的检察官都需要一个学习、落实的过程。但是案件具有时限性，绩效考评追求结案率，之前的案件未办结，短期内又要办理大量新类型的案件，工作量激增。其三，"捕诉一体"的办案模式需要办案人员熟悉侦监、公诉业务技能，对业务水平提出了更高的要求，造成有的办案人员在第一时间突然转换角色的办案压力，而检察机关之前采用"捕诉分离"的办案模式，使得公诉人员和侦监人员并不熟悉彼此的业务流程，原侦监部门的检察官要在短时间内熟悉审查报告的梳理、出庭应诉、审判监督等工作流程，原公诉部门的检察官可能会将批捕的证据标准和起诉的证据标准混同。

批捕检察干警与起诉检察干警的一体化重组，这是"捕诉一体"改革的重要保障。"捕诉一体"改革并非简单的批捕与公诉职能一体，还包括批捕与公诉的人员合一，即一位原批捕（公诉）检察官搭配一位原公诉（批捕）检察官助理，以交叉搭配的原则重组成一个"捕诉一体"办案组，既便于互相学习、尽快适应，更有利于批捕居中判断的中立思维正面影响公诉、以审判为中心的证据裁判原则正面影响批捕，促使公正执法的客观义务贯穿于批捕与起诉的整个办案流程。检察机关内设机构改革对批捕、公诉等人员进行重新整合，将批捕和公诉的人员结合起来，起到了"1+1>2"的优化效果。在改革初期，批捕、公诉的办案人员均有互相学习的动力。互相取长补短，公诉的检察官向批捕的检察官学习审查批准逮捕的实质要件和程序要求，并学习如何有效引导侦查取证；批捕的检察官要学习公诉检察官如何审慎把握起诉条件，全面、客观审查证据材料，准确认定事实，正确适用法律，有效应对法庭对抗等方面，客观上部分化解了人案矛盾①。以重庆市人民检察院为例，作为2018年8月全市范围内推进内设机构改革和"捕诉合一"办案模式调整的试点检察院，为适应全市检察机关"捕诉侦防"一体化改革需要，加深侦查监督检察干警、公诉检察干警对彼此工作的认识，提升办案职能，重庆市人民检察院在全市范围内连续举办了两期侦查监督业务和公诉业务培训班，分别由公诉干警与侦查监督干警参加，邀请领导专家和办案能手授课，为下一步"捕诉合一"改革后业务工作的顺利开展打下了良好基础。

以重庆市南岸区人民检察院为例，2018年8月15日起，按照重庆市人民检察院内设机构改革要求，正式运行刑事案件"捕诉一体"办案机制，进一步凸显检察官办案主体地位，大幅度缩短办案周期，改革成效初显，体现出"侦查监督公诉业务搭配""员额检察官、检察官助理、书记员合理搭配""老中青合理搭配"的捕诉人员合一理念。在"捕诉合一"改革的过渡期间，采取"双轨制"办理案件，已受理移送案件，仍按照之前模式办理，新受理案件，如无特殊情况（重大疑难复杂案件由办案组共同办理），一般应当由一个检察官负责全程办理到底。② 此种分案方式，既体现了"随机分案为主、指定分案为辅"的分案原则，又符合了"捕诉一体"办案模式下"同一案件由同一检察官办理"的改革要求，是"类案办理、专业优先""一人谁办理，

---

① 笔者曾经提出，"捕诉分离"之时，为了全面履行侦查监督职责、严守冤假错案防范的第一道检察关口，批捕检察官应当建立审判思维尤其是庭审思维，夯实综合办案能力。受制于刑事诉讼线性结构隐蔽下的短线思维，侦查监督检察官对旁听庭审的必要性和价值认识不足，认为自己的工作在审查逮捕后即已完成。要建立健全侦查人员、侦查监督检察官旁听庭审制度，加深对律师所获取证据的了解，站在更加客观的角度，换位思考。在防范冤假错案的大背景下，针对以命案、黑社会性质组织案件、职务犯罪案件等为主的大案要案，在法院开庭审理时，由侦查人员、侦查监督检察官有组织地观摩法庭调查、法庭辩论等整个庭审过程，听取被告人、辩护人、公诉人对侦查程序和待证事实的意见，把握审判法官对侦查获取证据之证据资格和证明效力的审查标准，并在庭后进行集体研判和检讨，提升侦查监督的专业能力。

② 对"捕诉合一"改革之前检察机关已经受理的审查逮捕、审查起诉案件，如果一律按照新原则分配案件，在改革的过渡期内，会造成"捕诉一体"运行初期原批捕检察官办案压力过大，如果一律由原批捕检察官、公诉检察官分别办理，会造成原公诉检察官办案压力过大。因此，结合本院实际，对改革前已经提前介入、审查逮捕、审查起诉的案件，合理确定案件后续阶段的承办人，从而有效消化积案，实现新旧办案方式之间的有序衔接和平稳转换，保证刑事检察业务工作和"捕诉一体"改革大局不受影响。

全案谁办理"的体现。在此模式下，员额检察官配备了熟悉相关业务的助理，检察官负责全程把控案件，辅助人员做文书草拟、案卷装订等辅助工作，确保"捕诉一体"改革工作平稳有序展开。在批捕和公诉的人员合一方面，重庆市南岸区人民检察院发挥智慧检务先进检察院的技术优势，通过大数据分析科学配置办案人员。根据检察一部（普通犯罪检察部）、检察二部（经济和职务犯罪检察部）、检察六部（未成年人犯罪检察部）等刑事检察业务部门的管辖犯罪类型，通过统计2015年以来的类案数据，综合运用"受理案件数""人数""案件难易复杂程度"三重维度测量各部工作量，并以此为依据对检察一部、检察二部检察官按照10∶7的比例科学配置，其他各部检察官均为2人。从检察办案大数据中提取出反映检察官办案质量和效率的统计信息，并结合办案经验、任职年限等因素，统筹调配各部门人员。尤为重要的是，将入选重庆市人民检察院专业办案团队的检察官配备到相应业务部门，为无批捕、公诉经验的检察官分别配备原公诉部门、侦查监督部门的检察官助理，做到人岗相适、人案相配、发挥专长、优势互补。在批捕检察干警与公诉检察干警的科学搭配之下，在重庆市人民检察院的统筹之下以"1∶1∶1"的比例招录聘用制书记员、解决检察辅助人员不足的问题，重庆市南岸区人民检察院顺利度过了"捕诉合一"改革的适应期与磨合期，[1] 批捕思维与公诉思维在批捕检察干警与公诉检察干警的亲身实践与互学互助之间不断交融，原公诉检察干警的立案监督、审查逮捕和侦查监督能力稳步提升，原批捕检察干警的审查起诉、出庭支持公诉和审判监督能力也大幅提高。同时，老干警对新入额的年轻检察官进行传帮带，传授其丰富的办案经验，年轻干警有较强的适应能力和创新能力，能提高检察官队伍的工作积极性，增强了检察团队的凝聚力。

---

[1] 在"捕诉合一"改革初期，有观点担心，"捕诉一体办案机制对办案人员业务能力、心理素质要求更高，检察干警可能会暂时出现办案节奏不适应、工作重点把握不准、工作压力过大、磨合期较长等情况，而且由于案件办理周期等原因，捕诉一体办案机制的优势可能在3~5个月甚至更长的时间后才能得到最大限度的显现"。在此情况下，对捕诉关系一体化改革的过渡期与磨合期充分证实、加倍重视，有所必要。

(二)"捕诉一体"改革后检察办案的碎片化现象

置身于司法改革的浪潮之中,基于办案质量与效率的双提高目标,以"捕诉一体"办案机制体现的内部整合与认罪认罚从宽制度带来的外部主导为标志,检察权呈现出一定的集约化趋势。与此同时,司法责任制改革一定程度上缓解了案多人少的局面,但在司法改革背景下,据实证调研,检察机关办理刑事案件也体现出一定新的特征,主要是较为普遍的办案时间碎片化现象。"捕诉一体"改革后,刑事检察的各种工作叠加,有的工作量翻倍增长,导致刑事检察干警的工作压力更大、责任加大。尤其是在"捕诉一体"办案模式之下,检察官既要适应起诉的"精准性",又要适应批捕的"快节奏",并需要在两个"频道"间不断切换。据笔者办案感受及观察、调研,对办案节奏的把控还不理想,检察官为了确保批捕案件在5个工作日内审查终结,往往先将精力集中于批捕案件办理,导致原本可以适用速裁程序的案件因为超过法定办案期限,只能转为适用简易程序,无法快速办理;而疑难复杂案件又因长期搁置被打乱办案节奏,造成审查起诉碎片化和低效化。总体而言,在"捕诉一体"办案模式下,如何平衡不同案件的轻重缓急,有条不紊地处理捕诉案件,还需要进一步研究。

于内,随着"捕诉一体"办案机制的推行,检察官既要办理公诉案件,也要办理批捕案件,审查逮捕的7日法定期限对于办案时间有刚性要求,即办案超期就是超期羁押,后果不堪设想。也因此,同时办理批捕与起诉案件的检察官必须优先在5个工作日中办理批捕案件,这既是为办案期限所迫,也是由于批捕从流程上早于起诉,办好批捕案件尤其是以证据裁判为原则,对批捕案件提出继续侦查意见、对存疑不捕案件提出补充侦查意见,有助于案件在后续环节的及时、有效处理。

于外,随着认罪认罚从宽制度的施行,速裁程序的10~15日审查起诉期限对于办案时间有柔性要求,即办案超期转为简易程序,后果尚可自控。但鉴于简易程序的审查报告、诉讼文书、出庭方式等相比速裁程序较为复杂,加之检察机关内部对速裁程序的适用有一定比例要求,多数轻刑案件是可能判处1年以下有期徒刑的案件,必须在10日内决定,扣除两个周末共4日及在案管部门的内部流转间隙，实际上的办案时间也就只有5个工作日。

可见，于外于内，在认罪认罚从宽制度与"捕诉一体"办案机制的共同影响下，检察官需要合理掌控批捕案件、速裁案件两个"5个工作日"决定的时间，其间还要合理兼顾值班律师派驻、法院开庭、远程视频提讯等非自己能够掌控的时间，办案时间有一定的碎片化趋势。以笔者单位为例，值班律师在本区看守所值班时间是每周二和周四两个下午，在本院值班时间是每周三，按规定远程视频提讯时间是每周二和周四，出庭时间视法院通知而定，以至于实践中，基本上每周必须去一次看守所、去一次法院，批捕检察官与公诉检察官的随时随地无缝切换对办案时间的合理分配与办案思维的合理调整提出了一定的挑战。据了解，这也是各地检察机关对于司法改革后办案节奏变化的切身体会。对此变化，原本办案节奏较快的批捕检察干警相比较为适应，原本办案节奏一般的公诉检察干警则有一定"先批捕、后公诉"的应接不暇之感，司法改革过渡期的办案时间管理需要进一步合理优化。[①]

具言之，"捕诉一体"改革对于检察机关行使刑事检察权的方式可谓影响巨大，而办案时间碎片化的影响则对办案人员最有切肤之感，也是"捕诉一体"改革必须解决的当务之急。直面"捕诉一体"改革带来的办案环节增加、认罪认罚从宽制度带来的检察机关审前主导功能增加的现状，从激发办案人员主观能动性的角度出发，应当多管齐下、妥善应对、合理面对刑事检察办案时间碎片现象。

一是优化时间管理，重塑办案理念。从"捕诉分离"到"捕诉合一"，虽然办案类型从单一到批捕、公诉兼具，但涉及罪名因刑事检察部门的内部细分而减少，加之办案人员相比原侦监、公诉部门同样有所增加，不会因此导致办案压力翻番，只是办案节奏加快。办理批捕案件时，应当树立为同案的公诉阶段办理"提前减负"的观念，把必须在7日内办理的批捕案件办

---

① 在笔者对基层检察干警的访谈调研中，有检察官直言不讳："捕诉合一"制度的推行一方面实现了司法资源的充分利用，另一方面"缩短"了承办人的办案期限，特别是基层院一直以来存在着案多人少的不足，尽管公务员招收每年进行，但案件是只增不减，"捕诉合一"之后，使办案人员的办案压力翻番，每周都会派给批捕和公诉案，又因为批捕案件的日期较短，使得每周收两种案，但只能先办期限短的批捕案，如此，公诉案或者其他工作只能搁至晚上或周末加班完成。

好，会极大减少公诉阶段的工作量。至于办理批捕、公诉案件的具体时限不同、办案时间分配不一，应当根据各检察官独任办案单元的组内分工，通过加强员额检察官、检察官助理和书记员之间的团队协作予以解决，特殊情况下的大案、要案可申请组成检察官办案组承办。

二是用好智慧检务，改善案件配置。在检务保障方面，有必要在保障公平的基础上提高办案效率，不少检察机关先行先试的远程视频审讯系统即为一例。与看守所互联互通后，对于到案后即认罪认罚的被羁押人，可能适用速裁程序、简易程序的轻微刑事案件，批捕与公诉检讯以远程讯问为主、现场讯问为辅，可以大幅度提高办案效率。此外，应当明确"公诉阶段可自行决定逮捕"的内部办案系统操作流程，鉴于侦查监督部门与公诉部门已经合并，承办检察官在公诉阶段以"文书移送方式"新建逮捕案件、由其继续办理的模式，实则是将案件从右手转到左手再转回右手，不仅会徒增两次讯问（审查逮捕讯问、执行逮捕讯问），更与"捕诉一体"的机制改革精神不符。因此，应当调整检察机关统一业务应用系统的案件配置，由刑事检察部门向案件管理部门、技术部门申请配置相关权限，确保对公诉阶段需要逮捕的案件，从公诉办案端口可直接办理。

三是优化办案流程，做好"加法""减法"。"捕诉一体"改革并非侦查监督和公诉两个部门的简单合并和人员相加，而是检察官批捕与公诉办案职权的融合交织。做好捕诉权力合一、捕诉人员合一的"加法"，是优化"捕诉一体"办案流程的必由之路。同时，在认罪认罚从宽制度与"捕诉一体"办案模式的耦合之下，检察机关要在办案流程和办案环节上进一步简化，真正发挥捕诉关系调整带来办案效率提升的优势。如在阅卷、制作审查报告等方面重新整合，针对证据没有发生实质性变化、案情简单的案件，可制作只涉及审查起诉流程及新增内容的审查报告，发挥批捕环节对起诉阶段的前瞻性准备作用。对于出庭支持公诉的速裁案件，可以继续实行简单案件的集中出庭模式，以进一步节约司法资源。

四是贯彻改革精神，夯实正义基础。认罪认罚从宽制度使公平正义在控辩协商的基础上得以量化，达到控辩双方"共赢"的结果，速裁程序更是适用认罪认罚从宽制度后理论上可以带来的"最大"量刑优惠。因此，对于被追诉人始终认罪认罚、仅因为承办检察官或法官超出速裁程序法定办案期限而适用简易程序的，从公平正义与控辩平等的角度来看，即使耗费较多司法资源也是承办人员个人因素所致，与被追诉人无关，不应因此加重被追诉人的量刑，应当从承办人员履行客观义务的角度确保被追诉人享受与适用刑事速裁程序所得到的相同量刑优惠。

第三章

捕诉标准合一的隐忧与出路

一、问题的提出

"证明标准是证明领域的核心问题，同时也是裁判者认定案件事实的最终尺度。"① 作为我国刑事诉讼侦查终结、提起公诉和有罪判决的法定证明标准，"事实清楚，证据确实、充分，排除合理怀疑"的表达模糊，解释余地较大，以至于"在刑事法学界，关于证明标准到底如何理解，曾经一度硝烟弥漫"。② 以2019年1月最高人民检察院内设机构改革为标志，"捕诉一体"已经是一项全国范围内全面推行的检察改革。在"同一检察院的同一案件审查逮捕、审查起诉、诉讼监督，由同一业务部门的同一检察官负责"的"捕诉合一四同"模式下，③ 刑事检察业务已经是"谁批捕，谁起诉，谁办案，谁监督"。纵然理论上逮捕只是侦查阶段的一个强制措施，但实践中"是否批捕"往往是侦查机关最为关心的问题，侦查机关最能接受批捕及无逮捕必要不批捕的提捕结果；换言之，如果说"捕诉分离"办案模式下逮捕标准向

---

① 周洪波、熊晓彪：《第三层次有罪判决证明标准的技术性构建——基于现代证明科学进路的探索》，载《证据科学》2017年第2期，第134页。
② 李昌盛：《证明标准的德性之维》，载《暨南大学学报（哲学社会科学版）》2016年第5期，第110页。
③ 2018年7月上海市人民检察院检察委员会通过的《上海市检察机关捕诉合一办案规程（试行）》第二条规定，"捕诉合一"办案，是指检察机关对本院管辖的同一刑事案件的适时介入、审查逮捕、延长羁押期限审查、审查起诉、诉讼监督等办案工作，原则上由同一办案部门的同一承办人办理，另有规定的除外。

起诉标准"看齐"是一种不言自明的"潜规则",那么"捕诉一体"办案模式下逮捕"有证据证明有犯罪事实"的法定证明标准,无限趋同于起诉"事实清楚,证据确实、充分"的法定证明标准,已经是一种浮上台面的"显规则"。换言之,检察机关"捕诉一体"改革后,逮捕的证明标准已经无限趋同于起诉的证明标准,形成了事实上的捕诉标准合一。对于实践中捕诉关系调整带来的证明标准合一,理论上应当如何看待?捕诉标准合一,会导致公诉"架空"批捕、批捕独立性"丧失"的潜在隐忧,还是以审判为中心、贯彻证据裁判规则的应有出路?笔者针对检察考核"捕后起诉率"不变的现实,对检察机关"捕诉一体"改革带来的批捕起诉证明标准合一现象进行思考,并在厘清相关误区的基础上,提出相应的完善建议。

二、捕诉关系调整对捕诉证明标准的影响

(一)"捕诉分离"时,批捕引导侦查,逮捕标准低于起诉标准

"捕诉分离"之时,检察机关对重大、敏感、复杂案件依法提前介入,通常由检察机关侦查监督部门负责,并以"有证据证明有犯罪事实"的逮捕证明标准引导侦查,个别特大案件才由侦查监督部门会同公诉部门共同介入。在侦查监督职能下引导侦查活动,在价值取向中更加偏向惩罚犯罪,侦查监督工作体现出的是建立在惩罚犯罪基础上的保障人权。[①] 在提前介入引导侦查的活动中,批捕检察官表面上以侦查监督的名义进行法律监督,但实质上以逮捕的法定证据标准来要求侦查活动,这充分体现出以侦查活动服务为首、

[①] 检察机关审查逮捕不是单纯的居中裁判,除了大控方的地位之外,还体现在对提捕案件的审查方式上。在法定七日的审查逮捕期限内,检察机关侦查监督部门并非仅仅根据侦查机关提请批准逮捕时的在卷证据即时做出决定,而是在初步审查后发现证据有所欠缺的,第一时间告知侦查人员相关意见并要求其及时补充证据,甚至在讯问犯罪嫌疑人翻供后,会要求侦查机关再次前往讯问以固定其认罪供述,往往只有在审查逮捕的最后一天,当所要求证据无法补充后,才做出证据不足不批捕的决定。这也体现了一定意义上的引导侦查色彩,对犯罪嫌疑人的人权保障是建立惩罚犯罪在法定期限内所获证据不足的基础上,再以无罪推定做出无罪化处理结论。从这个意义上,北京、湖北地区检察机关将审查逮捕部门与侦查监督部门分设的做法,区分了居中裁判与引导侦查的不同职能属性,确有可取之处。

侦查监督为次的价值取向。但这种以服务侦查活动为首的价值取向，却是以割裂公诉阶段为代价的。个案引导侦查中，只要引导侦查到逮捕的法定证明标准即可，至于后面是否起诉、如何审判，均与己无关，也可能导致视频监控、通话清单等时效性客观证据因保存期限不长而被覆盖灭失，现场证人也可能因时间过长而无法查找。"近几年纠正的一批案件中发现，一个重要原因就是，前一个环节的办案人员把解决疑点和矛盾的希望习惯性寄托在后续环节的办案人员身上，最后导致案件错判。"① 在批捕检察官对侦查活动的引导过程中，"以羁押为原则、以不羁押为例外"成为"逮捕定罪"的思维定式，批捕检察官将这种思维定式通过引导侦查活动传导给侦查人员。长此以来，批捕检察官将作为最严厉强制措施的逮捕作为一种提前介入侦查活动的引导"筹码"加以使用，以至"只要构成犯罪就要逮捕""为了减少上访风险，要附条件逮捕"等思维定式多发，逮捕与否成为批捕检察官引导侦查甚至控辩协商的手段。

（二）"捕诉合一"后，公诉引导侦查，逮捕标准趋同起诉标准

"捕诉合一"之后，提前介入由批捕、公诉"一肩挑"的检察官履行，学界长期呼吁的公诉引导侦查制度得以正式建立。② "改革后，由于捕与诉均由同一检察官负责，所以从批准逮捕开始，检察官就会对证据的关联性及完整性进行审查，同时会从刑事诉讼程序全局来把握，使监督更具主动性和针对性。"③ 公诉引导侦查体现出检察机关作为法定公诉机关的优势所在，能够切实集合侦查权与公诉权的力量，第一时间固定可能灭失、有时效要求的客观证据，如痕迹信息、通话清单等，而过度追求犯罪嫌疑人供述、被害人陈述、证人证言等言词证据。"在'捕诉合一'模式下，审查批准逮捕和审查

---

① 龙建文：《立足司法责任制构建捕诉合一模式》，载《检察日报》2018年7月22日，第3版。

② 所谓公诉引导侦查是指公诉部门从履行法律监督的角度出发，基于指控犯罪的需要，主动介入侦查机关对重大、疑难、复杂案件的侦查活动，引导确定正确的侦查方向，引导侦查人员准确全面地收集和固定起诉指控所需证据的行为。

③ 张吟丰、余颖、罗大钧：《长沙雨花："捕诉合一"办案机制的基层实践》，载《检察日报》2018年8月20日，第2版。

起诉由同一部门或者检察官负责,就可以在审查逮捕环节以庭审证明标准引导侦查取证,更加精准到位,有利于帮助提高侦查取证质量。"① 以山西省 2015 年 5 月 1 日起在全省推行的命案"捕诉合一、主任检察官负责制"侦办模式为例,"发生命案后,从提前介入现场侦查、批准逮捕嫌疑人,到提起诉讼、出庭支持公诉,所有这些环节都由一名主任检察官以及他领导的办案小组全程负责"。② 被视为"捕诉一体"办案模式对于侦查活动的最大助力——公诉引导侦查机制,从提前介入、审查逮捕等侦查阶段的检察环节以公诉标准引导侦查活动,提前在审查逮捕环节至少在一项事实中达到公诉标准,侦查人员不仅普遍欢迎,而且调查取证的积极性更高,更因为批捕检察官与公诉检察官合二为一,使得侦查人员不用因批捕检察官与公诉检察官的内部个案意见分歧而导致侦查方向混乱,"同事'挖坑',自己来填"的"批捕'绑架'公诉"③现象不复存在,加之在客观公正执法义务的引导之下,员额检察官在享受了司法责任制带来的独立性便利之余,更应当以权责一致为原则,承担以高证明标准引导侦查所带来的一切影响。

三、逮捕标准的人为"拔高"之惑

(一) 存在"高于逮捕标准、低于起诉标准"的中间状态吗

"捕诉一体"改革后,有个别侦查人员认为,"以起诉标准代替逮捕标准,拔高了在侦查初期尤其是批捕环节的证明要求,不利于打击犯罪"。以重庆市人民检察院 2018 年 12 月 28 日发布的《重庆市检察机关捕诉一体办案暂行办法》(渝检〔2018〕4 号)为例,该办法第三条规定:"捕诉一体办案

---

① 张和林、严然:《"捕诉合一"模式更加契合司法实践需要》,载《检察日报》2018 年 6 月 13 日,第 3 版。
② 左燕东:《检察机关办理命案推行新模式》,载《山西日报》2015 年 4 月 17 日,第 A02 版。
③ 李昌林教授指出,"逮捕具有'绑架'起诉、审判的效果,即对被逮捕的犯罪嫌疑人,检察机关往往不得不尽量作出起诉的决定,法院则要尽量宣告被告人有罪,并根据羁押期限决定判处的刑罚"。李昌林:《审查逮捕程序改革的进路——以提高逮捕案件质量为核心》,载《现代法学》2011 年第 1 期,第 116 页。

应当坚持惩罚犯罪与保障人权相统一、办案质量与办案效率相统一、引导取证与监督侦查相统一，防止变相提高逮捕标准，或者构罪即捕，或者凡捕必诉。"浙江省人民检察院 2019 年 6 月 4 日印发《浙江省检察机关刑事案件捕诉一体办理工作规则（试行）》的通知中也指出："案件质量是检察工作的'生命线'。捕诉一体办案机制改革后，在提高办案效率的同时也要切实提升办案质量。要严格执行审查逮捕、审查起诉两个阶段不同的法定条件与证明标准，深入开展实质审查，严防变相提高逮捕标准，严防构罪即捕，严防凡捕必诉，确保不同阶段的办案质量。"表面上，理论界与实务界都对"捕诉合一"后逮捕标准的可能提高产生了警惕，但实践中，逮捕案件定罪标准的提高却是必须正视的事实。诚然，"凡捕必诉"的口号正如"有罪判决率100%"的口号一般，显得过于绝对，且侦查初期对证据搜集工作也存在循序渐进的增多过程，但逮捕作为最严厉的强制措施，个别案件逮捕后因证据发生变化（如退赃退赔、认罪认罚、刑事和解等）而微罪不诉尚可接受，捕后因证据不足而存疑不诉、因不构成犯罪而绝对不诉是否可以接受？在以人民为中心的司法理念下，错案责任制在逮捕环节当然适用，即使以认识分歧、无主观故意或重大过失为由可在内部免于追究错案责任，但一旦逮捕后存疑或绝对不诉，国家的赔偿责任并不能减免。

虽然刑事诉讼法对逮捕和起诉的证明标准有明确规定，在"捕诉分离"时因办案人员不同而把握程度不同，但在"捕诉一体"模式下，由一名检察官同时负责审查逮捕和审查起诉，不仅会促使承办检察官对逮捕条件从严把握，而且这种"从严把握"的参照标准就是起诉标准。从这个角度说，"捕诉合一"改革后人为"拔高"逮捕标准，实则是逮捕应有标准的回归。"捕诉一体"改革后，检察官在审查逮捕时，在至少一项犯罪事实上，必须达到"事实清楚，证据确实、充分，排除合理怀疑"的证明标准，在其他犯罪事实、量刑事实上则暂时不做要求，待做出批捕决定时一并提出下一步侦查意见。毕竟，逮捕虽然是为了保障诉讼的强制措施，但逮捕之后案件是以起诉为原则，以不起诉为例外的。也因此，"捕诉一体"改革后，如果说存在"高于逮捕标准、低于起诉标准"的"中间状态"，那就是建立在逮捕案件至少一项犯罪事实"事实清楚，证据确实、充分，排除合理怀疑"基础上，尚未查清的"其他犯罪事实、量刑事实"就是此处的"中间状态"。这种"中间状态"是一项事实已经构成犯罪基础上的中间状态,并非降低逮捕条件到主要证据、基本证据充分,也非在证据薄弱情况下寄希望于逮捕后继续侦查完善证据的"期待可能性",否则对证据不符合"事实清楚,证据确实、充分,排除合理怀疑"标准的案件做出逮捕决定,就是一种变相的附条件逮捕。

(二) 正确理解"有证据证明有犯罪事实"

逮捕的证据条件是"有证据证明有犯罪事实",与侦查终结、提起公诉、判决有罪的证据标准"事实清楚,证据确实、充分"不同,直接反映为办案中定罪标准的不同,而不是对基本证据、主要证据的"降格以求"。如在一件贩卖毒品案中,犯罪嫌疑人到案后多次做出认罪认罚供述并同步录音录像予以固定,有购毒人证言、毒品提取和鉴定等系列证据,但缺少交易双方通话清单,由于犯罪嫌疑人在审查逮捕阶段依旧供认不讳,在"通话清单系次要证据""逮捕证据不等于定罪证据"的理念下,该案构罪批捕,后犯罪嫌疑人在审查起诉阶段翻供,称根本没有毒品交易的事实,经调取通话清单发现购毒人与嫌疑人在案发时间段并无通话记录,至此案发,后该案被绝对不诉。经反渎职检察部门侦查,该案系承办民警为了完成考核任务,在抓获一名吸毒人员并查获毒品后,由协勤假扮购毒人,以强制隔离戒毒二年威胁吸毒人员配合认罪贩卖毒品而制造的假案,后涉案民警及协勤因涉嫌徇私枉法罪被依法处理。"虽然该假案主要是徇私枉法所致,但在审查逮捕阶段未能发现案件真伪的重要原因之一,系对'通话清单'在贩卖毒品类案件中的证据地位认识错位,在认罪认罚的情况下对将通话清单定位于次要证据、不作要求,而在假案案发后,通话清单上升到贩卖毒品案的主要证据地位,今后所有贩卖毒品案在审查逮捕阶段都需要通话清单这一主要证据,并要求公安机关尽可能对购毒人举报后联系毒贩的通话情况进行同步录音录像。"[①] 可

---

① 闵丰锦:《多维度与差异化:认罪认罚案件的证明标准探析》,载《证据科学》2017 年第 4 期,第 448 页。

见，刑事案件的主要事实与次要事实、主要证据与次要证据的界限并不明朗，存在一定的不同认识，对认罪认罚案件在审查逮捕时仅仅要求主要事实、主要证据，对"主要"的强调往往意味着忽略了"次要"，"主要"与"次要"之间往往界限不明，有些看似属于次要的证据甚至在错案发生之后才能显示出其主要证据的应有地位，可能造成证明标准的下降。因此在"捕诉一体"改革过程中，"捕诉合一"并非仅仅批捕权与起诉权的合一，也包括批捕检察人员与起诉检察人员"合一"成一个检察办案组，还包括此处所言的批捕证明标准与起诉证明标准的实质"合一"。

四、逮捕标准提高后的隐忧

（一）"捕诉一体"后的批捕权"虚化"隐忧

公诉权是检察权的核心职能，公诉阶段是完整的诉讼阶段之一，因此，在"捕诉分离"时，公诉部门在检察机关一直居于核心地位。"捕诉合一"后，存在公诉权"兼并"批捕权的担忧，可能导致逮捕权的滥用或不正确使用。一方面，在逮捕的证据条件上，可能出现上文所述的"变相提高逮捕条件"，以起诉标准审查批准逮捕，造成所谓"该捕不捕"；另一方面，在逮捕的必要性条件上，基于逃避监管的担忧，可能出现对"两无人员"（无业人员、无固定住所人员）、外地人等特殊群体的"构罪即捕"现象，并利用认罪认罚从宽制度中"法院一般应当采纳检察院量刑建议"的规定，对可能判处拘役、宣告缓刑的轻罪人员，稍微"拔高"提出有期徒刑6个月的量刑建议，以确保从表面上符合逮捕"可能判处徒刑以上刑罚"的刑罚条件。以上两种倾向，可能造成"捕诉一体"模式下批捕权的"虚化"，是一种捕诉证明标准"合一"调整后的潜在隐忧。

笔者以为，对批捕权的"虚化"隐忧，应当从逮捕的三要件入手分层解析。以证据裁判为原则，逮捕的证据条件应当与起诉标准"合一"，逮捕的社会危险性条件、刑罚条件应当保持相对独立性。如果说"捕诉分离"模式下的"逮捕中心主义"现象可能造成逮捕"绑架"起诉，那么"捕诉一体"

模式下的批捕权"虚化"现象实则是公诉权对批捕权的"进犯",是公诉证明标准"凌驾""取代"批捕证明标准,直至公诉与起诉在定罪标准上的"合一",这是公诉引导侦查所带来的必然结果,也是"捕诉合一"改革的实然之义——证据标准合一。至于批捕权的独立性,则更多体现在社会危险性、刑罚要件等逮捕必要性要素之中,对可能判处徒刑以下刑罚或宣告缓刑案件,对认罪认罚、不采取逮捕措施足以保障诉讼的,坚守罪责刑相适应的原则,做到可捕可不捕的坚决不捕。

(二)辩证看待捕诉标准合一

捕诉证明标准合一,不是公诉"代替"批捕,而是发挥批捕职能防范冤假错案的应有之义。在捕诉证明标准合一后,有必要重新审视逮捕的证据条件,重塑对批捕错案的性质认识。实践中,由于批捕后的国家赔偿责任转移到检察机关、检察机关内部对于捕后存疑不诉和绝对不诉有严格的考核要求,逮捕的证据标准被人为拔高到定罪的证据标准,这一长期存在的"潜规则"在"捕诉一体"改革后已经成为"显规则",需要辩证看待。一方面,必须承认,"逮捕证据等于定罪证据"容易造成"逮捕等于定罪"的"逮捕中心主义"现象,与逮捕保障诉讼的强制措施属性相悖,超越了逮捕制度设计的本意;另一方面,相比引导侦查、提前介入等柔性监督,审查逮捕是检察机关依法介入侦查程序的刚性监督,在对实体正义孜孜以求的现实国情下,不可能只审查羁押必要性而不审查案件事实证据(或仅仅达到有合理怀疑的证明程度),"逮捕证据等于定罪证据"对于严防冤假错案意义重大,可以倒逼侦查机关以审判为中心、以证据裁判为原则,在案发后第一时间就开始全面收集证据,而不是只收集自己认为的"基本证据、主要证据"。因此,在国家赔偿规定、捕后起诉考核等没有改变的情况下,在审查逮捕环节,应当至少对提捕事实中的一项在定罪上达到"事实清楚、证据充分"的证明标准,而对其他提捕事实不做过高要求,自首、立功、赔偿、谅解等量刑证据则是逮捕必要性的考量因素。同时,也要认识到"法律事实不等于客观事实"的认识规律,"无数悲剧案例表明,各种人为的因素成为刑事错案的主因,但既无过错也无过失有时也会产生错案"①，只要检察官依法、依规、依程序审查案件，勤勉履行审查逮捕的客观义务，不具有主观上的故意或重大过失，批捕案件就不是错案。

五、重塑逮捕的高证据标准要求

（一）"捕诉一体"对案件质量的提升

"捕诉分离"之时，侦查监督部门更多基于逮捕的三个法定条件本身做出决定。虽然也有重视逮捕证据条件、轻视逮捕必要条件、忽视逮捕刑罚条件的思维定式，但出于上级检察机关对捕后判处轻刑率的考核，无逮捕必要不批捕成为轻微刑事案件的处理常态，甚至对于在本地无固定住所、无固定工作的流动人员也不再"另眼相待"，整体范围的不捕率已达到20%以上，个别地区的不捕率已在30%左右，部分地区省级检察机关的年度工作报告也开始主动公开本地区本年度无逮捕必要不批捕的人数，将其作为保障人权的检察成绩之一。就审查逮捕的流程而言，多数案件一到手，阅卷一遍就能够立刻判断出案件轻重缓急、有无逮捕必要，对于轻微案件、就案论案明显无逮捕必要的，批捕检察官更多考虑的是"外地人如何保障诉讼""有无被害人信访风险"等案外因素。而在证据条件上，出于对审判要求、起诉要求掌握不准，在司法责任制改革后"各负其责"的背景下，同一检察机关的不同批捕检察官对逮捕条件把握可能因人而异，呈现或松或紧的浮动现象。具体而言，在"谁办案谁负责，谁决定谁负责"的错案防范压力下，批捕检察官办案普遍谨慎，虽然拿不准的往往先去咨询公诉检察官作为参考，但由于案件的争议性，不少公诉检察官也是各执己见，导致少部分批捕案件或因认识分歧、证据变化等缘故，后续侦查无法达到起诉标准，捕后存疑不诉偶有发生；而对于个别曾经因捕后存疑不诉、绝对不诉受到上一级检察院案件评查

---

① 唐亚南：《刑事错案产生的原因及防范对策——以81起刑事错案为样本的实证分析》，知识产权出版社2016年版，第103页。

甚至追究错案责任的批捕检察官，之后相当长一个阶段办案极其谨慎，办案时更多站在辩护律师角度换位思考，认为案件有一点问题、可能拿不准就提交检察官联席会议讨论，宁可不批捕"放纵"犯罪嫌疑人、"得罪"侦查人员，也不愿批捕后承担错案风险、为侦查人员"背书、买单"，此类批捕检察官的存疑不捕率相对略高。

"捕诉合一"之后，即使存在起诉标准"事实清楚，证据确实、充分"与逮捕标准"有证据证明有犯罪事实"的理论差别，但同一位检察官在办案过程中，由于自己批捕后还是自己起诉，自然会以起诉标准要求批捕时的至少一项案件事实，言下之意是："既然之后起诉也要达到这个标准，那为何不在批捕这个先前环节抓紧时间、一步到位呢？"如此，鉴于"捕诉合一"后检察官"人"的因素，批捕的证据标准被无意中提高了，就一项犯罪事实而言，理论上那种"高于批捕标准、低于起诉标准"的情况在实践中不会发生，提捕案件的存疑不捕率会略微升高。"实行捕诉合一后，检察官以起诉的预期来把握批捕，会更加全面地把握批捕的证明标准，这就意味着犯罪嫌疑人不批捕的可能性更大，逮捕率会有所下降，从而更有利于保障人权。"[①]而对于逮捕必要性的考量，公诉检察官往往将"构罪即捕""想捕就捕"的惯性思维直接带入批捕环节，尤其对于在本地无固定住所、无固定工作的人员（即使投案自首、退赔退赃、取得谅解），对于认罪认罚态度不好、对检察官态度不好的人员（即使涉案情节轻微、在本地有固定住所），能逮捕就逮捕，将起诉便利原则直接引入批捕环节。可想而知，倘若缺乏相关机制的制约，无逮捕必要不捕率会大幅下降。

（二）完善检察机关内部考核机制

直面"捕诉证明标准合一"的发展趋势，必须重新认识批捕权在检察权中的应有地位，依法把握逮捕的必要性条件，加大检察绩效中捕后判处轻刑率的考核比重。一方面，"捕诉合一"后，以起诉标准引领批捕工作已经成

---

① 邓思清：《捕诉合一是中国司法体制下的合理选择》，载《检察日报》2018年6月6日，第3版。

为一个现实，存疑不捕率的略微升高对侦查机关的调查取证提出了更高、更快、更准的要求，这对于防范冤假错案、守住检察关口具有积极意义，何况侦查机关也会主动适应以审判为中心的诉讼制度、主动以证据裁判原则引领和开展侦查工作，欣然接受检察机关对侦查初期提捕环节的逮捕证据高要求，侦查机关以"已经达到逮捕标准，只是未达到起诉标准"的理由提起复议、复核在司法实践中不会发生。另一方面，为了最大限度减少"构罪即捕"的普遍羁押现象发生，坚守批捕权的独立价值，必须从内部考核机制入手，鉴于"捕诉合一"体制下对批捕之后新增证据（如退赃退赔、被害人谅解、刑事和解、立功、预缴罚金等）导致量刑轻缓化可能性增大的因素预判性更大，有必要加大对侦查监督条线捕后判处轻刑率的考核比重，增大对捕后判处拘役、单处罚金、免予刑事处罚和量刑证据无变化情况下宣告缓刑的考核扣分比重，尤其是判轻刑中是否有外来人员、无前科人员等，并在检察机关年度工作报告中主动公开本年度无逮捕必要不批捕的人数。总而言之，只有调整、完善适合"捕诉一体"办案模式的检察机关内部考核机制，才能在捕诉证明标准合一的大趋势下，保持批捕权在逮捕必要性条件上的独立性。①

---

① 有学者指出，由于"捕诉一体化"可能会导致"逮捕中心主义"的再抬头，因此提升批捕诉讼化程度对于提升逮捕质量就显得尤为关键了。通过控辩双方言辞对抗、证据展示等手段，确立听证化审查模式，真正使审批程序中立化。另外，改革当前羁押必要性审查制度，对于重大、复杂、新型案件应当改为定期审查，并且在立案程序上取消检察长批准制，由办案检察官自行决定是否立案，赋予检察官更大的自主权，从而对逮捕措施适用形成双重权力约制。参见杨帆、林果丰：《"捕诉一体化"改革的路径选择和规制》，2019年中国刑事诉讼法学研究会年会论文。

第四章

"捕诉分离"与"捕诉合一"的对比

一、问题的提出

2018年7月24日,中央政法委书记郭声琨在深圳市召开的全面深化司法体制改革推进会上指出,"持续深化以审判为中心的刑事诉讼制度改革,探索捕诉合一"。① 这是在全面推进依法治国的背景下,中央站在司法改革的高度,首次表达出对"捕诉合一"的可探索态度。为了贯彻落实全面深化司法体制改革推进会上"优化法院检察院机构职能体系"的要求,2018年7月25日,最高人民检察院检察长张军在深圳举行的全国大检察官研讨班上提出,"总体上,要以案件类别划分、实行捕诉合一,形成完整的、适应司法责任制需求、有助于提高办案质量效率和提升检察官素质能力的内设机构体系"。② "探索"二字表现出一种"摸着石头过河"的改革精神,即在大前提、大框架、大方向已经确定的情况下,允许就具体机制、实施方法等进行探讨,以期更加符合改革之目的。

回首改革开放以来的我国检察史,从1979年《人民检察院组织法》通过后最高人民检察院依法设立刑事检察厅统一负责批捕、起诉工作,到1996年在大连市召开的全国检察机关第二次刑事检察工作会议提出"批捕、起诉部门分设",再到2018年检察机关司法责任制改革再次提出"捕诉合一",

---

① 读库君:《关于推进司改,检察官须知15件事》,载微信公众号"法律读库",2018年7月25日。
② 尚黎阳:《重组刑事办案机构案件分类捕诉合一》,载《南方日报》2018年7月26日,第A04版。

20 年一个轮回，捕诉关系经历了合一到分离再到合一的调整，"合久必分、分久必合"的历史发展规律彰显无遗。与 40 年前法制建设百废待兴时的"捕诉合一"不同，在中国特色社会主义法律体系基本形成的今天，以"优化检察院机构职能体系"为出发点和着眼点的"捕诉合一"模式，基础是"类案划分"①，方式是"四同"，即同一检察院的同一案件审查逮捕、审查起诉、诉讼监督，由同一业务部门的同一检察官负责。② 正如北京市人民检察院官方微信指出："捕诉合一过去就有，但现在实行捕诉合一不能够简单地回到过去，而应当在更高层次上扬弃发展。"③

"捕诉一体"相比"捕诉分离"，究竟有何优劣之处？从此次捕诉关系的集约化改革初期，理论界与实务界就产生了较大争议，肯定之声与否定之声频发，检察机关的内部观点也不统一。不仅有学术机构举办了"捕诉合一还是分离"的公开研讨会，④ 有基层检察院甚至举行了"捕诉合一还是分离"的辩论赛。⑤ 毋庸置疑，捕诉关系的调整属于检察权运行模式的问题，无论

---

① 类案划分，是指检察机关设置多个刑事检察部门，根据刑事案件的不同性质分类，不同刑事检察部门分别负责某类或几类刑事案件办理。以重庆市巴南区人民检察院为例，2018 年 8 月 17 日内设机构改革后，新设立的检察一部负责危害国家安全、危害公共安全、扰乱公共秩序、侵犯公民人身民主权利、侵犯财产和危害国防利益的犯罪案件办理，检察二部负责贪污贿赂、渎职、破坏社会主义市场经济秩序、妨害社会管理秩序（扰乱公共秩序犯罪案件除外）的犯罪案件办理。参见巴南检察：《我院内设机构新变化，这些你都知道吗？》，载微信公众号"巴南检察"，2018 年 8 月 19 日。

② 2018 年 7 月上海市人民检察院检察委员会 2018 年第 7 次・总第 622 次会议讨论通过的《上海市检察机关捕诉合一办案规程（试行）》第二条："捕诉合一"办案，是指检察机关对本院管辖的同一刑事案件的适时介入、审查逮捕、延长羁押期限审查、审查起诉、诉讼监督等办案工作，原则上由同一办案部门的同一承办人办理，另有规定的除外。

③ 王志国：《捕诉职能配置应当实现更高层次上的扬弃发展》，载微信公众号"京检在线"，2018 年 8 月 10 日。

④ 2018 年 6 月 16 日，中国人民大学刑事法律科学研究中心和中国政法大学国家法律援助研究院主办了一场"捕诉分离 PK 捕诉合一"学术研讨会，并全程网络视频直播，持"捕诉分离"立场的学者、律师与持"捕诉合一"立场的学者、检察人士展开了有理、有据、有节的观点交锋，会后发表了会议综述。参见中国政法大学国家法律援助研究院：《"捕诉分离"V."捕诉合一"学术研讨会会议综述》，载微信公众号"中国政法大学国家法律援助研究院"，2018 年 6 月 23 日。

⑤ 2018 年 7 月，山东省菏泽市牡丹区检察院举办了以"捕诉合一还是捕诉分离"为辩题、6 名青年干警组成 2 支队伍的第一届青年干警辩论赛，正方提出"审查起诉也有中立性，捕诉合一合的只是办案人员，而不是检察权，不会影响批捕中立"的论点，反方提出"公诉人审查案件时的独立思考不能等同于公诉权的中立性，捕诉合一会大大压缩犯罪嫌疑人及其辩护人的辩护空间、只能获得一次辩护机会"的论点。参见马静：《捕诉合一还是捕诉分离？辩论场上见分晓》，载《山东法制报》2018 年 7 月 25 日，第 3 版。

是分离模式还是合一模式，检察机关捕诉关系的内部权力运行改革都是合法的，但改革是否合理，则需根据具体时空加以分析。"提高办案效率、加强权力整合"是"捕诉合一"的价值取向吗？"批捕属性虚化、内部监督弱化"是"捕诉合一"的缺陷所在吗？正如李奋飞教授在考察了实施"捕诉合一"机制三年有余的吉林检察机关后感叹，"如果说选择了远方，接下来就要风雨兼程的话，需要认真考虑具体怎么推开这项改革，才能最大限度地防范改革可能引发的问题"。[1] 立足现实，在中央已经明确"探索捕诉合一"的基础上，如何进一步细化"捕诉合一"的具体设计，以最大化能够产生的正面效应、最小化可能产生的负面效果，直面"捕诉合一"带来的机遇与挑战，是一个亟待解决的课题。也正因如此，笔者对叶青教授的预判深以为然，"'捕诉合一'超越了审查逮捕和审查起诉两个程序、两项职能的简单叠加，成为一场牵一发而动全身的整体性变革，对检察工作体制机制产生多方面积极影响"[2]。下文以检察机关刑事司法办案中的同一事项在"捕诉分离"与"捕诉合一"之时的不同做法作为对比，探求不同捕诉关系在同一事项处理上所产生的迥然效果，进而以实践反作用于理论，回溯"捕诉合一"改革正确的价值取向。

二、"捕诉合一"相比"捕诉分离"的优势

（一）提前介入力量显著增强

捕诉关系改革带来的变化之一：重大案件由公诉检察官提前介入，批捕引导侦查转为捕诉共同引导侦查，刑事检察权的合力增强。

"捕诉分离"之时，侦查机关商请检察机关对重大案件进行提前介入，

---

[1] 闫晶晶：《"捕诉合一"之问：让实践说话——全国人大监察和司法委员会、最高人民检察院联合邀请法学专家赴吉林检察机关调研"捕诉合一"侧记》，载《检察日报》2018年8月27日，第1版。

[2] 叶青：《关于"捕诉合一"办案模式的理论反思与实践价值》，载《中国刑事法杂志》2018年第4期，第1页。

通常由检察机关的侦查监督部门负责，个别极其重大案件才由侦查监督部门会同公诉部门共同介入。这体现了侦查监督部门不是单纯的司法审查部门，不是单纯的审查逮捕居中判断，还担负着引导、保障侦查活动依法顺利进行的法定职责，侦查监督工作体现出的是建立在惩罚犯罪基础上的保障人权。[①] 就提前介入、引导侦查的职能而言，侦查监督检察官除了身份的不中立，无法解决"自己引导的侦查，自己怎会不批捕"的逻辑怪圈，更由于缺少公诉经验、庭审经历，无法做到以审判为中心引导侦查、以证据裁判规则指导取证，往往以一项事实、一个罪名的逮捕证据标准进行定性引导，对基本证据之外的次要证据不做过多要求，可能导致视频监控、通话清单等时效性客观证据因保存期限不长而被覆盖灭失，案发现场证人也可能因时间过长而记忆模糊或无法查找，提前介入侦查活动的效果不高。"近几年纠正的一批案件中发现，一个重要原因就是，前一个环节的办案人员把解决疑点和矛盾的希望习惯性寄托在后续环节的办案人员身上，最后导致案件错判。"[②] 以命案为例，"人都死了，凭什么怀疑警察办了错案，能不批捕吗"是批捕检察官的惯性思维，在司法责任制改革之前，"反正有三级审批制，有领导来把关""实在不行就附条件逮捕，先关起来再说""不捕的话死者家属肯定上访，社会效果比法律效果更重要"等思维定式多发，尤其是"批捕之后，还有公诉阶段可以兜底统筹、内部消化"，批捕检察官对重大案件的提前介入呈现出"铁路警察，各管一段"的短视现象。

[①] 提前介入引导侦查，是指检察机关受理公安机关批捕、起诉案件之前直接参与重大案件的侦查活动。从历史沿革上看，提前介入是检察机关在侦查监督工作中探索和总结出来的一种行之有效的工作方法，对于充分发挥检察机关的法律监督职能、及时查清犯罪事实、掌握犯罪证据、加快办案速度、保证办案质量等方面具有重要作用。检察机关审查逮捕不是单纯的居中裁判，除了大控方的地位之外，还体现在对提捕案件的审查方式上。在法定七日的审查逮捕期限内，检察机关侦查监督部门并非仅仅根据侦查机关申请批准逮捕时的在卷证据即时做出决定，而是在初步审查后发现证据有所欠缺的，第一时间告知侦查人员相关意见并要求其及时补充证据，甚至在讯问犯罪嫌疑人翻供后，会要求侦查机关再次前往讯问以固定其认罪供述，往往只有在审查逮捕的最后一天，当所要求证据无法补充后，才做出证据不足不批捕的决定。这也体现了一定意义上的引导侦查色彩，对犯罪嫌疑人的人权保障是建立惩罚犯罪在法定期限内所获证据不足的基础上，再以无罪推定做出无罪化处理结论。从这个意义上讲，北京、湖北地区检察机关将审查逮捕部门与侦查监督部门分设的做法，区分了居中裁判与引导侦查的不同职能属性，确有可取之处。

[②] 龙建文：《立足司法责任制构建捕诉合一模式》，载《检察日报》2018年7月22日，第3版。

"捕诉合一"之后，提前介入由批捕、公诉"一肩挑"的检察官履行，学界长期呼吁的公诉引导侦查制度得以正式建立。① 不少地区检察机关均在本地"捕诉一体"办案规则中，写入了引导侦查的具体条款。如在"捕诉合一"改革的个别试点期，重庆市人民检察院 2018 年 12 月 28 日发布的《重庆市检察机关捕诉一体办案暂行办法》第四条规定："人民检察院应当积极协调侦查机关，建立健全侦捕诉协作衔接机制，强化逮捕前后和审查起诉中对侦查活动的引导、监督。"又如在"捕诉一体"改革的全面深化期，结合本地侦查机关与检察机关的关系，浙江省人民检察院 2019 年 6 月 4 日发布的《浙江省检察机关刑事案件捕诉一体办理工作规则（试行）》第十六条规定："检察官开展提前介入的，应当引导侦查机关依法全面收集、固定证据，应当对强制措施适用、案件定性和法律适用等提出意见，并监督侦查活动是否合法。检察官可以依托在公安机关设立的检察官办公室开展提前介入工作。"检察机关提前介入侦查的重心就是引导侦查机关进行证据的收集，提高侦查取证质量，促进证据收集的全面性和准确性，便于日后的审查起诉能顺利进行。提前介入的过程，就是考虑批捕、起诉的需要，对案件的证据收集和法律适用等问题提出指导性意见的过程。"改革后，由于捕与诉均由同一检察官负责，所以从批准逮捕开始，检察官就会对证据的关联性及完整性进行审查，同时会从刑事诉讼程序全局来把握，使监督更具主动性和针对性。"② 除了提前介入之外，"捕诉一体"引导侦查的最主要特征之一，就是在审查逮捕案件办理之后，以审判为中心、以证据裁判为原则，对批捕案件同步发出《逮捕案件继续侦查取证意见书》，对不批捕案件同步发出精确化、明确化的《不批准逮捕案件补充侦查提纲》，并在文书制发前与侦查人员充分沟通，制

---

① 所谓公诉引导侦查是指公诉部门从履行法律监督的角度出发，基于指控犯罪的需要，主动介入侦查机关对重大、疑难、复杂案件的侦查活动，引导确定正确的侦查方向，引导侦查人员准确全面地收集和固定起诉指控所需证据的行为。

② 张吟丰、余颖、罗大钧：《长沙雨花："捕诉合一"办案机制的基层实践》，载《检察日报》2018 年 8 月 20 日，第 2 版。

发后及时跟踪补侦进展。① 部分在公安机关执法办案中心派驻了检察室的检察机关，利用直接"入队驻所"的派驻优势，在适时介入、捕与不捕后引导侦查等方面，按照审判标准提出引导取证意见，提升刑事案件公检衔接的效率和质量。在"捕诉一体"引导案件侦查质量的同时，也进一步引导案件侦查效率，与侦查人员口头联系，建议公安机关在简单案件批捕后的短期内移送审查起诉。公诉引导侦查纵然有理论上"架空批捕"的争议，但对于在审前阶段贯彻以审判为中心诉讼制度要求的证据裁判规则，对于及时、精确取证并固定时效性客观证据，具有重大意义——毕竟，从人性出发，自己引导侦查的案件，是否能够起诉、能够有罪判决，自己心里最有数。② "在'捕诉合一'模式下，审查批准逮捕和审查起诉由同一部门或者检察官负责，就可以在审查逮捕环节以庭审证明标准引导侦查取证，更加精准到位，有利于帮助提高侦查取证质量。"③ 以山西省 2015 年 5 月 1 日起在全省推行的命案"捕诉合一、主任检察官负责制"侦办模式为例，"发生命案后，从提前介入现场侦查、批准逮捕嫌疑人，到提起诉讼、出庭支持公诉，所有这些环节都由一名主任检察官以及他领导的办案小组全程负责。"④ 在"捕诉合一"模式下的公诉引导侦查机制，通过强化对侦查活动的"靶向"监督，切实发挥检

---

① 重庆市人民检察院 2018 年 12 月 28 日发布的《重庆市检察机关捕诉一体办案暂行办法》第二十七条："承办检察官应当根据审查逮捕案件具体情况对后续侦查工作提出意见，并督促侦查机关落实：（一）对批准逮捕的案件，证据存在瑕疵或者不足，或者在讯问犯罪嫌疑人、听取律师意见中发现影响定罪量刑的证据，需要进一步补充的，应当围绕指控犯罪的需要提出继续侦查取证的意见。（二）对批准逮捕案件中未认定的涉案人员、事实或者罪名，认为有继续侦查可能的，应当向侦查机关提出继续侦查取证的意见。（三）对事实清楚、证据确实充分、案情简单且犯罪嫌疑人自愿认罪认罚的案件，在作出批准逮捕决定或者不批准逮捕决定的同时，可以建议侦查机关尽快移送审查起诉。"在此规定下，重庆地区检察机关以全面引导侦查取证为抓手，将"捕诉一体"办案模式与认罪认罚从宽制度有机结合，全面发挥适用认罪认罚从宽适度中的主导作用，"捕诉一体"模式下的认罪认罚从宽制度取得了适用率高、采纳率高等全国领先的成绩。

② 有观点认为，"捕诉合一前，每个检察官只参与一个诉讼环节或阶段，缺乏对案件整个诉讼流程的大格局视野，批捕和起诉的检察官对同一案件在法律要求、诉讼程序和证据标准等方面的认识会因为职能要求的不同而出现一定的差异性。"也正因如此，从检察官专业建设的角度，"捕诉一体"模式下的检察官确实比"捕诉分离"模式下的检察官能力更加综合、更加全面、更加符合新时代刑事检察工作的需要。

③ 张和林、严然：《"捕诉合一"模式更加契合司法实践需要》，载《检察日报》2018 年 6 月 13 日，第 3 版。

④ 左燕东：《检察机关办理命案推行新模式》，载《山西日报》2015 年 4 月 17 日，第 A02 版。

察机关在诉前程序中的主导、把关作用，将批捕环节作为检验引导侦查时的指导意见是否落实、要求证据是否到位的试金石，在有足够能力、充分意愿引导侦查的情况下，侦查机关批捕之时的证据就应当至少达到逮捕"有证据证明有犯罪事实"的法定标准，否则肯定不会批捕；换言之，批捕与起诉的"捕诉联动"因为承办检察官的合二为一，使得批捕成为起诉之前的第一道检察关口，"同事'挖坑'，自己来填"的"批捕'绑架'公诉"[①]现象不复存在，在"谁办案谁决定，谁决定谁负责"的司法责任制精神下，"自己犯错，自己承担"的"自我制约否定"现象可能产生。

  为了进一步防范冤假错案、提高侦查实效，应当以审判管辖为标准，完善"捕诉合一"机制下的公诉引导侦查模式。实践中，存在大量的批捕、起诉由两个检察机关办理的现象，如因级别管辖导致重大命案由地市级检察机关审查起诉、因集中管辖导致特殊案件由指定检察机关审查起诉，[②] 但审查逮捕案件均由与侦查机关同辖区、相对应的检察机关办理。"捕诉合一"之后，应当由负责起诉的检察院派员提前介入，尤其是重大命案应当由地市级检察院第一时间派员介入、集中管辖案件应当由集中管辖的检察院根据侦查机关商请后派员介入，并在制度上做出微调，由负责审查起诉的检察院负责审查逮捕，以审判管辖为标准将"捕诉合一"机制在不同的检察机关之间彻底落实、一步到位。须知，"若'捕诉合一'，则地市级检察院受理的案件审查逮捕均由地市级检察院公诉人承担，其有能力也有时间指导基层公安机关取证，对确保命案办理质量无疑是有益的。"[③] 令人欣慰的是，在"捕诉一

---

  ① 李昌林教授指出，"逮捕具有'绑架'起诉、审判的效果，即对被逮捕的犯罪嫌疑人，检察机关往往不得不尽量作出起诉的决定，法院则要尽量宣告被告人有罪，并根据羁押期限决定判处的刑罚。"李昌林：《审查逮捕程序改革的进路——以提高逮捕案件质量为核心》，载《现代法学》2011年第1期，第116页。

  ② 以重庆市为例，环境资源类案件、外国人犯罪案件均实行集中管辖模式，在全市第一至第五中级人民法院辖区，各指定一个基层法院进行集中管辖。如在重庆市第五中级人民法院辖区，破坏环境类案件由江津区法院管辖、外国人犯罪案件由渝中区法院管辖，江津区检察院、渝中区检察院也在相应的检察环节上进行管辖。长此以往，无管辖权的检察院对集中管辖的案件类型不熟悉，引导侦查的效果可想而知。

  ③ 冯丽君：《司法体制改革背景下"捕诉合一"的必要性》，载《人民检察》2018年第14期，第22页。

体"改革的实践中，已经有检察机关意识到了此问题，并通过规范性文件对症下药。如 2018 年上半年探索"捕诉合一"办案模式的湖北省宜昌市检察机关，在"捕诉合一"办案模式下"加强上下级检察院、同级检察院之间办理刑事案件的配合与协作"，对于部分需要移送其他同级检察院审查起诉的案件，负责审查逮捕工作的检察官要协助开展案件的起诉和出庭公诉工作；对需要移送上级检察院审查起诉的案件，下级检察院在审查逮捕时及时报告，上级检察院职能部门根据案件具体情况采取适当方式加强对案件办理的指导，同时探索实行下级检察院承办审查逮捕工作的检察官作为上级检察院检察官助手参与审查起诉和出庭公诉的制度。又如浙江省人民检察院 2019 年 6 月 4 日发布的《浙江省检察机关刑事案件捕诉一体办理工作规则（试行）》第十七条指出："一审为上级法院管辖的案件，提前介入的检察院应当及时层报上级检察院，上级检察院可以视情指派检察官同时介入。一审为下级法院管辖的案件，提前介入的检察院可以通知下级检察院指派检察官同时介入。"同时，最大限度发挥"捕诉一体"模式下检察一体化的上下联动优势，第二十二条规定："同一案件的审查逮捕和审查起诉由不同检察院办理的，审查逮捕的检察院应当将审查逮捕中发现的问题、提出的引导侦查取证意见和落实情况等及时书面告知审查起诉的检察院。"从而对于基层公安机关侦查、上一级检察机关和审判机关一审办理的刑事案件，在"捕诉一体"模式下的提前介入有了一条新的路径。

（二）控辩协商提前到批捕环节

捕诉关系改革带来的变化之二："捕诉合一"机制与认罪认罚从宽制度自然结合，控辩协商提前到批捕阶段，认罪协商、罪名协商、量刑协商和确认成为批捕环节常态。

"捕诉分离"之时，批捕检察官对于提讯时的翻供、不认罪现象，综合全案无法排除合理怀疑的，往往只有以无罪推定为原则，做出疑罪从无、宁纵勿枉的存疑不捕决定。实践中，犯罪嫌疑人出于侥幸、抵赖等心态，在批捕阶段的试探性翻供时有发生，即"认罪服法很可能被逮捕，不认罪却有可能被释放，反正只要批捕就在逮捕执行的讯问笔录中继续认罪即可"，以至于少数侦查人员产生了一定的负面情绪,抱怨"检察院批捕科的一去讯问就翻供,一问就翻供……"①2012年《刑事诉讼法》规定批捕环节必须听取犯罪嫌疑人意见,重庆等地更是早已建立了审查批捕"每人必讯"制度,面对犯罪嫌疑人从侦查伊始就不认罪、在侦查讯问时认罪而在检察机关批捕提讯时翻供或在检察机关批捕提讯时"认罪态度不稳定"的现象,批捕检察官只有根据其他证据综合判断,尤其对于在侦查机关讯问笔录中认罪但缺乏讯问全程同步录音录像的,只有暂时排除该份认罪供述。在检察提讯过程中,批捕检察官既基于居中判断的中立地位,没有主动要求对方认罪的义务(这也是"不得强迫自证其罪"的2012年《刑事诉讼法》新增条款意义所在),也由于没有定罪量刑的建议权力,缺乏与犯罪嫌疑人进行认罪协商、罪名协商、量刑协商的筹码与能力,而犯罪嫌疑人尤其是内心认定自己有罪之人,最想从讯问人处了解到的就是"多久能判"②"定什么罪"③"判多久刑"④,对此批捕检察官无法明确回答更不用说做出承诺。

"捕诉合一"之后,检察官与犯罪嫌疑人在批捕环节普遍进行认罪协商、量刑协商、量刑确认。实践中,绝大多数刑事案件都是适用速裁程序、简易

---

① 闵丰锦:《审查逮捕讯问嫌疑人翻供现象探究——以"每案必讯"为分析样本》,载《四川警察学院学报》2015年第4期,第116页。

② "多久能判"即适用速裁程序、简易程序还是普通程序。实践中,不少短刑犯有留在看守所服刑的意愿,不仅多在"一审后为拖延时间而故意上诉",甚至以"认罪认罚,但就是不同意适用速裁程序"的方式,将诉讼拖延提前到审前阶段;与此相反,不少刑期较长者则往往请求快速审理,以便早日前往监狱积分减刑。由于审查逮捕办案期限仅有七日,批捕检察官对此无法做出回答,而"多久能判"也往往成为犯罪嫌疑人是否认罪的考量因素之一。

③ "定什么罪"即对案件事实认可,但如何定性存在争议。如借用手机后趁其不备拿走手机是盗窃还是诈骗,就连重庆相邻主城区的处理都不一致,而盗窃不仅量刑相对较重,还会导致下一次盗窃时"数额较大"的金额认定减半,因此"定什么罪"也往往成为犯罪嫌疑人是否认罪的考量因素之一。批捕检察官的批捕罪名只是暂时的阶段性认识,公诉检察官的起诉罪名往往才是考虑了法院可能判决罪名之后的理性选择,批捕检察官对定罪无法给予任何承诺。

④ "判多久刑"即在已经定罪基础之上的具体量刑。这是几乎所有犯罪嫌疑人最为关心的问题,不仅已经认罪的犯罪嫌疑人关心(与服刑地点密切相关,刑期过长甚至可能翻供),内心明知自己有罪只是口头未认罪的犯罪嫌疑人也关心(此类人可能认罪,内心正在挣扎,考量利弊得失,轻缓刑罚有助于其尽快认罪),甚至内心明知自己无罪的犯罪嫌疑人更关心(这是羁押制度的力量,即使侦查人员没有任何威逼利诱,关在高墙之内、基本与世隔绝的不少无辜之人为了尽快出去而不得不认栽、认命、认罪)。由于逮捕的刑罚条件仅为"可能判处徒刑以上刑罚",批捕检察官对量刑把握相对粗糙,既没有对量刑建议权做出承诺,也不掌握量刑规范化的具体规定,对于犯罪嫌疑人的量刑询问,只有回答"这是法院的事情,我们不管"。

程序的认罪认罚案件，而在认罪认罚从宽案件的办案程序中，检察院普遍提出包括具体刑期、具体罚金、缓刑与否的精确化量刑建议，法院一般都予以采纳。① 长此以往，公诉检察官对盗窃、抢劫、贩卖毒品、故意伤害等常见罪名的量刑情况驾轻就熟，有能力也有意愿在批捕环节就量刑问题与犯罪嫌疑人进行协商。而对于自始不认罪、先认罪后翻供、时供时翻认罪态度不稳定的犯罪嫌疑人，出于突破案件、固定口供、查明真相、便于庭审等目的，公诉检察官也愿意与犯罪嫌疑人进行量刑协商、确认，在值班律师的法律帮助下，与犯罪嫌疑人签署《认罪认罚具结书》，适用速裁程序、减少工作量。② 2018 年 10 月，试点两年的认罪认罚从宽制度已经正式入法、全国推行，这正与"捕诉合一"机制的全国推行不期而遇。当公诉检察官也成为批捕检察官，公诉阶段早日固定认罪口供、早日达成量刑合意、早日确认速裁程序的办案思维与操作方式自然带到了批捕环节，成为应对批捕环节相对多发的翻供、不认罪、拖延诉讼等现象的"有力武器"。"承办检察官既掌握批捕权，又掌握起诉权，这种权能范围的扩大，使其获得一种与犯罪嫌疑人进行认罪协商的便利条件。检察官可以'不批捕'及从宽处罚为条件，说服、鼓励犯罪嫌疑人自愿认罪。如果犯罪嫌疑人接受'认罪'，不仅为后续起诉的顺利进行创造了条件，且可以充分发挥认罪认罚从宽的制度效益，促进案件及时的繁简分流，提高诉讼效率，达到多赢的结果。"③

控辩协商的时间提前是好事，但也要从理论上划定批捕环节控辩协商的界限。"以起诉轻罪名为由换取对重罪案件的认罪"显然已经逾越了实体真实的界限，但如何把握"轻刑优惠"与"重刑威胁"的尺度与区别？在批捕提讯时，对于自始不认罪的轻罪嫌疑人，能否以"认罪就建议量刑 7 个月，不认罪就建议量刑 11 个月"的"稍大"刑期差异，来换取对指控罪名的认

---

① 2016 年 11 月 11 日最高人民法院、最高人民检察院、公安部、国家安全部、司法部《关于在部分地区开展刑事案件认罪认罚从宽制度试点工作的办法》第二十条："对于认罪认罚案件，人民法院依法作出判决时，一般应当采纳人民检察院指控的罪名和量刑建议，但具有下列情形的除外……"

② 刑事速裁程序中，公诉检察官对内不用书写《公诉案件审查报告》《出庭预案》，文书手续得到极大优化；对外可由检察官助理单独出庭，或者由轮值检察官集中出庭，工作量大幅减少，工作效率大幅提高。

③ 沈海平：《捕诉关系的辩证思考》，载《国家检察官学院学报》2018 年第 4 期，第 62 页。

罪？在批捕提讯时，对于外地人、无业人员等随传随到可能有风险的轻罪嫌疑人，能否以"本案情节较轻，可能对你取保候审，但不逮捕并非等于案件结束，如果你有逃跑、串供、毁灭证据或打击报复等妨害诉讼行为，不仅会网上追逃、把你逮捕，还会建议增加量刑2个月"，来换取轻罪嫌疑人对适用非羁押性强制措施后的诉讼保障？能否以"同意速裁程序就建议量刑6个月，不同意速裁程序就建议量刑7个月"的"轻微"刑期差异，来换取认罪基础上的认罚？能否以"审判阶段同意预缴罚金就建议宣告缓刑"的刑罚执行方式差异，来换取退赃退赔后缴纳罚金的彻底认罚？随着认罪认罚从宽制度、"捕诉合一"体制的全面推行，以上问题在司法实践中或多或少都会显现，需要以法治原则衡量解决。总体而言，只要检察官在起诉时遵守自己在批捕时做出的量刑承诺，认罪认罚的速裁案件、简易案件有望通过"捕诉合一"而实现再提质、再提速。

（三）公诉阶段可自行决定逮捕

捕诉关系改革带来的变化之三：对于侦查机关直接移送起诉的案件，公诉检察官认为需要逮捕的，自行决定逮捕即可，不用再内部移送批捕检察官决定。

"捕诉分离"之时，批捕检察官对于公诉检察官认为需要逮捕的公诉案件，即使有"你敢起诉我就敢逮捕"的思想定式，即使有"如果这次我不捕'卡'了你一次，下次我批捕的案件到了你手上审查起诉，你也可能'卡'我一次"的人情顾虑，在防范冤假错案、司法责任制改革的背景下，也能在逮捕证据条件与逮捕必要性条件上，起到一定程度的制约作用。以一件过失犯罪案件为例，该案社会影响较大，但由于犯罪嫌疑人在作案后受伤入院，当时无法采取羁押性强制措施，故以非羁押性强制措施的状态移送审查起诉。在审查起诉阶段，公诉检察官认为案件社会影响恶劣，提出以故意犯罪的相关罪名起诉，并建议将其逮捕，经公诉科检察官联席会议研究后，分管检察长做出了同意决定。随即公诉检察官以涉嫌故意犯罪报请本院批捕检察官审查逮捕，但批捕检察官讯问犯罪嫌疑人、审查完毕后，认为案件应当定性为过失，同时涉嫌过失犯罪的证据稍有不足，遂根据检察官权力清单的授权，自行决定以涉嫌过失犯罪、证据不足不逮捕。公诉检察官遂将案卷退回公安机关补充侦查，经补充证据后再次以涉嫌故意犯罪报送逮捕，同一位批捕检察官审查后认为涉嫌过失犯罪的证据已经充分，再次讯问了犯罪嫌疑人，得知其伤情已经基本好转、正在恢复期，且在取保候审、监视居住的一年半时间内一直在本地家中养伤，在公安机关、检察机关的数次传唤中随传随到，并无任何逃跑、串供、毁灭证据、打击报复等社会危险性，加上过失犯罪可能判处的刑罚并非"十年以上有期徒刑"的径行逮捕情形，遂以涉嫌过失犯罪、无逮捕必要不逮捕。作为同一检察院的平级内设部门，侦查监督部门两次对公诉部门报送逮捕的同一案件做出两次不同类型的不逮捕决定，虽然以往极为罕见，但在分管检察长不是同一人、公诉科检察官联席会议决定对侦查监督科检察官并无约束效力（并非检察委员会决定）、依照检察官权力清单依法独立公正行使检察权等外部条件的有力保障下，检察机关内部制约机制极为罕见地产生了反转效果——通常是公诉部门对本院侦查监督部门批捕的案件通过办案监督制约，此次反而侦查监督部门对本院公诉部门报捕的案件通过办案监督制约，而且是两次制约，充分体现了检察机关"捕诉分离"基础上内部监督、互相制约的力量所在。

"捕诉合一"之后，公诉检察官对于审查起诉阶段需要逮捕的案件，自行决定逮捕即可。虽然目前检察机关统一业务办案系统上，并未在审查起诉环节时增加"生成逮捕决定书"的自行逮捕模块，而要跟"捕诉分离"时一样，另行新建一个审查逮捕案件，再指定分案给公诉检察官办理，公诉检察官依旧要按照正常批捕案件的办理流程，撰写《审查逮捕意见书》后再生成逮捕决定书，但这也只是改革过渡期的内部程序烦琐，随着"捕诉合一"改革的持续深入，完全可以也能够通过进一步简化程序而一步到位。除去办案程序上略显繁杂，直诉案件的自行逮捕在大幅度提高效率的同时，也体现出批捕不仅是一个到案措施，更是公诉的附属。以起诉便利为原则，公诉检察官从"捕诉分离"时对批捕检察官"我已经决定起诉，那就请你批捕"的潜台词，转变成"捕诉合一"后自我衡量"只要我决定起诉，那想批捕就批捕"的潜意识，在"逮捕只是措施，起诉才是处理"的重实体、轻程序思想下，"取保候审、监视居住的犯罪嫌疑人经两次电话传唤不到案,就逮捕"很可能成为常态,不仅类似危险驾驶罪等法定刑罚只有拘役的犯罪嫌疑人都能成为逮捕适用对象,[①]甚至极端情况下犯罪嫌疑人态度不好都能成为逮捕后长期羁押的理由。长此以往,即使在批捕后被判处轻缓刑罚(缓刑、拘役、管制、单处罚金、免于刑事处罚),那也是逮捕质量不高而已,绝非错误逮捕,最多导致内部考核扣分,以社会危险性为重要考量的逮捕必要性条件有丧失独立性价值的趋势。

因此,既要享受公诉阶段可以自行决定逮捕带来的高效便利,也要重新思考批捕权与公诉权的关系,确立"能不逮捕就不逮捕"的比例原则和底线思维。"只要能起诉,想逮捕就逮捕"的思维模式充分反映了"公诉是主业,批捕是副业""批捕是为了公诉服务"的偏颇认识,这种认识不仅在"捕诉分离"时就以"内部配合"的名义显现,更在"捕诉合一"后以"自行决定"的方式突显,长此以往,批捕权有沦为公诉权附庸的趋势。必须明确的是,对于犯罪嫌疑人未被羁押的审查起诉案件,公诉检察官在判断是否决定逮捕时,也要把握逮捕的法定条件,尤其是建立在证据条件基础上的社会危险性条件,切不可为了所谓"拔高起诉"[②],将控诉性、进攻性的公诉行政属性附加、强加于判断性、中立性的批捕司法属性之上。对于符合逮捕证据条件的(通常表现为证据充分、可以起诉),如果犯罪嫌疑人在每次传唤时都能够及时到案、认罪认罚态度较好,只要不存在径行逮捕、其他妨害诉讼的情形,即使是涉嫌毒品犯罪等一般都逮捕的案件,即使可能判处三年以下有期徒刑的实体刑罚,都没有逮捕的必要

[①] 我国刑法中,只有危险驾驶罪、代替考试罪及使用虚假身份证件、盗用身份证件罪的法定刑罚是拘役,根本不符合逮捕的刑罚要件。但根据最高人民法院、最高人民检察院、公安部2013年12月18日《关于办理醉酒驾驶机动车刑事案件适用法律若干问题的意见》之规定,对醉酒驾驶机动车的犯罪嫌疑人、被告人,违反取保候审、监视居住规定,情节严重的,可以予以逮捕。

[②] "拔高起诉"是多次犯罪、罪轻罪重、故意或过失犯罪有争议等公诉案件的一种处理方式。一是对于涉嫌多项犯罪事实,其中至少一项证据充分、其余几项证据稍弱的,将所有事实一并起诉,至少有一项事实的有罪判决保底,且多数情况下法院也会采信其余事实;二是对于构成犯罪无争议,但定性、量刑有争议之处,如"假借手机打电话趁机溜走"是盗窃还是诈骗、"警察数次电话传唤后犯罪嫌疑人才前往派出所"是否认定自首等司法实践中常见争议,以进攻为倾向的公诉部门通常以重罪、非自首起诉;三是涉案行为构成犯罪,但是涉嫌过失犯罪还是故意犯罪有争议,以故意犯罪起诉,至少有过失判决保底。以上三种情况,如果判决认可、"拔高"成功,那就体现出检察机关打击犯罪更加卓有成效。

性。随着司法文明的深入人心，检察机关有必要将未成年人案件中"能不逮捕就不逮捕"的底线思维推广开来，防止一味考虑起诉便利，转变"只有人关起来，随传随到才最便利"的惯性思维。

三、"捕诉合一"相比"捕诉分离"的隐忧

（一）对犯罪嫌疑人的讯问实效降低

捕诉关系改革带来的变化之四：批捕、公诉环节的两次检察讯问由同一检察官负责，两次讯问有减为一次的趋势，犯罪嫌疑人不认罪的可能性变小。

"捕诉分离"之时，检察机关在批捕环节的讯问相比起诉而言，犯罪嫌疑人不认罪、翻供的现象更多，批捕检察官通常需要花费大量时间、精力对全案证据进行审查，而一旦做出批捕决定，部分之前不认罪、翻供的犯罪嫌疑人会选择认罪。此种现象虽然体现了"逮捕定罪"的效应，但也确实是国情之下的现实所在。到了公诉阶段，一般而言，直接移送审查起诉、无逮捕必要不批捕的犯罪嫌疑人普遍认罪态度较好，证据不足不批捕的犯罪嫌疑人普遍认罪态度较差，而不认罪却被批捕的犯罪嫌疑人则呈现出一种较为复杂的心态，既对另一位检察官报以些许公正执法的"清官"心态，又对否定同事的批捕决定不抱太大期望，既不甘心却又无可奈何。换言之，在捕诉环节换人办理的模式下，在没有主观故意或重大过失的情况下，出于社会科学可以允许的认识分歧，不同检察官对同一案件的认识可能产生差异，存疑不捕的犯罪嫌疑人可能被提起公诉，批准逮捕的犯罪嫌疑人可能被存疑不诉。在这种"捕诉分离"的内部制约之中，犯罪嫌疑人通过改变批捕与起诉环节的口供，可能得到无罪化处理的实惠。

"捕诉合一"之后，逮捕定罪的效应更加凸显。批捕时认罪的犯罪嫌疑人发现公诉承办人依旧未变后，往往打消试探性翻供的念头，"翻供也没用"的"无奈"心态彰显无遗；批捕时不认罪的犯罪嫌疑人在公诉环节提讯时，则会被检察官告知"你已经被我批捕了，现在起诉提讯你还是不认罪吗"，

虽然没有逼迫认罪的言语，但言者无心、听者有意，难免使犯罪嫌疑人产生一种"不认罪，就认命"的错感，何况在起诉时认罪，还能在起诉书上被注明"如实供述犯罪事实"，坦白从宽的量刑优惠怎能不要。正因此，批捕环节的检察讯问相比公诉阶段的检察讯问，因其时间先至的缘故，更具有实质化的效果。如重庆市人民检察院2018年12月28日发布的《重庆市检察机关捕诉一体办案暂行办法》第二十四条规定，"审查逮捕中检察官应当围绕定罪量刑事实、证据进行实质性讯问"。第三十三条规定，"犯罪嫌疑人认罪认罚，审查起诉阶段事实、证据未发生变化的，可以简要讯问"。检察讯问置于批捕环节比公诉阶段显得更为重要，检察机关在批捕环节与公诉阶段的两次讯问有"讯问合一"的趋势。就此发展，不仅有检察官提出"捕诉合一"模式下的检察机关内部审查报告也应当"捕诉合一"，[①] 甚至会出现个别检察官为了提高效率，事先将公诉讯问笔录的所有内容以认罪方式填写完毕，再次讯问变为宣读笔录、认可后随即签字的快速路径。以上海检察机关办理的"捕诉合一"第一案为例，犯罪嫌疑人在起诉环节看到提讯检察官依旧未变，本想翻供不认却又心生感叹、进而不敢翻供，这被承办检察官当作效果宣传。[②] 但刨根究底，变面对两个检察官陈述两次的机会为面对一个检察官陈述两次，这到底是好事还是坏事？要知道，检察机关还有一招"撒手锏"——如果批捕环节认罪、公诉环节翻供不认罪，那不仅是认罪态度反复、加重量刑建议的问题，更可将批捕环节的检察讯问笔录在起诉时作为强有力的指控证据使用——由于更换了讯问主体（侦查人员换成了检察人员）、不存在刑讯逼供等非法取证可能（在有铁栅栏物理隔离的看守所讯问室中，客观上不能），批捕环节的检察讯问笔录在审判阶段被法官认可程度更高、往往通行无阻。更有个别"捕诉合一"试点检察院提出，"进入审查起诉阶

[①] 刘哲：《捕诉报告一体化之提倡》，载微信公众号"法律读库"，2018年8月8日。
[②] 上海市杨浦区人民检察院在"捕诉合一"改革后的第一案——"盗窃、掩饰隐瞒犯罪所得案"中，在承办检察官批捕后的公诉讯问时，犯罪嫌疑人看到提审席上的检察官未变，脱口而出："哪能还是你！"原本口供反复的犯罪嫌疑人还指望更换新承办人后避重就轻，看到检察官未变以后自认翻供无望，只好椅子上一靠，"问吧问吧，我都认了"。参见陈群、施雯佳：《捕诉合一办案提速5天公诉》，载微信公众号"杨浦检察"，2018年7月3日。

段,检察官可视情况不再讯问、询问,从而减少退回补充侦查的概率",①进一步提高诉讼效率,"同一案件的审查逮捕、审查起诉为同一检察官,因为在审查逮捕阶段对整个案件情况了解,已讯问犯罪嫌疑人、询问证人,审查起诉时可视情况不再讯问、询问,避免了重复讯问、询问造成的司法资源浪费,也更有利于保护犯罪嫌疑人的合法权益"。②可见,实践中已经出现了化两阶段两次讯问为两阶段一次讯问的"过度简化"现象,即使没有直接省略公诉讯问,那也是"批捕时在看守所的亲历讯问、起诉时在远程提讯室的半亲历讯问"模式,这种法定程序过度简化的趋势必须予以高度警惕。确实,批捕与公诉忙闲不均(在批捕检察官必须加班的春节、国庆节等7天法定节假日更甚),"刑事案件发生的阶段性特点,造成了刑检部门受案数量的时多时少,而侦查监督和公诉部门所处不同的诉讼阶段,有着时间上的非同步性。案多时,侦查监督部门忙得不可开交,公诉部门相对平稳,而当案件进入公诉环节时,公诉部门就得加班加点"。③客观所致,批捕、起诉案件同时办理、同时讯问始乃常态,在同一时间段、同一地点的检察讯问中,面对处于不同环节的被讯问人,审讯检察官可能需要立刻转换节奏与身份,但在起诉环节案卷材料可以不再重复审查、只审查相比批捕环节新增部分的做法之下,如果连起诉讯问都可以省略,闵春雷教授的担忧难免成为现实,"将两种职能合一不可避免地造成承办检察官办案思维及节奏的混乱,使其不得不处于'变速跑'的状态,不利于培植审查逮捕检察官应具有的中立性和被动性,也无助于检察官精细化与专业化的职业养成"。④

亲历性是司法属性的重要内容,有必要正确看待刑事诉讼的程序简化趋势,在改革中坚守程序正义、正当程序的底线。类似在批捕讯问时直接签署《认罪认罚具结书》、批捕后直接提起公诉的动向过于强调检察机关与侦查机

---

① 李广涛、杨俊:《黑龙江梅里斯区检察院尝试"捕诉合一"模式提高办案质效》,载中国网,http://zgsc.china.com.cn/2018-07/20/content_40429483.html。

② 韩兵、何其伟、沙云晴:《从报捕到判决仅用了13天》,载《检察日报》2018年6月15日,第2版。

③ 李明耀、蔡学文、叶伟龙:《互补·联动·监督》,载《检察日报》2007年10月8日,第2版。

④ 闵春雷:《论审查逮捕程序的诉讼化》,载《法制与社会发展》2016年第3期,第65页。

关的互相配合、忽视二者的互相制约，是诉讼程序从"三角结构"向"三司会审"方向倒退的不良倾向。即使批捕、起诉环节同一人问两次的内容与效果大致相当，表面上似乎没有必要，但这种"表面上的不必要"与"速裁程序书面审理、禁止上诉"的庭审彻底简化呼声何其相似，需要高度警惕。要知道，保持讯问、开庭、上诉的基本制度本身就是一种震慑、一种制约、一种监督。而鉴于批捕环节居中裁判的地位，批捕环节的检察讯问笔录功能是调查核实，不是侦查指控，因此不能作为审判时指控犯罪的证据使用。这种将批捕讯问笔录当作指控证据的做法，在某种程度上正印证了吴宏耀教授的担忧，"'捕诉合一'后要防止把公诉思维带入批捕，使批捕职能沦为公诉的附庸"。[①] 更为重要的是，为了保障犯罪嫌疑人的诉讼程序知情权，在检察机关的讯问开始，审讯检察官就应当先告知被讯问人，这是批捕还是起诉程序，而非笼统的"找你核实有关情况"。如果被讯问人在了解、明知检察官在批捕环节讯问时的"居中裁判"身份后，依旧认罪，那认罪的自愿性、真实性都会得到极大提升。[②] 正如浙江省人民检察院2019年6月4日发布的《浙江省检察机关刑事案件捕诉一体办理工作规则（试行）》第五条指出，"捕诉一体办案应当充分保障当事人诉讼权利、依法保障律师执业权利，告知、讯问、听取意见等法定程序必须依法依规进行，不得省略。但可以采用专人负责、集中告知、远程视频以及繁简分流、简案快办等方式提高工作效率"。可见，检察系统已经认识到过度省略、过度提速带来的过度强调效率价值之偏颇。

（二）轻微犯罪的未决羁押现象增多

捕诉关系改革带来的变化之五：批捕率可能会小幅上升，其中存疑不捕率略微提高、无逮捕必要不捕率大幅下降。

[①] 徐盈雁：《"1+1=2"还是"1+1>2"？——全国人大监察和司法委员会、最高人民检察院联合邀请法学专家赴基层检察机关调研"捕诉合一"侧记》，载《检察日报》2018年7月24日，第1版。

[②] 看守所讯问室有铁栅栏，客观上无法刑讯逼供；讯问室安装的审讯设备对讯问过程同步录音录像，并定期保存以供备查。曾有检察官态度不好、凶了被讯问人后，被犯罪嫌疑人投诉，所在检察机关纪检组调取讯问录音录像后，约谈承办检察官。显然，在看守所的讯问既监视又监听，还录像存档双向留痕，这比律师"只监视不监听"的规定更加严格。

"捕诉分离"之时，侦查监督部门更多基于逮捕的三个法定条件本身做出决定。虽然也有重视逮捕证据条件、轻视逮捕必要条件、忽视逮捕刑罚条件的思维定式，但出于上级检察机关对捕后判处轻刑率的考核，无逮捕必要不批捕成为轻微刑事案件的处理常态，甚至对于在本地无固定住所、无固定工作的流动人员也不再"另眼相待"，整体范围的不捕率已达到20%以上，个别地区的不捕率已在30%左右，部分地区省级检察机关的年度工作报告也开始主动公开本地区本年度无逮捕必要不批捕的人数，将其作为保障人权的检察成绩之一。就审查逮捕的流程而言，多数案件一到手，阅卷一遍就能够立刻判断出案件轻重缓急、有无逮捕必要，对于轻微案件、就案论案明显无逮捕必要的，批捕检察官更多考虑的是"外地人如何保障诉讼""有无被害人信访风险"等案外因素。而在证据条件上，出于对审判要求、起诉要求掌握不准，在司法责任制改革后"各负其责"的背景下，同一检察机关的不同批捕检察官对逮捕条件把握可能因人而异，呈现或松或紧的浮动现象。具体而言，在"谁办案谁负责，谁决定谁负责"的错案防范压力下，批捕检察官办案普遍谨慎，虽然拿不准的往往先去咨询公诉检察官作为参考，但由于案件的争议性，不少公诉检察官也是各执己见，导致少部分批捕案件或因认识分歧、证据变化等缘故，后续侦查无法达到起诉标准，捕后存疑不诉偶有发生；而对于个别曾经因捕后存疑不诉、绝对不诉受到上一级检察院案件评查甚至追究错案责任的批捕检察官，之后相当长一个阶段办案极其谨慎，办案时更多站在辩护律师角度换位思考，认为案件有一点问题、可能拿不准就提交检察官联席会议讨论，宁可不批捕"放纵"犯罪嫌疑人、"得罪"侦查人员，也不愿批捕后承担错案风险、为侦查人员"背书、埋单"，此类批捕检察官的存疑不捕率相对略高。

"捕诉合一"之后，即使存在起诉标准"事实清楚，证据确实、充分"与逮捕标准"有证据证明有犯罪事实"的理论差别，但同一位检察官在办案过程中，由于自己批捕后还是自己起诉，自然会以起诉标准要求批捕时的至少一项案件事实，言下之意是："既然之后起诉也要达到这个标准，那为何不在批捕这个先前环节时抓紧时间、一步到位呢？"如此，鉴于"捕诉合一"后检察官"人"的因素，批捕的证据标准被无意中提高了，就一项犯罪事实而言，理论上那种"高于批捕标准、低于起诉标准"的情况在实践中不会发生，提捕案件的存疑不捕率会略微升高。"实行捕诉合一后，检察官以起诉的预期来把握批捕，会更加全面地把握批捕的证明标准，这就意味着犯罪嫌疑人不批捕的可能性更大，逮捕率会有所下降，从而更有利于保障人权。"①而对于逮捕必要性的考量，公诉检察官往往将"构罪即捕""想捕就捕"的惯性思维直接带入批捕环节，尤其对于在本地无固定住所、无固定工作的人员（即使投案自首、退赔退赃、取得谅解），对于认罪认罚态度不好、对检察官态度不好的人员（即使涉案情节轻微、在本地有固定住所），能逮捕就逮捕，将起诉便利原则直接引入批捕环节。可想而知，倘若缺乏相关机制的制约，无逮捕必要不捕率会大幅下降。

　　直面"未决羁押越来越少"的法治发展趋势，必须重新认识批捕权在检察权中的应有地位，依法把握逮捕的必要性条件，加大检察绩效中捕后判处轻刑率的考核比重。一方面，"捕诉合一"后，以起诉标准引领批捕工作已经成为一个现实，存疑不捕率的略微升高对侦查机关的调查取证提出了更高、更快、更准的要求，这对于防范冤假错案、守住检察关口具有积极意义，何况侦查机关也会主动适应以审判为中心的诉讼制度、主动以证据裁判原则引领和开展侦查工作，欣然接受检察机关对侦查初期逮捕证据的高要求，侦查机关以"已经达到逮捕标准，只是未达到起诉标准"的理由提起复议、复核在司法实践中不会发生。另一方面，为了最大限度减少"构罪即捕"的普遍羁押现象发生，坚守批捕权的独立价值，必须从内部考核机制入手，鉴于"捕诉合一"体制下对批捕之后新增证据（如退赃退赔、被害人谅解、刑事和解、立功、预缴罚金等）导致量刑轻缓化可能性增大的因素预判性更大，有必要加大对侦查监督条线捕后判处轻刑率的考核比重，增大对捕后判处拘役、单处罚金、免予刑事处罚和量刑证据无变化情况下宣告缓刑的考核扣分比重，尤其是判轻刑中是否有外来人员、无前科人员等，并在检察机关年度工作报告中主动公开本年度无逮捕必要不批捕的人数。

---

　　① 邓思清：《捕诉合一是中国司法体制下的合理选择》，载《检察日报》2018年6月6日，第3版。

（三）刑事辩护难度增大

捕诉关系改革带来的变化之六：表面依旧两次、实质约等一次，刑事辩护或许沦为形式辩护，辩方空间被压缩。

"捕诉分离"之时，即使批捕环节的辩护流于形式，起诉阶段的辩护也会因为更换了检察官而"重燃希望"。在不少律师看来，捕诉工作由两个检察官承担，说服不了第一个，还能说服第二个，同事否定同事总比否定自己稍微容易。"律师介入审查逮捕程序的比例极低，对批捕与否的参考价值不大。实践中，批捕检察官往往对律师的介入保持消极态度，而律师普遍保持适度积极的态度，但对结果悲观，批捕程序中的检律关系并未起到应有的积极作用。"[①] 更重要的是，现行律师制度是与1996年"捕诉分离"体制形成与发展同步，广大律师已经习惯了"捕诉分离"体制下的辩护模式，加上2012年《刑事诉讼法》施行之前律师在侦查阶段只能定位为法律帮助者、施行之后才正名为辩护人，侦查阶段辩护空间一直处于从极小到较小的缓慢发展之中。于客观便利，于主观意愿，律师更重视在第二个检察关口——审查起诉阶段的辩护工作，更加习惯在有了阅卷权、全面会见权（危害国家安全犯罪、恐怖主义犯罪、重大贿赂犯罪到了审查起诉后可自由会见）后，在审查起诉阶段正式与检察官进行基本"平等武装"基础上的辩护。

"捕诉合一"之后，捕前辩护更有实质化价值，但侦查阶段的辩护空间依旧不大，起诉阶段的辩护更有形式化倾向。直面检察官"合二为一"的现实、起诉阶段"形式审查"的趋势，律师不得不自动、自觉、自发介入审查批捕程序，在没有阅卷权、调查取证权不明确、无法全面了解案情的情况下，展开批捕环节的"有限"辩护。根据检察官权力清单的授权，一般案件检察官可以自行决定批捕与否，加上检察官在批捕提讯时手握量刑建议的起诉"砝码"，在批捕环节与犯罪嫌疑人的控辩协商之中处于绝对的优势地位，有了使犯罪嫌疑人在批捕环节认罪认罚的"大杀器"，批捕环节律师辩护弱化

[①] 闵丰锦：《论审查逮捕程序中新型检律关系的重塑》，载《重庆理工大学学报（社会科学版）》2017年第1期，第112页。

的趋势更甚。而案件一旦批捕，即使到了审查起诉时律师通过阅卷发现个中问题，出于"人性自我否定之难"的顾虑、承担错案责任的追责，检察官会承认律师发现的问题、进而否定自己的批捕结果吗？以认罪态度好、退赃退赔取得谅解后变更强制措施倒有可能，甚至也会出现批捕后微罪不诉的"双赢"结果，但要存疑不诉甚至无罪不诉，在目前检察机关考核机制"一票否决"的强大压力下，绝无可能。"在审查起诉阶段，检察官由于在审查批捕阶段就对事实、证据进行过全面审查，已形成思维定式。在没有新的证据出现的情况下，辩护律师再想就定性展开辩护，并改变检察官对案件的认识，难度非常大。"① 以湖南省长沙市雨花台区检察院对涉嫌诈骗罪的近 60 人批捕为例，律师在审查起诉阶段介入后，原本准备为代理人做无罪辩护，但基于"如果我把无罪意见放过去，说我认为是错误羁押，他还会放人吗？人是他捕的，如果他还放人，那确实是自我否定"的顾虑，制定了"不要刺激办案检察官"的辩护策略，为当事人申请了取保候审并成功，承办检察官称"一次性批捕近 60 人是基于侦查的需要，且考虑到从重打击电信诈骗"，取保了情节较轻的当事人。② 正如在一次官方召开的座谈会上，不同律师对"捕诉合一"后的辩护发展观点迥异，有的认为"律师将面对同一名检察官，既有利于沟通案件，也增大了辩护空间，辩护效果能够更容易地体现出来"，也有的指出"律师将在批捕、起诉、审判阶段面对同一名检察官，如果说在批捕时我说服不了你，那么三个阶段我可能都说服不了"。③ 洪浩教授也认为："在'捕诉合一'模式中，从审查逮捕、审查起诉到出庭支持公诉，辩护律师只需要与一个承办检察官交流、沟通即可，其辩护的难度明显小于'捕诉分离'模式下控辩对抗的制度安排。"④ 确实，对待两个阶段的同一位

---

① 成志明：《观"捕诉合一"，忧刑辩新难》，载微信公众号"靖霖刑事律师机构"，2018 年 8 月 21 日。

② 谭畅：《争议"捕诉合一"：新方向还是回头路？》，载《南方周末》2018 年 8 月 2 日，第 3 版。

③ 徐盈雁：《"1+1=2"还是"1+1>2"？——全国人大监察和司法委员会、最高人民检察院联合邀请法学专家赴基层检察机关调研"捕诉合一"侧记》，载《检察日报》2018 年 7 月 24 日，第 1 版。

④ 洪浩：《我国"捕诉合一"模式的正当性及其限度》，载《中国刑事法杂志》2018 年第 4 期，第 2 页。

检察官，如果在前一阶段能够"说服"最好，但如果前一阶段无法"说服"后，即使后一阶段可以阅卷，辩护也难上加难。很大程度上，不同检察官对待律师的态度，直接决定了辩护的效果。

因此，刑辩律师与其怨天尤人、自怨自艾，不如尽早认清现实、积极主动，在现有法律框架内，强化批捕环节的辩护效果。针对"捕诉合一"体制下辩护空间减少的趋势，有律师提出了"希望把阅卷权提前到批捕阶段"①"检察官在批捕环节'可以'听取律师意见的规定要改为'应当'听取"②等建议，但在现行法律或司法解释无此规定的情况下，"理想很丰满，现实很骨感"，相关建议即使合理也未免超前。因此，辩护律师应当在接受批捕环节的委托后迅速介入，在向侦查人员了解到刑拘罪名、刑拘期限起算日期、被害人情况等重点信息的基础上，一是第一时间将委托手续递交检察机关案件管理部门，从案件管理人员处查询到承办检察官的姓名及办公室电话，主动打电话了解案件的程序信息（可能与刑拘罪名不一样的提捕罪名、审查批捕期限的起算日期）；二是立即前往看守所会见当事人，向其了解批捕检察官是否来提讯或听取意见（对于自行估算检察官审查逮捕实际进度有关键作用），尤其是检察官是否与其量刑协商甚至达成合意（这是"捕诉合一"后批捕环节检察讯问的最大变化），并告知其现在检察机关"捕诉合一"改革对其可能产生的影响，使其充分认识到刑事拘留"黄金37天"的辩护重要性，促使其向律师如实讲述所知信息；三是对于有被害人的案件，在当事人及其家属的支持下，代表当事人向被害人赔礼道歉、赔偿损失、请求谅解，获取收据、谅解书等减轻量刑证据；四是根据了解到的相关信息制作批捕环

---

① 2018年9月1日，在北京市京都律师事务所举办的第三届"刑辩十人"论坛上，程晓璐律师立足现实，建议如果侦查阶段或审查批捕阶段难以通过立法修改实现阅卷权前移，以及全部实行逮捕听证存在难度，建议针对物证、书证、鉴定意见、视听资料等已经不宜篡改、已经固定的证据应当允许律师在审查批捕阶段查阅复制，即实现证据的有限开示，保障律师对这部分证据的知情权。参见程晓璐：《针对"捕诉合一"压缩辩护空间的三点建议》，载微信公众号"京都律师"，2018年9月5日。

② 2018年9月1日，在北京市京都律师事务所举办的第三届"刑辩十人"论坛上，朱勇辉律师认为律师要在"捕诉合一"程序中发挥作用很困难，为将批捕阶段的辩护权落到实处，建议将"可以"听取律师意见改为"应当"听取，同时赋予侦查机关、检察机关通知律师的义务。参见朱勇辉：《"捕诉合一"之下，辩护权应当强化》，载微信公众号"京都律师"，2018年9月4日。

节的法律意见书，或申请取保候审，或从所知证据的角度分析案情，或进行罪轻辩护，与承办检察官电话预约见面沟通后，第一时间向检察官当面递交相关法律意见书及收据、谅解书等证据，询问案件程序进展。需要指出的是，由于检察机关在收到批捕案件后不知道有律师、即使知道也没有义务通知案件已经提捕，加上周末2日不上班、检察官很可能不会用足7日的审查逮捕期限来做决定，律师在批捕环节的辩护可谓是"与时间赛跑"——最好的速度就是最快的速度，如上午递交委托材料后、立刻前往看守所会见、下午去找被害人退赔、晚上加班撰写意见书、次日立刻提交给检察官，这一套流程下来最快也要2日，否则，一旦动作有所迟缓，尤其是会见当事人时得知批捕检察官已经讯问，那有可能导致无奈的"时间差"——没有任何规定"有律师介入的案件，批捕检察官必须等待律师出具意见后才能做出决定"，可能法律意见书还未上交，检察官就已经做出批捕决定，个别对律师持有偏见的检察官甚至可能得知有律师介入后、故意加快批捕进度，这既会导致律师找被害人退赃退赔等工作成为无用功，更会导致本有可能无逮捕必要的案件因"擦肩而过"而造成持续羁押的遗憾。在此情况下，即使律师马上转为向检察机关申请羁押必要性审查，由于检察机关"批捕后的案件一个月内不批准"的内部规定，检察机关刑事执行检察部门一般也会做出不同意的决定。

（四）认罪认罚真实性的弱化

捕诉关系改革带来的变化之七："左手制约右手"的自我监督为主，可能弱化对认罪认罚真实性的调查，不利于防范和纠正刑事假案。

"捕诉分离"之时，公诉检察官对批捕检察官能够通过办案监督制约。刑事诉讼中，存在"被认罪"与"认假罪"的"假认罪"现象，[①] 在被追诉人为了逃避强制隔离戒毒、替人顶包等更高利益追求而故意自诬的案件中，"捕诉分离"与"捕诉合一"的检察权运行模式下可能产生截然不同的处理结果。试举一例：有贩毒前科、吸毒劣迹的甲，因再次吸毒被公安机关查获，

[①] 闵丰锦：《刑事诉讼中的假认罪现象探究——从聂树斌认罪说起》，载《天府新论》2018年第5期，第127页。

此时侦查人员暗示其会受到强制隔离戒毒两年的行政处罚，甲主动提出认领一件虚假的贩卖毒品小案，以八个月左右的刑罚期限换取两年强制隔离戒毒的不再执行，侦查人员出于刑事考核指标的考虑应允，随即制作了虚假的认罪笔录，协勤充当毒品的购买者。在批捕环节，甲继续认罪，批捕检察官在缺少甲通话清单的情况下做出批捕决定。在起诉环节，甲翻供不认罪，公诉检察官启动了机动侦查权，自行调取了并无购买毒品通话记录的甲通话清单，随即假案案发，侦查人员、甲均供述了徇私枉法的经过，甲被绝对不诉。此案被批捕的原因之一，在于批捕检察官缺少审判中心意识、忽视证据裁判规则，认为"通话清单"不属于逮捕法定证据条件"有证据证明有犯罪事实"中要求的证据，在重视主观供述、轻视客观书证的思维定式下，加上犯罪嫌疑人在批捕提讯时依旧供认不讳，基于"认罪就是排除合理怀疑"的刑事诉讼潜规则，未能甄别假案。到了公诉阶段，犯罪嫌疑人翻供后供述整个造假过程，公诉检察官基于敏锐的反渎职侵权意识，将卷宗中缺少的通话清单作为突破口，及时启动了机动侦查权，自行前往通信公司调取通话清单，在案发时间段二人无通话记录的客观证据面前，案情真相大白，后甲被绝对不诉，涉案侦查人员、协勤等多人涉嫌徇私枉法罪被查。绝对无罪的处理属于重大事件，公诉检察官提交检察委员会后做出的最终处理决定还原真相、有理有据，为此批捕检察官还要接受上一级检察机关的逮捕案件质量评查。可见，直面严防冤假错案的高压态势，"捕诉分离"机制下的公诉检察官基于公正执法的客观义务（通俗而言就是"为求自保"），没必要也不可能为批捕检察官的不当逮捕决定"埋单"，对同事的监督制约相比自我监督制约较为容易、较为可行。

"捕诉合一"之后，"左手制约右手"的自我监督逻辑正式上演。若此案发生，不同检察官在批捕环节处理基本一致、在起诉环节可能处理迥异。审查逮捕时，在犯罪嫌疑人认罪认罚的基础上，检察官会在提讯时与犯罪嫌疑人进行量刑协商、量刑确认，如根据本案案情检察官首先提议量刑建议八个月，若甲应允则已，若甲认为量刑偏高、进而表现出可能翻供的倾向，检察官通常会进行"你是毒品再犯、累犯，零包贩毒一般会判这么多"的释法说理，若甲依旧认为偏高，有的检察官会停止协商"不同意就算了，那我依法办理",有的检察官会提出第二次量刑建议、调整为七个月（这也是零包毒品再犯的量刑底线），而一旦双方达成量刑协议，检察官则会告知"要继续保持认罪认罚的态度，等到起诉阶段我再来跟你签订《认罪认罚具结书》"。而对于批捕环节缺乏通话清单的问题，鉴于检察机关在批捕环节的角色仅为调查核实、没有机动侦查权，不能在批捕环节自行调取通话清单，通常要求侦查人员调取，而侦查人员会继续编造虚假通话清单，关键性的客观证据或被埋没。审查起诉时，且不说甲看到前来提讯的检察官依旧未变后可能"认命"、不再翻供，假设甲依然翻供不认罪，检察官的第一反应是"你在我批捕提讯时都认罪了，为何现在不认"，进而继续释法说理，不用任何言语上的威逼利诱，更不用强迫自证其罪，而是根据法律规定"告知犯罪嫌疑人认罪认罚的法律后果",① 将事先准备好、写有"量刑建议七个月"的《认罪认罚具结书》交给甲，让甲思考是否签字，此时多数情况下甲会恢复认罪，检察官则会在看守所值班律师的见证下，与甲签署《认罪认罚具结书》，至此案结事了；而如果甲依旧坚持翻供不认罪，则检察官会尊重其诉讼权利，如实记录其不认罪的辩解，等回到办公室后，再重新详细审阅侦查机关讯问时的全程同步录音录像，核实通话清单、提取笔录等较为客观的证据，鉴于甲在讯问录像中认罪自然、没有理由怀疑通话清单虚假的缘故，更由于检察官在批捕提讯时甲供认不讳、没有理由无故怀疑侦查人员作假，甲的翻供就只是认罪态度的变化而已，案件就会以普通程序提起公诉，提出比认罪认罚时更重的量刑建议。到了审判阶段，且不说通常情况下不少翻供者到了庭审时都会再次表示认罪、以求轻判，即使甲在庭审时依旧不认罪，鉴于我国没有建立直接言辞原则的缘故，甲既无法推翻侦查初期在全程同步录音录像中的首次认罪供述，更无法推翻更换了讯问人员（从公安侦查人员到批捕检察人员）与讯问地点（从无铁栅栏隔离的派出所执法办案中心到有铁栅栏隔离的看守所讯问室）后在批捕环节的再次认罪供述，基于"法律事实不等于客观

---

① 全国人大常委会2018年9月5日，第二次征求意见的《刑事诉讼法修正草案（二次审议稿）》，将第一百一十八条改为第一百二十条，第二款修改为："侦查人员在讯问犯罪嫌疑人的时候，应当告知犯罪嫌疑人享有的诉讼权利，如实供述自己罪行可以从宽处理的法律规定和认罪认罚的法律后果。"但在正式稿中，将"后果"改为"规定"，二字之差，含义迥异。

事实"的社会科学认识局限,真相就会石沉大海,假案就会成为铁案,案件的有罪判决或许会畅通无阻。①

为了切实防范与纠正刑事假案,必须警惕在"捕诉合一"体制下,过度强调高效率而"一味求快",可能导致对认罪认罚真实性的忽视。"有能力未必就一定可以做好侦查监督工作,因为捕诉合一很可能导致检察机关办案人员侦查监督意愿降低,为了提高公诉效率,办案人员可能会对侦查机关的违法侦查行为采取姑息态度。只要有利于取到证据,违法取证行为性质不是特别恶劣,检察机关办案人员就睁一眼闭一眼。"②"捕诉合一"的检察权运行调整使得控辩协商前移至批捕环节,在诉讼诚信的引领下,对于确认犯罪嫌疑人认罪认罚的自愿性有双保险效果,但对认罪认罚自愿性的过度强调可能在很大程度上掩盖了认罪认罚的真实性,"认都认了,出了问题也是自陷、自诬、自作自受"成为公安司法人员的普遍心态,"自愿的就是真实的"似乎成了真理,在看似轻微、一味求快的简单案件中尤为如此,"捕诉合一"的检察权运行模式改革则更增加了这一趋势。个别观点甚至认为应当回避:"由于审查批捕的人员已经对案件有了一个先入为主的有罪该捕认识,再去进行公诉,其自身执法水平的高低、与案件的特殊关系,甚至个人的情绪均有可能成为刑事诉讼法第二十八条第四项与本案当事人有其他关系,可能影响公正处理案件的回避情形。"③ 也因此,对于可能被强制隔离戒毒、可能被他人顶包、可能陷入错误认识自诬等认罪认罚自愿,但不真实的特殊情形,需要在检察环节引起高度重视。在审查批捕时,必须秉持"批捕应当谨慎"

---

① 实践中,存在被告人辩解"应民警要求配合做假",但也被法院认定的贩毒案。该案系"事先未打电话联系,直接在广场上找到购买毒品",被告人虽然在庭审中翻供,称"我没有贩卖毒品,我以前曾因吸毒被派出所抓获并送强制隔离戒毒,后与该派出所的民警有联系,该派出所民警于2013年打电话给我,说我患有艾滋病,看守所不收押,叫我到其派出所承认贩卖毒品,为其派出所做假案。该派出所给我1200元,派出所民警做好口供笔录,我没有看笔录就签了名",但由于其在侦查阶段认罪,且有购毒人证言、查获时身上有毒品、尿检呈阳性等证据,法院认为"被告人陈某某辩称其供述贩卖毒品是派出所民警给其钱为派出所做假案、口供笔录没有看过而签名确认,不构成贩卖毒品罪,但其未能提供相关的证据证明,本院对其辩解不予采纳"。参见陈某某贩卖毒品案,广东省阳江市阳东区人民法院(2015)阳东法刑初字第102号刑事判决书。

② 陈亮:《检察机关捕诉关系研究》,华东政法大学2011年硕士学位论文,第20页。

③ 曹军:《基层院捕诉合一做法不应提倡》,载《人民检察》2004年第11期,第62页。

的态度、案件有作假可能、在短暂的 7 日审查逮捕期限内暂时无法查清的，本着疑罪从无的原则做出存疑不捕的决定，牢记"一个环节的失守，就意味着整个法律流程的溃败，错误批捕的大门一开，后面的环节想要纠正冤错，难度将增加数倍"①。在审查起诉时，如果案件事实证据、相关法律政策等客观因素没有发生变化，却自行怀疑、发现已经批捕的案件可能存在没有犯罪事实、不构成犯罪、不应当追究刑事责任等"不应逮捕"的原则性错误，必须守持实事求是的原则、秉持壮士断腕的决心、坚持依法办案的规律，以正常速度积极、稳妥、正确办理案件，既不偏听偏信侦查阶段的认罪供述及相关有罪证据，也不一味盲从批捕环节的自己提讯笔录，而应及时启动自行侦查权，从可能存在的矛盾证据入手，查明案件事实真相。② 尤为重要的是，既不能有"大事化小、小事化了"的心态，将原本应当无罪不起诉的案件降格为微罪不起诉，试图所谓"内部消化"③，更不能有"篡改证据，一搏到底"的念头，将明知无罪之人起诉到法院将错就错，企图所谓"外部捆绑"④，必须以事实为依据、以法律为准绳，承担起作为员额检察官应当承担的司法责任。更为重要的是，"在构建专业化办案模式、实行捕诉合一改革

---

① 彭波：《批捕就该谨慎》，载《人民日报》2014 年 9 月 17 日，第 17 版。
② 如所举案件中，在审查起诉阶段，犯罪嫌疑人辩解称"案发时没有与购买毒品人有过电话联系"，与侦查阶段自己的认罪供述、购毒人的证言均不一致，在"侦查人员可能作假"的刑事假案防范意识下，公诉检察官不应当通知侦查人员调取通话清单，而应当启动自行侦查权，开具《调取证据通知书》后前往通信公司调取通话清单。实践中，通信公司只出具电子版通话详单，通常由取证人员用 U 盘拷贝后打印、加盖取证单位公章后提交，或直接将电子版刻盘附卷，因此存在篡改通话记录的空间，可以根据毒品交易双方事前联系的时间节点、通话内容等细节，添加相应时间、相应长度、买方主叫的通话记录。因此，检察官亲自调查取证虽然表面上费时费力，但能够保障通话清单的真实性，这就是机动侦查权的优势所在。
③ "内部消化"是检察机关处理刑事案件的一种方式。对于本院批捕后、因证据不足无法起诉的案件，即使不是同一位检察官批捕、起诉，但基于检察机关整体考核的利益衡量，尽量将无罪不起诉、存疑不起诉的案件处理成微罪不起诉，以达到批捕条线考核不扣分、批捕案件不算错案的结果。这种情况，在以往的三级审批制中审批领导改变承办人不批捕意见时可能发生，在现在的司法责任制下领导干部直接办案做出不当批捕决定时也可能出现。
④ "外部捆绑"是刑事案件流水线式处理模式下的一种现象。侦查机关移送起诉的案件，检察机关提起公诉后，某种程度上侦查机关与检察机关就已经成为"外部捆绑"的利益共同体，双方一对都对、一错都错；而在"侦查、起诉机关行使裁判权力，审判机关承担追诉职责"（孙长永：《探索正当程序——比较刑事诉讼法专论》，中国法制出版社 2005 年版，第 5 页）的刑事诉讼运行潜规则下，法院对于曾经认罪、后面翻供的被告人态度更多是认为"拒不认罪"，毕竟侦查、公诉、审判机关都是国家机关，与多数情况下无律师的被告人实际地位并不平等。

中，要充分考虑如何加强监督制约，确保办案质量和办案效率同步提升"，[1] 既要主动接受检察官助理、书记员、法警等检察辅助人员的事中监督，[2] 对于批捕案件的质量问题，更要以正确心态面对、用正确方式处理，自觉接受分管领导、案件管理部门、检察委员会等职能机构人员的事后监督。实际上，2018 年 10 月 26 日修正的《刑事诉讼法》依旧保留了人民检察院在诉讼监督中对司法工作人员利用职权实施的侵犯公民权利、损害司法公正犯罪的侦查权，对于检察机关预防和纠正刑事假案更有刚性意义。

四、小结

郭烁教授从"办案人员业务素质的普遍提高、人权保障观念的春风化雨"等软环境改善，到"员额制、办案责任终身制"等硬环境约束出发，认为"经过近 20 年的实践再来探讨捕诉调整、'捕诉合一'问题，就具有了一种从理论到实践的更多可能性"。[3] 一个必须直面的现实是，"捕诉合一"已经是一项全国范围内全面推行的检察改革，再多的批评甚至质疑也无法重回"捕诉分离"的老路，将批评声音中的若干担忧转化为深化改革的建设性意见，更是一种现实之举、积极之举、正面之举。正如两年前反对"捕诉合一"的最高检检察理论研究所所长谢鹏程，如今已经转变观念，认为"从捕诉分离到捕诉合一，既不是纠偏，也不是倒退，而是新时代中国检察制

---

[1] 姜洪：《检察改革精装修需要集纳多方智慧》，载《检察日报》2018 年 9 月 6 日，第 1 版。

[2] 在"对外执法必至少二人"的原则下，员额检察官讯问、询问、调查取证等执法活动，必须由其他检察人员一同前往，实践中通常由检察官助理、书记员、法警等其中一位检察辅助人员陪同前往，所获得的犯罪嫌疑人供述、证人证言、书证、物证等内容陪同人员也完全知情。因此，该陪同人员就是事中监督、互相制约的最佳主体。虽然身为辅助人员的身份，但身份的次要并不意味着在涉及违法办案、徇私枉法等原则性问题上必须服从指挥、听从安排，否则一旦事后出事，自己也会成为徇私枉法的从犯。以本案为例，当公诉检察官调取的通话清单上显示"案发时间段双方无通话"，就必须如实入卷，不能因为自己可能错捕，就错上加错，伪造证据、编造"案发时间段双方有通话"的虚假通话记录，这是实事求是、依法办案的底线。对此，一起前往的检察人员能够第一时间知情、第一时间提醒，这种组内制约的效果是不言而喻的。

[3] 郭烁：《捕诉调整："世易时移"的检察机制再选择》，载《东方法学》2018 年第 4 期，第 140 页。

度发展特别是内设机构改革和建立科学的检察权运行机制的要求"。[①] 不少检察官及律师未曾经历 1996 年之前的"捕诉合一",都早已习惯了"捕诉分离"机制下的各自工作。"捕诉合一"的检察权运行模式改革对检察官及律师都是机遇与挑战,必须以积极心态自我调整、坦然面对。正如本书所析,"捕诉合一"改革后,检察机关既要抓住提前介入强化、控辩协商前移、公诉自行逮捕的机遇,也要直面讯问实效降低、未决羁押增多、辩护难度增大的挑战,更要确保案件质量、重塑内部制约、严防冤假错案。问题总是有的,关键在于承认问题、直面问题、解决问题、反思问题的正确态度。正如张建伟教授指出:"'捕诉合一'属于检察机关内部机构和职能方面的调整,有一定的积极意义,对于刑事司法案件办理质量的影响虽非没有,但也未必若某些论者夸大的那样巨大。"[②]

[①] 参见谭畅:《争议"捕诉合一":新方向还是回头路?》,载《南方周末》2018 年 8 月 2 日,第 3 版。

[②] 张建伟:《"捕诉合一"的改革是一项危险的抉择?——检察机关"捕诉合一"之利弊分析》,载《中国刑事法杂志》2018 年第 4 期,第 12 页。

| 中 编 |

"捕诉一体"模式之实证研究

第五章

"捕诉一体"模式下的批捕工作

一、问题的提出

2019年10月30日,最高人民检察院发布了《2019年1至9月全国检察机关主要办案数据》,在"捕诉一体"模式下的批捕数据方面,刑事案件总体不捕率22%,"因证据不足不捕133649人,同比上升13.1%,占不捕总人数的56.1%,同比增加5.3个百分点;不构成犯罪不捕11679人,同比上升5.4%,占4.9%,同比增加0.1个百分点;无社会危险性不捕85217人,同比下降7.2%,占35.8%,同比减少3.6个百分点"。① 可见,相较同比时期"捕诉分离"模式下的批捕数据,"捕诉一体"模式下的批捕数据呈现出"存疑不捕率提高、相对不捕率下降"的特征,这恰好印证了笔者在改革之初对批捕数据的预测,集批捕权与公诉权于一身的检察官将公诉权的高证明标准与便利起诉原则带入批捕权之中,"轻微犯罪未决羁押现象增多"的"构罪即捕"预言已然成真。②

理论上,"捕诉一体"改革应当达到批捕权与公诉权"1+1>2"的效果,而非一项权力"兼并"另一项权力,但实践证明,在"捕诉一体"模

---

① 参见《2019年1至9月全国检察机关主要办案数据》,载《检察日报》2019年10月31日,第2版。
② 笔者曾预言,"捕诉合一"改革后,检察机关的存疑不捕率会略微提高,无逮捕必要不捕率会大幅下降。参见闵丰锦:《从捕诉分离到捕诉合一:检察改革再出发》,载《西部法学评论》2019年第4期,第77页。

式下，公诉标准取代批捕标准直接导致存疑不捕率提高、羁押为主的便利起诉思维直接导致相对不捕率降低，"批捕权独立性弱化""批捕权公诉化"等"捕诉合一"改革之前的学界担忧似乎中的。作为一位从事批捕工作6年之久的基层检察干警，笔者在捕诉关系调整初期对"捕诉合一是否会影响批捕权独立行使"怀有疑虑，但自2018年8月重庆检察机关内设机构改革以来，历经一年半的基层一线实践，笔者对"捕诉合一"改革的态度经历了"将信将疑—深信不疑"的升级转换。直面最新的批捕数据，笔者以为，正如21世纪初检察机关的审查逮捕部门更名为侦查监督部门，从全面行使法律监督权的角度出发，必须将批捕权改革置于侦查监督权改革的大框架之中。"捕诉一体"模式下，"侦查监督科（处/局/厅）"已经走入了检察史，但"侦查监督"不仅不应成为过去时，反而应当正确面对"捕诉一体"改革带来的批捕数据变化，凭借捕诉关系集约化调整的改革春风，在做优新时代检察工作中迸发出新的更大的活力。

二、"捕诉一体"模式下批捕数据的三维动向

（一）存疑不捕率提高，本质是公诉标准"取代"批捕标准

数据显示，存疑不捕率同比增加5.3个百分点、绝对不捕率同比增加0.1个百分点。与2018年1—9月相比，2018年10月26日修改的《刑事诉讼法》只是将认罪认罚作为社会危险性的考虑因素，[①] 并未在逮捕的证据条件上有任何法律变化，最高人民检察院也并未在此期间进行类似附条件逮捕、诉讼化审查逮捕等内部机制创新。可见，在导致批捕率变化的因果关系上，显然是检察系统进行的"捕诉一体"机制使然。相比"事实清楚，证据确实、充分"的公诉标准，"有证据证明有犯罪事实"的批捕标准显然较低，虽然符合刑事诉讼逐步推进的时空发展规律，但在"捕诉一

---

① 2018年10月26日修改的《刑事诉讼法》第八十一条第二款规定：批准或者决定逮捕，应当将犯罪嫌疑人、被告人涉嫌犯罪的性质、情节，认罪认罚等情况，作为是否可能发生社会危险性的考虑因素。

体"模式下,当批捕检察官与公诉检察官合二为一,公诉证据标准"入侵"批捕证据标准的定向思维随即产生。存疑不捕率的小幅提升,既代表着惩罚犯罪价值的超然取向,又体现出批捕证据条件的人为拔高,更蕴含了"捕诉一体"基本内涵的三重维度,即批捕与起诉的权力一体化运行、人员一体化重组、标准一体化趋同。

存疑不捕率的提高之因,除了批捕标准的"公诉化",还有批捕思维的"公诉化"。"捕诉一体"改革并非简单的批捕与公诉职能一体,还包括批捕与公诉的人员合一,即一位原批捕(公诉)检察官搭配一位原公诉(批捕)检察官助理,以交叉搭配的原则重组成一个"捕诉一体"办案组,既便于互相学习、尽快适应,更有利于批捕居中判断的中立思维正面影响公诉、以审判为中心的证据裁判原则正面影响批捕,促使公正执法的客观义务贯穿于批捕与起诉的整个办案流程。在"捕诉合一"的改革过渡期,批捕、公诉检察干警均有互相学习、取长补短的动力,原批捕检察官在"捕诉合一"后主动学习、靠拢公诉标准,以审判为中心、以证据裁判原则为标准对批捕案件提出证据上的更高要求,原公诉检察官在"捕诉合一"后自然将更高的公诉标准带入较低的批捕标准,从能否提起公诉、能否有罪判决的角度提前介入、引导侦查,在审查逮捕时可能存在对证据问题进行全面、全案、全罪名审查。在批捕标准与公诉标准的持续交融中,为了防止捕后不诉等可能导致批捕案件质量瑕疵甚至冤假错案的产生,用公诉的高标准"取代"批捕的低标准成为原批捕检察官与原公诉检察官不约而同的选择,甚至在本应居中判断的批捕环节提前出现公诉阶段才应出现的控辩协商现象。[①] 对此现象,有检察干警甚至提出"捕诉一体"模式下"批捕权从属于公诉权","捕诉分离更多地强调捕和诉的平行概念。批准逮捕作为一个公诉的前道程序,单一地审查侦查机关提请批准逮捕材料,只是解决犯罪嫌疑人是否应当逮捕羁押问题,以

[①] "捕诉合一"之后,检察官与犯罪嫌疑人在批捕环节普遍进行认罪协商、量刑协商、量刑确认。时间上,认罪认罚从宽制度的正式入法与"捕诉合一"模式的全国推行不期而遇。当检察官身兼二职,公诉阶段早日固定认罪口供、早日达成量刑合意、早日确认速裁程序的办案思维与操作方式自然带到了批捕环节,成为应对批捕环节相对多发的翻供、不认罪、拖延诉讼等现象的"有力武器"。参见闵丰锦:《左右手何以制约:捕诉一体模式下检察权内部监督机制研究》,载《新疆社会科学》2019 年第 3 期,第 102 页。

便侦查活动顺利开展。公诉活动才触及犯罪的事实和证据等核心内容。在捕诉一体后，批准逮捕将成为公诉的下位从属概念，在指控犯罪必要性项下探讨批准逮捕"。

（二）相对不捕率降低，表明起诉便利性"入侵"逮捕必要性

数据显示，无社会危险性不捕85217人，同比下降7.2%，占35.8%，同比减少3.6个百分点。可见，在"捕诉一体"模式下，承办检察官为避免起诉时被告人不在案的情况出现，减少了对逮捕必要性的审查。无逮捕必要不批捕大幅减少，这种"构罪即捕"现象体现出逮捕必要性条件的独立性降低，本质是便利起诉原则"入侵"批捕社会危险性标准。在多年以来习以为常的"捕诉分离"办案机制之下，批捕检察官对于相对不捕后犯罪嫌疑人是否随传随到并不关心，且以低于起诉标准的逮捕标准进行侦查监督工作，容易导致未羁押的犯罪嫌疑人失联，引起公诉检察官的内部"抱怨"；而批捕检察官基于保障诉讼为目的而对涉嫌轻罪的外来人员（本地无固定住所、无固定工作）做出批捕决定，往往又在个案中被公诉检察官建议拘役、缓刑等轻缓刑罚，导致在批捕检察官因"捕后判轻刑"而在业绩考核中被定性为"逮捕质量不高"，引起批捕检察官的内部"抱怨"。这种"捕诉分离"模式下的捕诉检察官互相"抱怨"，正是批捕权与公诉权内部制约的写照。在这种内部制约之下，检察机关的不批捕率已经达到20%～30%，尤其是逐年增长的相对不捕率已经成为不少检察机关年度工作报告中对外彰显人权保障程度提高的标志性内容。"捕诉合一"之后，批捕检察官对捕后判处轻刑的"抱怨"与公诉检察官对不批捕后无法到案的"抱怨"相互抵销，捕诉检察官的合二为一使得在逮捕的证据条件、刑罚条件和必要性条件上达到了贯穿捕诉环节的一致统一，而为了在认罪认罚从宽制度中发挥检察主导作用，在"捕诉一体"改革的初期，以"构罪即捕"作为更为稳妥的过渡期处理模式。加之公诉权进攻属性对批捕权判断属性的影响，为了杜绝"捕诉分离"时公诉阶段嫌疑人脱管脱逃带来的切肤之痛，"逮捕总比不逮捕更保险更稳妥"的观念影响下，逮捕成为不少检察官办案的首选强制措施。

据了解，在"捕诉合一"改革风声初起之时，不少批捕检察官怀有疑

虑，而不少公诉检察官无所谓，这与本质上公诉检察官认为自己行使的公诉权是检察权的核心、"捕诉合一"有公诉权"兼并"批捕权之感密切相关。"捕诉合一"改革后，不少原批捕检察官在办理批捕案件时依旧同等重视社会危险性条件、坚守批捕权的独立行使，但不少原公诉检察官秉承"构罪即捕"的办案思维、无任何逮捕必要性条件的意识，甚至有个别原公诉检察官提出批捕时就可签署《认罪认罚具结书》、公诉阶段可视情况对批捕时讯问过的犯罪嫌疑人不再讯问的极端观点，甚至直言"审查批准逮捕的第一目标是追诉犯罪，逮捕必要性服务于证明犯罪嫌疑人应当被追诉，至于是不是公正将由审判机关予以裁判"。这种以公诉视角办理批捕案件的代入感，可能"污染"批捕权行使过程的中立性与独立性，亦即提前用是否构成犯罪的证明标准审查，直接取代审查逮捕期间对犯罪嫌疑人社会危险性的审查。甚言之，为了达到"构罪即捕"的便利起诉效果，加之"捕后判处轻刑属于逮捕质量不高"的内部考核因素，对于可能判处拘役、宣告缓刑的轻罪案件，个别检察官可能在做出批捕决定后，在公诉阶段利用认罪认罚从宽制度中"一般应当采纳量刑建议"的规定，滥用量刑建议权反向"控制"逮捕的刑罚条件，使得对于原本可能判处拘役的案件"建议"判处有期徒刑六个月，对于原本可能适用缓刑的案件"建议"判处实刑，从表面上符合逮捕"可能判处徒刑以上刑罚"的刑罚要件，"捕诉合一"下追诉犯罪与审查逮捕、诉讼监督的主从性凸显。[①]

(三) 诉讼化审查批捕趋无，实乃办案时间"碎片化"使然

据笔者对某诉讼化审查试点检察院的调研，在2018年"捕诉合一"改革之前，通过公开听证方式开展的诉讼化审查逮捕案件在半年内有20余件，但在"捕诉合一"改革之后公开听证、公开审查、公开听审等方式开展的诉

[①] 从防范检察权不当行使的角度，此种滥用量刑建议自由裁量权的现象，反映出在控辩不平等的现实下，控辩双方的量刑协商可能演变成控方"强买强卖、不行就加价"的"强迫式"协商，必须防止认罪认罚从宽制度施行过程中的检察机关"不当"主导行为。因此，要在以审判为中心的诉讼制度下适用认罪认罚从宽制度，合理把握审判中心与检察主导的关系，在量刑建议权与决定权之间做到彼此交融与尊重。

讼化审查逮捕案件在半年内并无一件，反差强烈，诉讼化审查逮捕机制有"名存实亡"之虞。① 据了解，这主要由于检察官在"捕诉合一"后身居两职，办案时间碎片化、紧凑化，客观上无力开展耗时费力的诉讼化审查逮捕工作，而主观上原公诉检察官对诉讼化审查逮捕工作并不了解，原批捕检察官多认为诉讼化审查逮捕机制的独立意义不大。因此，诉讼化审查逮捕机制有一种趋无之势。

根据法律规定，除了未被羁押的犯罪嫌疑人、职务犯罪嫌疑人之外，被羁押的犯罪嫌疑人审查逮捕期限为 7 日，而速裁案件的审查起诉期限为 10 ~ 15 日，值班律师派驻、法院开庭、远程视频提讯、去看守所提讯等办案节点并非承办检察官个人所能决定，捕诉权力合一使得两种办案期限产生了交锋与冲突。这种办案期限的冲突，直接导致检察官不得不优先办理审查逮捕案件，而办理方式就是传统的书面阅卷为主、听取意见为辅。因此，在案件办理的序位上，批捕案件必须优先办理，之后留下的琐碎时间再来办理公诉案件，办案时间碎片化使得检察官无暇以诉讼化的机制开展审查逮捕工作，更何况检察机关并未增加诉讼化审查逮捕模式的考核比重。作为不少"捕诉合一"赞成者的改革期待，② 诉讼化审查逮捕机制在"捕诉一体"实践中却遭遇了"冷场"待遇，显示出学者期待与具体实践的鸿沟。

三、批捕权"公诉化"的三重样态

（一）逮捕证据要件"公诉化"，"捕诉一体"改革优势凸显

"捕诉一体"改革后，据调研，有个别侦查人员认为，"以起诉标准代

---

① 笔者对不同省份的几家检察院有关诉讼化审查逮捕机制运行状况的了解，也基本如此。此外，据调研，不少地区检察机关的刑事诉讼监督数据也呈现下降趋势，如立案监督数、侦查活动监督数、审判监督数等。尤其是以往侦查监督部门的强项——立案监督与行政执法刑事司法相衔接的数据呈现下降趋势，引起了检察系统原侦查监督干警的警惕，提出了开展"两项监督"专项行动、加大"两项监督"占据考核比重等针对性举措。

② 如"捕诉合一"的支持者郭烁教授，就极力提倡"捕诉合一"模式下的诉讼化审查逮捕机制。参见郭烁：《捕诉调整："世易时移"的检察机制再选择》，载《东方法学》2018 年第 3 期，第 133 – 140 页。

替逮捕标准，拔高了在侦查初期尤其是批捕环节的证明要求，不利于打击犯罪"。

确实，从刑事诉讼的各环节来看，侦查初期对犯罪证据的收集工作处于循序渐进的增多过程，批捕只是侦查初期的一项证据检验工作而已，没有必要也不可能一蹴而就达到侦查终结时的"事实清楚、证据确实充分"的证明标准，这从侦查活动运行的基本规律而言有一定合理之处。但另一方面，批捕作为最为严厉的强制措施，在逮捕之后国家赔偿责任转移、侦查机关的侦查动力与热情骤减，若仅仅满足"有证据证明有犯罪事实"的逮捕法定证明标准，一旦批捕之后无法继续侦查达到"事实清楚、证据确实充分"的公诉标准，就可能导致逮捕错案——错捕。虽然不少"捕诉一体"检察机关提出了警惕"凡捕即诉"的口号，如重庆市人民检察院 2018 年 12 月 28 日发布的《重庆市检察机关捕诉一体办案暂行办法》第三条规定，"捕诉一体办案应当坚持惩罚犯罪与保障人权相统一、办案质量与办案效率相统一、引导取证与监督侦查相统一，防止变相提高逮捕标准，或者构罪即捕，或者凡捕必诉"。但客观上，不被认定为错捕的个案只有三个结局：有罪判决、微罪不诉以及在无主观故意或重大过失情况下的无罪化处理。

"捕诉一体"改革的首要优势，就是在一定程度上减少检察权内部监督制约的基础上，强化批捕与起诉的无缝衔接直至合为一体。这种证明标准的"捕诉一体"，会使得批捕检察官改变仅重视案件一项事实基本证据的短视思维，而是关注案件所有事实与证据，并从全案办理的角度进行侦查后期的精细化证据收集与指导。在以审判为中心的诉讼制度下，检察官习惯了以公诉人身份在法庭上遵循证据裁判原则进行精细化指控工作，这种对高标准证据要求的思维惯性直接反向传导到审前阶段直至侦查初期。"捕诉一体"改革后，检察官在审查逮捕时，要求在至少一项犯罪事实上，必须达到"事实清楚，证据确实、充分，排除合理怀疑"的证明标准，在其他犯罪事实、量刑事实上则暂时不作要求，待做出批捕或存疑不捕决定的同时一并提出下一步继续侦查或补充侦查意见，以降低案件处理与诉讼环节的"案件比"。而在理论上，在审查逮捕时暂不要求的"其他犯罪事实和量刑事实"就是所谓"高于逮捕标准、低于起诉标准"的"中间状态""暂时状态"，这是事物发展的规律所致,不是人为"拔高"逮捕标准,而是逮捕标准的应然回归。这种"中间状态"是一项事实已经构成犯罪基础上的中间状态,并非降低逮捕条件到主要证据、基本证据充分,也非在证据薄弱情况下寄希望于逮捕后继续侦查完善证据的"期待可能性",否则对证据不符合"事实清楚,证据确实、充分,排除合理怀疑"的案件做出逮捕决定,就是一种变相的附条件逮捕。

(二)逮捕必要考量"公诉化","捕诉一体"改革弊端初现

"捕诉一体"改革后,由潜在的公诉人"提前"行使批捕权,存在一定理论上的弊端,如控方角色导致其审查逮捕时无法保持中立和超然的地位,又如批捕后会对起诉和审判产生重大影响导致流于形式,再如原告做自己案件的"裁判员"会压缩辩护空间等。尤其是大家所担心的批捕权独立性下降问题,在逮捕必要性条件上,基于逃避监管的担忧,"捕诉一体"后个别检察官已经出现了对"两无人员"(无业人员、无固定住所人员)、外地人等特殊群体及可能判处拘役刑罚轻微犯罪的"构罪即捕"现象。这与不少检察官作为下一诉讼阶段公诉人"能关就关,关起来更保险"的控方惯性思维密切相关,追诉机关、重刑主义、程序虚无等理念始终占据主导地位,这不符合我国司法进步的主观面向,也未顺应司法改革与法治进步,更印证了不少"捕诉合一"反对者对批捕权弱化的担忧。①

一直以来,作为天然的公诉机关,无论捕诉关系如何调整,检察机关都将公诉作为检察主业、将逮捕作为一种惩罚犯罪的手段,过度强调批捕权之于公诉权的工具性与次要性地位,原本保障诉讼的逮捕基本功能被异化。只有在未成年人犯罪案件、民营企业家犯罪案件等特殊类型上,才提倡"可捕可不捕的,坚决不捕"。"捕诉合一"后,批捕权作为公诉权的工具化属性更加彰显,检察官在批捕环节不仅提前做好"审查起诉"需要的证据收集工作,而且为了起诉和审判便利,秉持"批捕人数反映惩罚犯罪力度"的定向

---

① 如"捕诉合一"的反对者孙远教授,指出"捕诉合一"的三大弊端:影响逮捕必要性判断、逮捕异化为积极取证手段、为辩护造障碍。参见孙远:《为什么捕诉合一不可行?》,载微信公众号"中国政法大学国家法律援助研究院",2018年6月16日。

思维，加剧社会危险性要件在审查逮捕时的虚无地位。诚然，相对不捕会增加社会调查工作和随传随到风险，也可能带来一定比例的逃跑、串供等妨害诉讼现象，但这种保障人权的代价是可以也应当承受的，千万不可因个别脱管现象而以偏概全否定非羁押的人权保障价值。从这个角度来看，何时检察机关在年度工作报告中，将无逮捕必要（无社会危险性）的相对不捕人数与批捕人数同时公布，才能昭示出对轻罪案件"以非羁押为原则，以羁押为例外"的根本转变。

（三）逮捕审查方式"公诉化"，"捕诉一体"改革附带后果

通说认为，我国检察机关之所以能够称为广义的司法机关，正是由于批捕权的司法权属性使然。理论上，检察机关在侦查阶段并非公诉机关，而是侦查监督机关，通过立案监督、审查逮捕、侦查活动监督等工作行使法律监督职权，其中批捕权就是最具有居中判断色彩的职能。实践中，在"捕诉分离"之时，检察机关侦查监督部门也以提前介入、引导侦查等方式承担了一定公诉部门应当承担的控诉职责，存疑不捕的案件也往往是批捕检察官向侦查人员告知补充证据情况后、在审查逮捕期限内无法补充后的最终结果，甚至批捕环节的检察讯问笔录往往也在审判阶段作为控方证据提交，这都在昭示着侦查监督部门的"准公诉化"倾向。但随着多年以来的批捕权行使模式改良，检察机关在批捕环节讯问犯罪嫌疑人、询问被害人、听取辩护人意见等有司法审查兼听则明色彩的做法已经成为常态，近年来以公开审查、公开听证和公开听审等方式进行的逮捕诉讼化审查机制也已经逐步推广，检察机关行使批捕权的方式已经呈现出"准司法化"。

然而，检察机关以司法化的方式推动批捕权行使，也引起了一定权力异化的争议。"捕诉一体"改革后，纵然不少"捕诉一体"支持学者都持有"深化诉讼化审查逮捕机制"的理论期待，但在批捕权的工具主义作用之下，在"只要批捕与否决定正确，何种模式并不重要"的结果主义理念影响下，加之"捕诉一体"后检察官办案时间碎片化、检察机关部门利益局限，诉讼化审查逮捕机制几近于无，批捕权的行使方式正在回归到"去司法化"的行政化审查模式。据调研，不少检察干警认为，在办案时间碎片化、角色转换

无缝化的现状之下，诉讼化审查逮捕机制费时费力且对于一般案件独立意义不大，"捕诉一体"模式下的批捕权行使方式已经足矣，即使要吸收逮捕司法权的属性，也只能在少数案件上开展诉讼化审查，是例外而非原则。①

四、批捕权"公诉化"的矫治之道

（一）辩证看待捕诉权力合一，坚持批捕行权独立性

批捕与起诉的权力一体化运行，是"捕诉一体"改革的核心内容。批捕权与公诉权是检察机关的核心权能，我国宪法、刑事诉讼法均明确检察机关行使批捕权，但并未规定批捕权应由不同的部门行使，因此，作为天然的公诉机关，检察机关内部由同一部门行使批捕权与公诉权的职权配置本身是合法的。但由于批捕权与公诉权的性质不同，批捕检察官与公诉检察官的定位、职权均不同，在执法办案过程中，检察官需要时常在居中判断的中立思维与控诉犯罪的进攻思维之间进行转化，容易造成一定程度的思维混乱。"人"的因素是推进与决定"捕诉一体"改革的重要因素，在捕诉人员合一之后，"捕诉分离"多年以来的公诉或批捕办案习惯会在相当程度上影响"捕诉合一"之后权力的复合行使。因此，为了最大化发挥批捕权与公诉权的特性，检察官必须意识到捕诉关系集约化调整不是公诉"兼并"批捕，更不是批捕"转隶"公诉，而是批捕与起诉权力叠加整合后的"1+1＞2"。原公诉检察官必须转变"批捕案件谁不会办"的"低视"思维，重点学习、把握社会危险性、逮捕必要性等逮捕法定条件，全面理解相对不捕对于认罪认罚从宽制度与未决羁押制度的人权保障价值；原批捕检察官不能忘记谨防批捕权独立性弱化的改革"初心"，重点继承、发扬"能不批捕，就不批捕"的

---

① 以听证等为载体的诉讼化改造需要耗费大量诉讼资源。以往在"捕诉分离"时，在快节奏的审查逮捕环节，由专门承办检察官举行听证已较为吃力，"捕诉一体"后，如何在案件数量多、案件轮转节奏比较快的检察机关，确保逮捕诉讼化改革的质效，值得进一步思考。对此，作为诉讼化审查逮捕机制先进经验地区的上海市检察机关，将诉讼化审查逮捕与"捕诉一体"办案机制相结合，出台了《关于值班律师参与逮捕诉讼化审查实施办法》，明确值班律师参与逮捕听证的适用范围、审查流程，并在每周一、周三下午实行逮捕诉讼化集中审查，逮捕听证案件数量稳中有升。

谨慎批捕理念，避免逮捕证据标准"公诉化"的同时，也陷入逮捕必要性条件"公诉化"的误区。

为了妥善应对"捕诉一体"模式带来的办案时间碎片化现象，更好坚持"捕诉一体"模式下的批捕权独立性，可以从以下方面重点把握捕诉权力的多赢、双赢、共赢运行机制。一是妥善接受办案模式的调整带来的时间管理新要求。在"捕诉一体"模式下，以公诉标准办理好批捕案件，有助于为公诉阶段的个案办理"提前减负"，而在七日内以"短、平、快"的方式办理批捕案件，对于没有批捕案件办理经验的公诉检察官而言确实需要一定的过渡与学习，尤其是办案节奏的加快与监督事项的前移；至于办理批捕、公诉案件的具体时限不同、办案时间分配，则是一个客观存在，应当根据各检察官独任办案单元的组内分工，通过加强检察官、检察官助理和书记员之间的团队协作予以解决，特殊情况下的大案要案可申请组成检察官办案组承办。二是在智慧检务的引领之下，采用信息化办案模式。正如在2020年年初新型冠状病毒肺炎防疫期间，检察机关采用的以电话、网络、视频等方式进行远程讯问、远程听证、远程告知和远程开庭等系列信息化办案流程即为典型案例。与看守所互联互通后，对于到案后即认罪认罚的被羁押人，可能适用速裁程序、简易程序的轻微刑事案件，批捕与公诉检讯以远程讯问为主、现场讯问为辅，可以大幅度提高办案效率。三是规范诉讼化审查逮捕工作。既不能将公开审查、公开听证、公开听审等诉讼化审查模式视为"二法庭"，也不能当作与侦查人员、辩护人简单的"面对面"，应当坚持诉讼化审查逮捕的国际标准，通过听取意见构建诉讼化批捕的常态机制，通过司法听证发挥诉讼化批捕的特殊价值，以此扩大检察机关的司法属性和对外影响力，促进刑事案件第一道检察关口的办案质效，促进公开审查工作规范化、制度化。①

（二）大幅提高相对不捕率，力证"捕诉一体"正当性

以认罪认罚从宽制度的全面施行为标志，轻缓化已经成为刑事诉讼的发

---

① 有关诉讼化审查逮捕模式的具体论述，参见冈丰锦：《诉讼化审查逮捕机制的难题与破解》，载《西部法学评论》2017年第4期，第48–57页。

展趋势，其中"未决羁押越来越少"已经成为认罪认罚后强制措施从宽的重要表现，"捕诉一体"改革只能顺应法治发展的潮流，为批捕权与公诉权的一体化行使自我正名。在侦查机关普遍接受检察机关借由"捕诉一体"办案机制开展的提前介入和审前主导工作基础之上，存疑不捕率的小幅提高有助于检察机关以更高证明标准倒逼侦查机关提高侦查取证质量。根据最新批捕数据对症下药，大幅提高相对不捕率，更有助于发挥检察机关在认罪认罚从宽制度中的主导作用，并顺应宽严相济的法治发展趋势。2020 年 1 月 18 日，全国检察长会议指出，进一步树立"少捕慎诉"的检察办案理念，进一步降低逮捕率、审前羁押率，处理好捕、诉与监督的关系。具言之，必须从检察机关对批捕率的内部考核条件入手，在"逮捕须谨慎"的办案理念指导下，鉴于"捕诉合一"体制下对批捕之后新增证据（如退赃退赔、被害人谅解、刑事和解、立功、预缴罚金等）导致量刑轻缓化可能性增大的因素预判性更大，有必要加大对侦查监督条线捕后判处轻刑率的考核比重，增大对捕后判处拘役、单处罚金、免予刑事处罚和量刑证据无变化情况下宣告缓刑的考核扣分比重，并在检察机关工作报告中主动公开本年度无逮捕必要不批捕的人数。①

李昌林教授指出，"检察机关有改良审查批准逮捕程序的动力和条件"②。可喜的是，在"捕诉一体"改革中，检察机关已经意识到了批捕率上升的问题，并在规范性文件中加以规制。浙江省人民检察院 2019 年 6 月 4 日印发《浙江省检察机关刑事案件捕诉一体办理工作规则（试行）》的通知中指出，"要将社会危险性作为捕与不捕的重要判断标准，坚决贯彻'少捕慎捕'理念，辩证把握少捕慎捕和群众安全感之间的关系，做到该捕一定捕，可捕可不捕的尽量不捕，总体上要实现不捕率稳中有升"。笔者设想，在做优刑事检察的过程中，倘若检察机关能够顺应"未决羁押越来越少"的法治发展趋势，正确认识批捕权在检察权体系之中的应有地位，下大力气解决批捕权行

---

① 按照不同内设机构管辖的罪名，公布无逮捕必要数据，降低批捕率，硬性考核指标，改变表面上"捕诉一体"、实际上"以逮捕为中心"的局面。

② 李昌林：《审查逮捕程序改革的进路——以提高逮捕案件质量为核心》，载《现代法学》2011 年第 1 期，第 118 页。

使过程中的诸多痼疾，通过"捕诉一体"办案模式，依法把握逮捕的必要性条件，加大检察绩效中捕后判处轻刑率的考核比重，在注意改革限度的前提下循序渐进，将当前全国范围内 80% 以上的批捕率降低到 50% 以下，就可从根本上革除侦查中心乃至逮捕中心的不良影响，以批捕权作为认罪认罚从宽制度中发挥检察主导作用的第一道关口，来力证批捕行权的合理性，"捕诉一体"办案模式的正当程序属性也会得到公认。

五、小结

一只木桶能盛多少水，并不取决于最长的那块木板，而是取决于最短的那块木板。在"捕诉合一"改革初期，就有不少学者预言，批捕权独立性的弱化、检察机关内部监督机制弱化，是决定"捕诉合一"改革成败与否的两块短板。正如最新批捕数据所示，"捕诉一体"模式下，逮捕案件的证据要件、必要性要件、审查机制已经趋于"公诉化"，批捕权的独立性有所弱化。而一旦以公诉权的行使方式来行使批捕权，尤其是对逮捕必要性要件的忽视而"构罪即捕"，势必会造成刑事案件的第一道检察关口失衡，加剧在检察环节人权受到侵犯甚至冤假错案产生的风险，产生"捕诉一体"改革不可承受之重的木桶效应。

回溯新中国检察史，"检察制度屡受质疑，但质疑能够激励检察机关砥砺前行"。[①] 值得肯定的是，从"捕诉合一"改革之始，检察系统就清楚意识到权力合一后公诉权对批捕权的影响，在对不同意见集思广益兼收并蓄的基础上，以检务公开为契机将"捕诉一体"模式下的检察业务数据公之于众，并通过检察业务数据分析、调研座谈等方式进行阶段性小结改进，个别"捕诉合一"反对者的态度转变就可见一斑。[②] 笔者作为一名从"只管一段"的

[①] 参见金园园：《法治越是被需要和重视就越需要护法机关——专访最高人民检察院原副检察长朱孝清》，载《检察日报》2018 年 11 月 26 日，第 4 版。

[②] "捕诉合一"的反对者陈卫东教授在 2018 年 4 月与张军检察长三个多小时的"论战"，并实地考察后虽仍有担忧，但也"深受触动并有所改变"。参见蒋安杰：《最高检的里程碑式重塑性变革》，载《法制日报》2019 年 3 月 11 日，第 3 版。

批捕检察干警转为"全盘皆管"的刑事检察干警,在一年半的"捕诉一体"办案实践中感触良多,通过执法办案的亲历性观察,深感从"捕诉分离"到"捕诉合一",即使与国际通行的"法院决定羁押"模式不符,但在我国现有法律框架内,"捕诉一体"改革能够通过提高存疑不捕率来促进侦查质量,降低相对不捕率来强化人权保障,坚守批捕权独立性与司法性,并通过一定时期的正当防卫案件、防疫时期的涉疫犯罪案件的依法办理确立一定数量的指导性案例与典型性案件,使人民群众能够切实感受到"捕诉一体"办案模式下司法案件中的公平正义,此即"不管黑猫白猫,抓住老鼠就是好猫"的实用精神。

第六章

"捕诉一体"模式下的公诉工作

一、问题的提出

随着认罪认罚从宽制度正式入法在全国施行，认罪认罚开始成为一个独立的量刑情节。实践中，认罪认罚只能从轻处罚，不能减轻处罚，对犯罪嫌疑人的激励效应有所不足。根据法律规定及通说解释，除了《刑事诉讼法》第一百八十二条规定"有重大立功或者案件涉及国家重大利益的，经最高人民检察院核准，可以不起诉"，在大多数案件中，认罪认罚只能导致从轻处罚而非减轻处罚，直接导致认罪认罚态度积极、行为彻底的犯罪嫌疑人，得到从宽处理的幅度并不明显、激励效果有所不足。在以审判为中心的诉讼制度下，重庆市南岸区人民检察院结合"捕诉一体"的办案机制优势，积极发挥在适用认罪认罚从宽制度中的主导作用，对积极认罪、彻底认罚的轻微盗窃案犯罪嫌疑人，在审查逮捕时强制措施从宽、在审查起诉时量刑建议从宽，综合侦查和起诉两个阶段通盘考虑后，在侦查、起诉和审判三阶段全面、全程把握犯罪嫌疑人认罪、认罚的层次性差异，通过量刑协商时主动降低量刑建议、与法院沟通后从轻调整量刑建议等方式，将"捕诉一体"办案模式深入贯穿于刑事检察的个案之中，达到法律效果与社会效果的有机统一。

二、创新一:"捕诉一体"与认罪认罚从宽制度相结合

(一) 基本案情[①]

张某,男,1971年9月出生,汉族,小学文化,四川人,外来务工人员,无前科,户籍地四川省华蓥市,案发时住重庆市南岸区某小区某楼栋楼梯下杂物间。2018年8月19日晚,张某来到重庆市南岸区某小区旁某健身会所,使用钉锤将该健身会所的玻璃门链条锁撬开,盗走会所内一辆电动车、一台笔记本电脑和一台移动空调,后将笔记本电脑和移动空调保管在暂住地,电动车运回四川省华蓥市老家。2018年8月28日晚,民警在南岸区该小区将张某带回,并追回被盗物品。经鉴定被盗物品价值共计4487元。

因涉嫌盗窃罪,于2018年8月29日被重庆市公安局南岸区分局刑事拘留,经批捕提讯后,2018年9月12日被重庆市南岸区人民检察院以无逮捕必要为由不批准逮捕,同日被重庆市公安局南岸区分局监视居住。2018年10月31日重庆市公安局南岸区分局移送审查起诉。2018年11月7日重庆市南岸区人民检察院对张某进行了讯问,讯问结束量刑协商后,在值班律师见证下与张某签署了认罪认罚具结书,次日以速裁程序起诉到法院。2018年11月21日14时30分,重庆市南岸区人民法院适用速裁程序开庭审理本案,刑庭庭长独任审判,笔者出庭支持公诉,并在中国庭审公开网直播,庭审时长7分50秒。在核实被告人身份与认罪认罚自愿性后,笔者摘要宣读了起诉书,张某表示认罪认罚,法庭当庭宣判,采纳了"单处罚金4500元"的量刑建议,张某当庭表示不上诉。

(二) 批捕环节:告知后果,相对不捕

"捕诉一体"办案模式的一大优势,在于将原本割裂的批捕与起诉有机

[①] 参见张某盗窃案,重庆市南岸区人民检察院渝南检一部刑诉〔2018〕148号起诉书,重庆市南岸区人民法院 (2018) 渝0108刑初1072号刑事判决书。

衔接，审查逮捕时更能从定罪证据上把握是否达到起诉标准、从量刑证据上把握是否有逮捕必要性，并填补了批捕之后与起诉之前的引导侦查与侦查监督"空白"地带。在"捕诉分离"的办案模式下，批捕检察官并不对后续诉讼阶段负责，往往只是孤立考虑批捕效果而就案办案，目光难免"短视"。以本案为例，盗窃价值4000余元财物、认罪认罚并已退赃、无前科的案件"可能无法判处徒刑以上刑罚"显而易见，但若考虑到在本地无稳定工作、无固定住所的外地人身份因素，为了照顾侦查民警及公诉同事的办案便利，宁愿"构罪即捕"，也不愿冒着"不捕逃跑"的办案风险与"得罪同僚"的人情风险，还以"羁押时间折抵刑期"自我宽慰，宁愿存在捕后判轻刑的质量不高之虞。"捕诉合一"后，经积极探索批捕权与公诉权的"无缝"衔接，"告知逃跑后果"的相对不捕机制得以建立，对于轻罪案件犯罪嫌疑人的非羁押诉讼保障有显著功效。此机制适用于就案论案本不具有逮捕必要性，但存在本地无固定住所、有意愿但尚未赔偿等其他因素的轻罪案件。

一方面，在批捕提讯时，通过与犯罪嫌疑人的沟通交流，把握其认罪认罚的心态，对于在本地零散务工、自己可以找到临时住所的，对于虽然住在外地甚至外省但愿意随传随到保障诉讼的，对于有赔偿意愿与能力、只是因为被羁押而无法及时退赔的，告知犯罪嫌疑人"不批捕不是案结事了，检察机关内部改革后，起诉阶段也是我们两人承办，若存在逃跑、串供、毁证、再犯等妨害诉讼的情形，会由公安机关上网追逃到案，到时浪费了司法资源，我们会加重量刑建议幅度——不仅是实刑，而且刑期多几个月"，再根据修改后的《刑事诉讼法》第八十一条第二款"批准或者决定逮捕，应当将犯罪嫌疑人、被告人涉嫌犯罪的性质、情节、认罪认罚等情况，作为是否可能发生社会危险性的考虑因素"之规定，在审查逮捕环节依法适用认罪认罚从宽制度，做出相对不捕决定。另一方面，在拟相对不捕之前，与侦查机关充分沟通，先口头说理——"虽不批捕，但能起诉，公诉阶段还是我们承办"，再书面说理——发给侦查机关的《不捕理由说明书》既阐明适用认罪认罚从宽制度、无逮捕必要不批捕的个案法理，也列明根据证据裁判规则的要求、需要继续调查取证的其他证据，以便移送审查起诉时不用或减少退回补充侦查，此部分继续侦查的证据即批捕法定证明标准"有证据证明有犯罪事实"与起诉法定证明标准"事实清楚，证据确实、充分"的区别，是"捕诉一体"办案模式下批捕与起诉无缝衔接的应有举措。

总而言之，对犯罪嫌疑人告知"逃跑后肯定抓回来量实刑、多判几个月"的逃跑从重后果，对侦查机关阐明"轻微犯罪不批捕、能起诉"的"捕诉一体"精神，"捕诉一体"办案模式与认罪认罚从宽制度在批捕环节有机结合，在轻微犯罪不批捕后对犯罪嫌疑人和侦查机关双向说理，往往能够起到"惩罚犯罪、罚当其罪"与"保障人权，宽严相济"的共赢效果。以本案为例，在批捕提讯中，张某称是为了上高中的孩子上学方便、酒后盗窃电动车后坐大巴车运回四川老家，案发后已委托妻子将被盗电动车重新托运回来，以退赃挽损的实际行动表达了认罪认罚的忏悔之意。检察官首先告知其"起诉还是我们办理"的"捕诉一体"办案模式，再同步进行"涉案较轻，无前科、已退赃，很可能判处缓刑，若不批捕，希望出去后遵纪守法，保持手机畅通随传随到"的诉讼保障告知，与"若逃跑肯定抓回来，根据具体案情，会多判两个月并收监执行"的逃跑后果告知。通过正面激励与反面警示，犯罪嫌疑人张某再次表示认罪认罚、承诺随传随到，并表达了出去后及时筹措罚金的意愿。拟不捕后，检察官第一时间与侦查人员取得联系，告知"不批捕，可起诉"的处理结果与"为了直接起诉，尽早完善取证"的侦查建议，在本地公安机关 2013 年就已经不考核批捕率的背景下，[①] 本案的无逮捕必要

[①] 自笔者 2012 年 8 月进入检察机关工作以来，据统计，2012 年、2013 年，本地公安机关办理刑事案件以逮捕数据和起诉数据为考核指标，逮捕数据即为批捕率和批捕数。实践中，上级公安机关制定年度考核指标后，下发到各基层公安机关，各基层公安机关细化后下发到各派出所、刑警支队、禁毒支队、经侦支队、交警支队等办案单位，各办案单位内部划分后下发到各办案小组，直接与办案民警的薪酬奖励挂钩，每月份、每季度、半年、一年排名一次，各办案单位内部、基层公安机关之间均排名通报。此阶段的考核特征：数字化、行政化、竞赛化、高要求。在重庆市检察机关的建议下，2014 年、2015 年本地公安机关对刑事案件的考核有所变化，基层公安机关内部办案单位不考核批捕、只考核起诉，基层公安机关之间依旧考核批捕和起诉数据，但对无逮捕必要不捕的案件定性为认识分歧、不作为质量瑕疵；换言之，就基层公安机关内部而言，各办案单位考核起诉数据，法制部门考核批捕、起诉数据。由于法制部门不承担办案任务，批捕数据仍需依靠辖区办案单位执法，形成了事实上的大利益（基层公安机关）与小利益（内部办案单位）的关系。据 2014 年、2015 重庆市人民检察院工作报告，全市检察机关"2014 年批捕 17031 人、构成犯罪但无逮捕必要不捕 1924 人""2013 年批捕 20119 人、构成犯罪但无逮捕必要不捕 364 人"，可以看到，2014 年较 2013 年批捕数下降 3088 人、下降率 15.35%，无逮捕必要不捕上升 1560 人、上升率 428.57%，足见 2014 年重庆地区公安机关批捕考核取消之实效。重庆地区公安机关和检察机关取消批捕率考核的前因后果，参见闫丰锦：《"数字游戏"的终结：批捕率考核之取消研究》，载《中国人民公安大学学报（社会科学版）》2015 年第 4 期，第 46-57 页。

决定得到了侦查人员的充分认可——只要能够起诉，只要能够保障诉讼，外地人是否批捕并不重要，这充分体现了认罪认罚从宽制度与"捕诉一体"办案模式的有机结合。

（三）公诉阶段：宽严相济，兑现承诺

对于轻罪案件、简单案件，在批捕环节已经以审判为中心进行全案审查，一般情况下捕后证据没有重大变化，公诉阶段以新增证据审查为主、辅以远程视频提讯的智慧办案，适用速裁程序的不再撰写内部审查报告、待签署认罪认罚具结书后直接撰写起诉书，充分发挥"捕诉一体"模式下的办案高质效优势。在"捕诉分离"办案模式下，且不说公诉检察官在接手后需要重新熟悉案情、造成一定重复劳动与资源浪费，与批捕检察官的沟通、衔接缺位更导致未被羁押的犯罪嫌疑人一旦逃跑失联，往往也只是上网追逃后继续羁押，进而接受涉嫌罪行的法律审判，在量刑时并未考虑逃跑等妨害诉讼的行为对司法资源的浪费。换言之，在"捕诉分离"办案模式下，批捕与否的决定做出后，批捕检察官的工作已经完成，即使不捕后逃跑也是侦查人员、公诉检察官的事情，而在审查起诉阶段，若公诉检察官要想逮捕一个犯罪嫌疑人，不能自己做出决定，必须报请本院批捕部门审查决定，重新建立一个公诉阶段内部审查逮捕的"案中案"，既因程序内部回转而耗时费力，又因批捕检察官认为可能不捕而效果不佳，公诉检察官往往也不会因为有逃跑等妨害诉讼的因素就增加量刑建议，逃跑等妨害诉讼行为客观上对量刑轻重影响不大。"捕诉合一"后，公诉检察官与批捕检察官合二为一，审查起诉阶段犯罪嫌疑人逃跑等妨害诉讼行为对承办检察官产生了直接"刺激"与影响，到案后当然也有必要通过自行逮捕、加重量刑建议等方式对妨害诉讼行为进行程序与实体上的双重惩处，从诉讼诚信的角度兑现批捕环节对犯罪嫌疑人正反两方面的宽严承诺。

一方面，对于认罪认罚、随传随到的轻罪案件犯罪嫌疑人，依法适用认罪认罚从宽制度，符合速裁程序、简易程序条件的分别适用速裁程序、简易程序，兑现批捕提讯时"轻缓刑罚"的量刑承诺，在公诉讯问时与犯罪嫌疑人确认具体刑罚，分别对主刑内容（有期徒刑、拘役或管制时间）、刑罚执行方式（缓刑或实刑）、附加刑内容（罚金数额）进行协商，并在双方达成合意后，在值班律师见证下签署认罪认罚具结书。另一方面，对于无故失联逃跑等有妨害诉讼行为的犯罪嫌疑人，当属认罪认罚态度发生转变，视情节严重程度，分别做出逮捕、撤销缓刑建议、加重主刑幅度建议等决定，以实际行动"兑现"批捕环节做出的"逃跑从重"承诺，让犯罪嫌疑人自食其果也无话可说。

总而言之，在"捕诉一体"模式下，犯罪嫌疑人从审查逮捕后到审查起诉前的认罪认罚态度、保障诉讼表现得以纳入评价，"捕诉分离"模式下有所缺位的"未羁押候审表现评价机制"得以初步建立，在批捕与公诉的无缝衔接下，相对不捕后表现良好的犯罪嫌疑人能够享受检察官宽缓处罚的量刑优待，相对不捕后妨害诉讼的犯罪嫌疑人必须承受检察官酌定从重的量刑惩罚，"捕诉一体"办案模式与认罪认罚从宽制度在起诉阶段有机结合，通过检察官与犯罪嫌疑人的控辩协商，宽严相济的刑事政策得以在个案中具体贯彻。以本案为例，在公诉提讯时，犯罪嫌疑人张某继续认罪认罚，称出来后在本区某工地务工、遵纪守法。在量刑协商时，检察官首先与张某探讨了缓刑的可能性，得知其外出打工多年、在本地无固定住所，因此在户籍地与居住地接受社区矫正的操作性不强，随即提出了"单处罚金5000元"的量刑建议，张某表示确实经济困难、曾经打工受伤，并展示了少半根手指的左手，检察官再次动了恻隐之心，将罚金调整为4500元，并告知张某"罚金不能低于盗窃所得价值"的规定，张某表示完全接受，回去将通过预支工资或借款等方式合法筹措罚金。之后，在值班律师见证下，检察官将《认罪认罚具结书》中量刑建议部分"单处罚金5000元"改为"单处罚金4500元"，值班律师对张某释法"这是能得到的最低量刑了"，张某随即签字具结，对检察官与值班律师表达了谢意。次日，本案以速裁程序起诉到法院。通过审查起诉阶段的控辩协商，检察官既履行了公正执法的客观义务、坚守了公平正义的法治底线，也兑现了批捕环节的检察承诺、阐释了宽严相济的司法理念。

（四）审判阶段：法检沟通，多方共赢

对于适用认罪认罚从宽制度的案件，由于举证、质证的简化或省略，庭审重点已经转为认罪认罚的自愿性。"捕诉一体"办案模式虽然对审判阶段影响不大，但承办检察官有了批捕提讯与起诉提讯对认罪认罚自愿性的两次审查，有了批捕提讯与起诉提讯的两份有全程同步录音录像的讯问笔录，在法庭上对可能产生的当庭翻供、程序回转等突发情况更有底气，在发挥审前主导作用的基础上，对以审判为中心的诉讼制度改革更加应对自如。尤为重要的是，"捕诉一体"办案模式减少了公诉阶段不必要的重复审查，节约了司法资源，使得轻罪案件、简单案件自批捕环节后就进入高质、高效的办理轨道，直至起诉、审判，"全程速裁"的刑事速裁程序改革2.0版应运而生。

毋庸置疑，"捕诉合一"改革使检察权自我整合后内部扩权，认罪认罚从宽制度赋予了检察院量刑协商、精确化量刑建议等外部扩权，在认罪认罚从宽案件中，无论是速裁程序、简易程序还是普通程序，法院多依托认罪认罚具结书上所列举的罪名与刑期，以采纳为原则、不采纳为例外，对被告人进行认罪认罚自愿性的审查，适用速裁程序的认罪认罚案件往往采取轮值庭审（非承办人的法官轮值开庭、检察官轮值出庭）、集中庭审（每周选择一天集中安排速裁庭处理多个案件）、批量庭审（不同案件的多名被告人同在一个法庭上受审）、视频庭审（被告人在看守所远程提讯室内受审）等快速化审判方式。从认罪认罚案件的庭审时间来看，速裁程序为10分钟以内，简易程序一般不会超过20分钟，普通程序通常不会超过30分钟，庭审效率的大幅提高使得开庭前的法检沟通、衔接工作必须更加夯实、更加细致，尤其是被告人在批捕环节与起诉阶段的认罪认罚综合表现、控辩协商的量刑建议达成过程，承办检察官有必要与承办法官有序沟通，既尊重以审判为中心的诉讼制度，也尊重被告人认罪认罚的自愿性，以达到控辩审在具体司法个案中公平正义的三方共赢。

本案中，单处罚金是盗窃罪中极少适用的刑种，面对承办法官可能对"量刑较轻"的顾虑，检察官主动沟通，详细阐明卷宗之外、案情以内的量刑法理，而不是机械适用"一般应当采纳量刑建议"的法律规定。具体而言，一是张某系酒后一时糊涂，认罪认罚态度较好，积极退赃挽损，适用修改后的《刑事诉讼法》第十五条"犯罪嫌疑人、被告人自愿如实供述自己的罪行，承认指控的犯罪事实，愿意接受处罚的，可以依法从宽处理"的规定,有坦白、认罪认罚的法定从轻处罚情节;二是张某身体有轻微残疾,系进城务工人员,在本案不批捕后依旧正常务工、自食其力,且随传随到、改过自新、重新做人,有预缴罚金的酌定从轻处罚情节;三是从缓刑的执行可能来看,张某在本地并无固定住所、本地司法所不会接收社区矫正,张某长期未在户籍地居住,户籍地司法所也可能不接收社区矫正,即使在户籍地社区矫正,也要面临长期请假外出务工、每个月回家报道一次的监管困局,且可能被孩子知晓影响高中学业,从实践角度缓刑效果不佳。也因此,根据罪责刑相适应的刑法原则,"盗窃罪、单处罚金4500元"即对张某所犯罪行的相应惩处。在同步直播的庭审中,即使庭审不到8分钟,张某也发表了"酒后一时冲动,一定改过自新"的最后陈述,审判长则在庭审结束后对张某进行法庭教育"你要吸取教训,单处罚金是考虑到你认罪认罚与家庭情况,你应该感谢公诉人",张某则对审判长与公诉人分别鞠躬,本案最终得到了控辩审三方共赢的公正结局,达到了法律效果与社会效果的有机统一。

三、创新二:"捕诉一体"与以审判为中心相结合

(一) 基本案情①

陶某1987年出生、四川人,陈某甲1985年出生、广西人,任某1993年出生、重庆某县人,三人均为男性,均系在本地租房的外卖骑手,其中陶某、任某无违法犯罪记录,陈某甲曾于2010年因犯盗窃罪被判处有期徒刑八个月。2019年3月24日凌晨4时许,陶某、陈某甲、任某在重庆市南岸区某路段,发现一辆未拔下钥匙的摩托车,三人将摩托车发动骑走,藏匿于陶某家中供其使用,陶某以请陈某甲、任某吃饭作为酬劳。同日14时许,陶某在家中被抓获并当场查获被盗摩托车,后发还。同日15时许,经陶某电话联系,陈甲某、任某二人前往派出所主动投案。归案后,三人如实供述了犯罪事实。

---

① 参见陶某、任某、陈某甲盗窃案,重庆市南岸区人民检察院渝南检刑诉 [2019] 543号起诉书,重庆市南岸区人民法院(2019)渝0108刑初582号刑事判决书。

经鉴定，被盗摩托车价值2685元。

（二）诉讼流程

2019年3月24日刑事拘留，2019年4月16日批捕提讯，2019年4月17日无逮捕必要不批准逮捕陶某和陈某甲、证据不足不批准逮捕任某，并发出详细的补充侦查提纲，同日取保候审，并与公安机关承办民警当面沟通补充侦查的取证目的与具体内容。2019年6月11日移送审查起诉，经审查，补充侦查提纲事项已在不捕后全部取证完毕，2019年6月19日起诉提讯、签署《认罪认罚具结书》，次日以速裁程序提起公诉，建议陶某、任某"有期徒刑六个月，符合社区矫正条件时适用缓刑一年，并处罚金3000元"，建议陈某甲"有期徒刑六个月，符合社区矫正条件时适用缓刑一年六个月，并处罚金3000元"，并在起诉同日向三人居住地司法局发出《社会调查委托函》。后在法官审前沟通下，将三人量刑建议均变更为"单处罚金3000元"，2019年6月28日以速裁程序开庭审理，采纳变更后的量刑建议并当庭宣判，三人认罪认罚、未上诉。

（三）法理分析

首先，在批捕环节，对本地有固定住所、固定工作的外来务工人员在社会危险性条件的考量上一视同仁，发挥"捕诉一体"办案模式下批捕权的独立性。在批捕环节，对结伙作案中的每个人的行为进行逐一分析，有证据证实三人临时起意共谋盗窃、不宜区分主从，但任某在盗窃中的具体作用证据不足。三人系见到被盗摩托车未拔钥匙后临时起意据为己有，主观恶性不大，本地有固定住所、固定工作，保证随传随到。三人之中，虽然陈某甲有盗窃前科，但非累犯，本案情节较轻、可能无法判处徒刑以上刑罚，不符合径行逮捕条件。综合考量后，对任某存疑不捕、对其余二人相对不捕，并从犯意联络、盗窃分工、具体行为、事后藏匿等各方面详细撰写《不批准逮捕案件补充侦查提纲》，与承办民警多次当面沟通，以证据裁判原则为标准进一步引导侦查。

其次，在起诉阶段，重点审查是否完成补充侦查提纲中的取证要求，发挥"捕诉一体"办案模式下公诉权的高效性。随着认罪认罚从宽制度的全国施行，适用速裁程序的刑事案件数量开始大幅度增加，"侦查—起诉—审判"各诉讼阶段呈现出全流程提速的状态，检察机关的"捕诉一体"办案模式则进一步提高了诉讼效率。本案中，在批捕之后、移诉之前承办检察官多次电话询问案件补查进度，在起诉受案后第一时间阅卷，发现任某涉嫌盗窃罪的证据已经充分，且承办民警已经从外省调取到陈某甲的前科判决书及释放证明，案件已完全达到起诉标准。量刑协商时，三人提供了本地租房合同，称依旧在从事外卖骑手。出于对本地司法局是否接收矫正的缘故，承办检察官在向司法局发出《社会调查委托函》的同时，提出"符合社区矫正条件时可适用缓刑"的附条件刑罚执行方式建议，其中对有盗窃前科的陈某甲建议多适用缓刑六个月，以此区分。

最后，体现出认罪认罚从宽制度与以审判为中心诉讼制度的关联。检察机关在认罪认罚从宽制度中的主导作用，与以审判为中心的诉讼制度并不矛盾。虽然检察机关在速裁案件中普遍提出主刑、附加刑和执行方式均为确定值的精确型量刑建议，但法院是以"一般应当采纳"为原则，认为量刑畸轻或畸重的情况下，通常先与检察机关沟通，这充分体现出认罪认罚从宽制度也是置于以审判为中心的诉讼制度之下，"量刑建议一般应当采纳"与"未经人民法院依法判决，对任何人都不得确定有罪"的规定并不冲突。本案中，承办法官认为三人均有自首或立功情节，均因本案被刑事拘留23日、已经受到监禁之苦，且被盗摩托车价值刚刚超过数额较大起点、在被盗后10小时内随即查获，对被害人并未造成实际损失。综合全案，承办法官认为量刑建议略重，口头建议对三人均单处罚金，承办检察官随即从轻调整量刑建议，展现出在认罪认罚案件中控审双方的良性互动。

本案中，检察机关贯彻"捕诉一体"的改革精神，全面履行客观公正的执法义务，全面发挥检察机关在认罪认罚从宽制度中的主导作用。认罪认罚从宽制度中作用最大的是检察机关，其提出的精确化量刑建议对被追诉人与法院有着双重的刚性。以被追诉人在审查起诉阶段与检察机关签署《认罪认罚具结书》为标志，以检察机关量刑建议精确化为特征，检察机关的起诉裁量权上升到了一个前所未有的高度与强度。试想，若无认罪认罚从宽制度，即减少了认罪认罚的法定从宽处理情节,鉴于单处罚金的确定刑建议过于绝对,检察院在简易程序中通常提出较为宽泛的幅度刑建议,法院则会在量刑建议的幅度内予以确定,通常不会超出量刑建议而单处罚金。由于只考虑认罪(坦白)而未考虑认罚(退赃、补偿)的缘故,即使有自首的法定从轻或减轻处罚情节,轻微盗窃案件也很可能以宣告缓刑结局。适用认罪认罚从宽制度则不同,检察官在"捕诉一体"办案中贯通发挥客观义务,从审前程序就充分考虑退赃、补偿的认罚因素,单处罚金的精确量刑建议也彰显了检察机关对全案通盘考量后的主导作用,充分体现出认罪认罚的独立、法定从轻量刑情节地位。

四、创新三:"捕诉一体"模式下轻罪案件从快不捕

(一)从快不捕机制的解读

多年以来,刑事诉讼强制措施的适用上存在事实上的重罪案件从快批捕现象,即对于不认罪但有证据证明有犯罪事实的案件,以及认罪认罚的重大、敏感、热点案件,检察机关通常依法从快批捕,体现了法律效果、政治效果与社会效果的有机统一。随着认罪认罚从宽制度的正式入法,加之检察机关内部"捕诉一体"办案模式的改革,对于犯罪嫌疑人认罪认罚、可能判处三年以下有期徒刑的案件,依法在批捕环节适用认罪认罚从宽制度,在7日审查逮捕期限内从快做出无逮捕必要不批捕的决定,已经成为一种现实与可能。

首先,从快不捕的"不捕"是认罪认罚后强制措施从宽的应有之意。《刑事诉讼法》第八十一条第二款规定,"批准或者决定逮捕,应当将犯罪嫌疑人、被告人涉嫌犯罪的性质、情节、认罪认罚等情况,作为是否可能发生社会危险性的考虑因素。"轻罪案件的社会危害性相对较小,没有径行逮捕和违规转捕情形的犯罪嫌疑人通常人身危险性相对较小,从"可捕可不捕的,坚决不捕"的谨慎批捕精神来看,认罪认罚的轻罪案件应当以无逮捕必要不批捕为原则,尽量减少审前羁押率。

其次，从快不捕的"从快"是批捕环节提高办案效率的应有之意。一直以来，刑事速裁程序的适用往往开始于审查起诉阶段、结果于审判阶段，侦查阶段的速裁效果并不明显。作为侦查阶段的决定性环节，在批捕环节对事实清楚、证据确实充分的轻罪案件提速办理，既能够快速保障人权，更能够倒逼侦查机关在第一时间"反思"羁押强制措施采取的恰当与否，发挥执法的谦益性作用。加之远程视频提讯、电子阅卷系统等智慧检务的推行，批捕环节的快速办案成为事实上的可能。

再次，"捕诉一体"模式下的从快不捕能够解决特定对象在实践中的监管难题。长期以来，涉嫌轻罪的"两无人员"（在本地无稳定工作、无固定住所）是否羁押、如何监管的问题，可谓左右为难的困局。"捕诉一体"改革后，人为割裂的批捕与起诉得以有机衔接，在审查逮捕环节，对犯罪嫌疑人告知"逃跑后肯定抓回来量实刑、多判几个月"的逃跑从重后果，对侦查机关阐明"轻微犯罪不批捕、能起诉"的"捕诉一体"精神，在轻微犯罪不批捕后对犯罪嫌疑人和侦查机关双向说理，起到"惩罚犯罪、罚当其罪"与"保障人权，宽严相济"的共赢效果。

最后，"从快不捕"机制在"捕诉一体"办案模式下后果可控。对于轻罪案件，在批捕环节已经以审判为中心进行全案审查，一般情况下捕后证据没有重大变化，公诉阶段以新增证据审查为主，充分发挥"捕诉一体"模式下的办案高质效优势。"从快不捕"后，对于随传随到的犯罪嫌疑人，依法适用认罪认罚从宽制度，兑现批捕提讯时"轻缓刑罚"的量刑承诺；对于无故失联逃跑等有妨害诉讼行为的犯罪嫌疑人，当属认罪认罚态度发生转变，视情节严重程度，分别做出逮捕、撤销缓刑建议、加重主刑幅度建议等决定，以实际行动"兑现"批捕环节做出的"逃跑从重"承诺，让犯罪嫌疑人自食其果。

（二）轻罪案件从快不捕机制的构建

具体而言，对于认罪认罚、涉嫌轻罪的犯罪嫌疑人，可以从以下方面构建从快不捕机制。一是利用"捕诉一体"改革后一位原批捕（公诉）检察官搭配一位原公诉（批捕）检察官助理的捕诉人员合一优势，在检察官独任办案组内双向交叉、快速阅卷,在审查逮捕工作中贯彻证据裁判原则。二是对于犯罪嫌疑人在讯问笔录以及同步录音录像中认罪认罚的轻罪案件,批捕提讯以远程视频提讯为主,拟不捕的同时告知犯罪嫌疑人"随传随到会从宽处罚,不捕逃跑会从重处罚"的法律后果,以提高办案效率、树立司法公信。三是在做出无逮捕必要不捕决定的同时,要求侦查机关快速移送案件,对在本地无固定住所的外来人员,向其户籍地司法局发出《社会调查委托函》,以核实是否具备社区矫正的缓刑适用条件,根据笔者在若干起案件中的实践,最晚到了审判阶段都会收到《社会调查报告》,以此解决判决与执行的衔接问题。四是在公诉阶段兑现"从快不捕"时的检察承诺,根据值班律师的派驻时间,通知犯罪嫌疑人前往检察机关接受起诉讯问,对随传随到的从宽处罚,对逃跑失联的从重处罚,根据笔者在若干起案件中的实践,并无逃跑或翻供现象,犯罪嫌疑人最终都获得了缓刑甚至单处罚金的宽大处理。

五、创新四:"捕诉一体"起诉书写入批捕翻供情况

(一) 基本案情[①]

"被告人在到案后的侦查机关前两次讯问时如实供述犯罪事实,但在检察机关审查逮捕讯问、侦查机关执行逮捕讯问时拒不供述犯罪事实,又在检察机关审查起诉讯问时如实供述犯罪事实……"这是在一件适用认罪认罚从宽制度、速裁程序的李某盗窃案起诉书中,根据"捕诉一体"化办案模式的新要求,首次将批捕环节的被告人翻供情况载入起诉书,并将检察机关在审查逮捕和审查起诉的两份讯问笔录作为证据同步移送法院。诚然,被告人认罪后翻供又认罪,在法律评价上依旧定性为坦白、认罪认罚,但对于司法资源尤其是审查逮捕程序检察资源的耗费,确实不小。检察机关"捕诉一体"办案模式将原本割裂的批捕与起诉环节有机衔接,能够将被告人在到案后的

[①] 参见李某盗窃案,重庆市南岸区人民检察院渝南检刑诉〔2019〕873号起诉书,重庆市南岸区人民法院(2019)渝0108刑初910号刑事判决书。

认罪认罚态度全阶段地完整体现在起诉书之中。

　　无独有偶，在该案的庭审视频直播与刑事判决书中，法院均全面采纳了检察机关的指控事实与量刑建议，以盗窃罪判处被告人有期徒刑六个月，并处罚金2000元。承办法官甚至在庭审直播结束、被告人尚未离场时，对其直言："幸亏你在审查起诉阶段又认罪了，如果你一直不认罪，你就要被判有期徒刑八个月了。"足见法检两院对该案认识之一致，尤其是对被告人时供时翻的认罪态度之反感。

（二）诉讼流程

　　本案中，有清晰作案视频监控，李某也在到案后对监控视频进行了指认，但其在审查逮捕检察讯问时态度变化明显。面对承办检察官，李某在讯问的前半小时内认罪但拒绝阅读笔录签字，又在讯问的后半小时内不认罪，对不认罪的讯问笔录也拒绝阅读签字，拒不配合的恶劣态度明显。在审查了李某在侦查阶段讯问同步录音录像、作案现场视频监控后，承办检察官做出了批准逮捕的决定，李某又在公安机关执行逮捕的笔录中拒不供述。在审查起诉检察讯问时，李某看到承办检察官未变，开始为自己在批捕讯问时的不认罪态度辩解，称当时摊位上没人，以为那部手机是没人要的。经检察官教育后，李某重新认罪认罚，检察官与其量刑协商后，李某在值班律师见证下签署了《认罪认罚具结书》，直至审判阶段认罪态度一直较好。检察官则在充分考虑了李某认罪反复对检察资源的浪费之后，既认可了坦白、认罪认罚情况，也在起诉书中如实载明了被告人在批捕检讯时的翻供情况。在认罪认罚从宽制度与"捕诉合一"办案模式的结合之下，本案的办理取得了良好的法律效果与社会效果。

（三）法理分析

　　笔者参与了该案审查逮捕、审查起诉与出庭支持公诉的诉讼全流程，深感对于被告人时供时翻最终又认罪认罚的案件，在起诉书中载明被告人在批捕检讯时的翻供情况，既是"捕诉一体"办案模式与认罪认罚从宽制度相结合的应有之意，更是检察机关发挥主导作用的重要途径。

一方面，在起诉书中载明被告人在批捕检讯时的翻供情况，有利于打击批捕环节的试探性翻供现象，体现出"捕诉一体"办案模式的优势。在审查逮捕工作中，少部分有着犯罪前科的犯罪嫌疑人，在度过侦查阶段初期的恐慌期后，面对较为年轻的检察人员，自以为有一定的应付经验，出于侥幸、抵赖等心态，在批捕阶段的试探性翻供时有发生，即"认罪服法很可能被逮捕，不认罪却有可能被不批捕释放，反正只要批捕就在逮捕执行的讯问笔录中继续认罪即可"，以至于少数侦查人员产生了一定的负面情绪，抱怨"检察院批捕科的一去讯问就翻供，一问就翻供⋯⋯""捕诉分离"之时，批捕检察官对于提讯时的翻供、不认罪现象，综合全案无法排除合理怀疑的，往往只有以无罪推定为原则，做出疑罪从无、宁纵勿枉的存疑不捕决定，而在不批捕之后，由于事不关己的缘故，批捕检察官对后续补充侦查情况主观上不愿介入、客观上无力跟进。"捕诉合一"后，当公诉检察官也成为批捕检察官，公诉阶段早日固定认罪口供、早日达成量刑合意、早日确认速裁程序的办案思维与操作方式自然带到了批捕环节，成为应对批捕环节相对多发的翻供、不认罪、拖延诉讼等现象的"有力武器"，而审查逮捕检察讯问时检察官向犯罪嫌疑人告知"起诉阶段还是我承办"，对于打击犯罪嫌疑人的无理翻供可具有一语中的之效果。

另一方面，在起诉书中载明被告人在批捕检讯时的翻供情况，可以充分体现出认罪认罚从宽制度中的检察主导作用，尤其是通过批捕之后的教育转化工作促使被告人自愿认罪认罚。正如辩诉交易制度中作用最大的是检察官，借鉴辩诉交易合理元素而来的认罪认罚从宽制度中作用最大的也是检察机关，其提出的精确化量刑建议对被告人与法院有着双重刚性。随着认罪认罚从宽制度的施行，检察机关的量刑建议呈现出精确化趋势，基本上起到了一锤定音的效果。而这种精确化量刑建议在审判阶段的刚性作用也通过"捕诉一体"办案模式，"逆流"传导到审查逮捕与审查起诉阶段，成为检察官在客观公正义务指引下，依法审查逮捕、审查起诉尤其是依法讯问犯罪嫌疑人的重要支撑。有了法院一般应当采纳精确化量刑建议的法律支撑，加之《检察官法》新写入客观公正的办案义务，承办检察官有意愿也有能力在审查逮捕、审查起诉的检察讯问时与犯罪嫌疑人展开不强迫自证其罪基础上的自愿性认罪认罚控辩协商，通过检察主导作用的发挥，更好地查明案件事实，促进社会公平正义的实现。

六、改革际遇与经验分析

（一）提升刑事检察工作的质量与效率

在"捕诉一体"办案模式下，作为法律监督权核心职能的公诉权与作为司法审查权核心职能的批捕权有机结合，检察官在批捕之前的提起介入与批捕之后的引导侦查上，更加体现出主导作用与主责意识。以刑法分则罪名划分的类案由专门部门与固定检察官办理之后，执法标准与办案尺度更加统一，解决了过去存在的同一类刑事案件不同部门或不同检察官认识不统一标准不一致的问题。批捕与起诉零距离衔接之后，不仅批捕工作能够以审判为中心、以证据裁判标准要求侦查机关第一时间做好证据收集工作，证据充分的案件能够继续侦查取证后及时惩罚犯罪、减少案件进入公诉阶段后的补充侦查，证据不足的案件能够补充侦查取证后及时保障人权、减少案件"试探性""闯关性"移送审查起诉的做法。

重庆市南岸区人民检察院作为案多人少矛盾较为突出的基层检察机关，在"捕诉分离"模式下同一个刑事案件需要流转批捕、起诉两个部门，不同诉讼阶段由不同检察官办理，加大了诉讼成本、浪费了司法资源，且批捕检察官不出庭支持公诉，不关注庭审证据标准，提前介入侦查引导取证只服务于有限的逮捕需要。在"捕诉一体"模式下，刑事检察官对于法院的审判证据标准了然于胸，能够集中精力专心研判案情，充分履行监督职责，做到以审判为中心的无缝衔接，有利于缩短诉讼时限，更好惩罚犯罪、保障人员，提高办案质量和效率。以笔者办案为例，对于证据不足不批捕案件，既以证据裁判原则为标准发出《不批准逮捕案件补充侦查提纲》，还与承办民警沟通"移送审查起诉之前先联系告知取证情况"，以加强存疑不捕后的侦查监督工作；对于批捕案件，也会以公诉标准发出《批准逮捕案件继续侦查取证意见书》，与承办民警沟通"后面还是我们起诉，证据早晚都要补充侦查完善，晚补不如早补"。因此，在"捕诉一体"模式下，不仅有不少证据不足案件被不批捕后、"挡在"审查起诉阶段的受案之外，而且不少证据充足的案件在细节完善之后，审查起诉阶段适用认罪认罚从宽制度和刑事速裁程序，极速者在审查起诉受案之后的3日内就可起诉，从而可以将更多的时间和精力预留给不认罪认罚的案件。

以笔者为例，在重庆市人民检察院的全市统筹之下，重庆市南岸区人民检察院于2018年8月进行了"捕诉合一"的内设机构改革，笔者作为未接触过公诉业务、从事批捕工作6年的批捕检察官助理，与未接触过批捕业务、从事公诉工作9年的公诉员额检察官组成了一个"捕诉一体"办案组，笔者在审查逮捕、审查起诉、出庭支持公诉、诉讼监督等刑事检察业务上协助检察官办案，在批捕理念与公诉理念的互相影响、互相作用下，为了切实解决"外地人不捕如何保障诉讼"的疑惑，进行轻罪案件非羁押诉讼机制的尝试。事实证明，在批捕提讯向犯罪嫌疑人解释"公诉阶段依旧我们办理"的"捕诉一体"改革，并告知"保障诉讼必将兑现从宽承诺"与"妨害诉讼必将承担从严后果"，从正面激励与反向警示的双重维度，足以引导轻罪嫌疑人在未被羁押后继续认罪认罚，前述案例即为良好例证。同时，对于有退赔意愿与能力的、在户籍地有社区矫正可能的，在批捕环节告知其被释放后及时协商退赔挽损事宜，并在不批捕后立即联系户籍地司法局，寄送《社会调查委托函》，力求尽早获取缓刑、管制等社区矫正需要的《社会调查报告》，以便符合速裁程序的期限要求。

（二）体现检察监督体系下的公诉担当

"捕诉合一"后，不少检察机关聚焦诉讼监督主责主业，围绕审查逮捕、审查起诉的职能定位探索创新，开拓思路，通过强化提前介入、诉前主导和审前分流，构建诉讼监督新格局。一是全程监督。一方面，将监督关口前移。据了解，有的基层检察院成立专门的捕前对接小组，确立联络专员，实时提前介入重大案件，强化捕前引导取证，确保刑事诉讼活动的顺利进行。有的基层检察院探索在审查逮捕阶段即区分案件类型"贴标"办理，对事实清楚、案情简单的，贴"适用认罪认罚从宽制度"标签，为后续环节快速办理畅通绿色通道；对证据尚未达到确实充分的，贴"继续补侦"标签，做好跟踪监督和引导侦查工作。另一方面，将监督工作延伸。为解决捕后继续侦查中长期存在的"侦而不查、查而不清"的问题，有基层检察院对补充侦查的案件，不仅要求列出详细的提纲，还要求说明补充侦查的理由和要达到的证明目的，力求实现补充侦查目的明确、内容具体、理由得当。二是实时监督。有基层检察院与辖区公安机关相关职能部门进行点对点、案对案对接，发挥检察机关在诉前程序中的主导、把关和过滤作用。有的基层检察院在公安机关建立检察官联络点，每周一次"入队驻所"，帮助解决执法中的类案问题、共性问题，实现数据适时共享以及侦查监督常态化；有的基层检察院研发"检警通"手机 APP 软件，包含办案规范指南、重要证据指引和检警交流平台，可以对民警提出的问题实时在线答疑。三是精准监督。根据"问题发现在诉前，问题解决在诉前"的工作思路，全面贯彻证据裁判规则，全面有效审查运用证据，坚持非法证据排除，及时补强瑕疵证据，认真排查证据之间的矛盾，确保在案的每一份证据均能经得起庭审的质证和考验。同时，充分发挥不起诉裁量权的作用，对经退回补充侦查仍事实不清、证据不足，不符合起诉条件的案件，可以依法决定不起诉，防止"带病"进入审判程序，埋下质量"安全"隐患。

以笔者实践为例，重庆市系 2014 年刑事速裁程序、2016 年认罪认罚从宽制度的试点地区，取得了一系列繁简分流、轻案快办的本地经验。但直至 2018 年 7 月，"捕诉分离"时的速裁程序与认罪认罚从宽制度多与起诉阶段密切相关，批捕环节并无多少涉及，捕诉衔接并不紧密，速裁更多始于公诉阶段而非全程。随着重庆市检察机关于 2018 年 8 月起全面推行"捕诉一体"改革，与 2018 年 10 月认罪认罚从宽制度正式入法相结合，内部改革与立法变革的"天时""碰撞"产出了更加高质、更加高效的检察产品。在近半年的探索基础上，重庆市人民检察院于 2018 年 12 月 28 日印发《重庆市检察机关捕诉一体办案暂行办法》（渝检〔2018〕4 号），在诉讼权利保障、案件分配、案件办理、侦查监督、监督管理、立卷归档等方面，初步建立了符合本地实情的"捕诉一体"办案模式，"捕诉一体"模式下的轻罪案件非羁押诉讼机制、从快不捕机制将得以进一步探索与完善。

诚然,"捕诉一体"实践中,也存在办案节奏难以合理把握的普遍反映。实行"捕诉合一"后,检察官既要适应起诉的"精准性",又要适应批捕的"快节奏",并需要在两个"频道"间不断切换。就目前调研情况来看,对办案节奏的把控还不理想,承办人为了确保批捕案件在5个工作日内审查终结,往往先将精力集中于批捕案件办理,导致原本可以适用速裁程序的案件因为超过法定办案期限,只能转为适用简易程序,无法快速办理;而疑难复杂案件又因长期搁置被打乱办案节奏,造成审查起诉碎片化和低效化。加之"捕诉合一"后,较大一部分检察官存在公诉"零基础"的情况,缺乏出庭公诉经验,能力适配尚有欠缺。因此,如何平衡不同案件的轻重缓急,有条不紊地处理捕诉案件,还需要进一步研究。

(三)深化公诉职能的"加减法"

"捕诉合一"改革后,检察机关要以司法办案为中心,对接"捕诉合一"的制度要求,努力做好人员配置、办案效果的加法,做好诉讼成本、办案周期的减法,双向提升办案质效,继续做大做强公诉业务这份检察系统拳头产品。

一方面,继续优化办案单元设置,做好办案效果的"加法"。"捕诉合一"并不是侦监和公诉两个部门的简单合并和人员相加,而是检察官办案职权的融合交织。目前,各基层院都灵活组建了专业化的检察官办案组,合理搭配原侦监、公诉部门的检察官,并根据受案特点实行了繁简分流,应该说效果是比较明显的。下一阶段,要继续在优化办案单元设置、科学分流案件上下功夫。其一,在实行"随机分案为主、指定分案为辅"基础上,要结合各院案件的具体情况,积极探索更加科学的轮案机制。其二,要集中精干力量办"专案繁案"。面对重大疑难复杂案件,分管检察长、部门负责人和资深检察官要主动承办,必要时可以组建临时的检察官联合办案组,或者成立由分管检察长为组长的专案组,实现简案快办、繁案精办、专案专办。

另一方面,要继续优化办案流程设置,做好办案周期的"减法"。"捕诉合一"后,要结合认罪认罚从宽制度的适用,在办案流程上进一步简化,真正发挥"捕诉合一"效率提升的优势。一要"去重"。"捕诉合一"后,势必在阅卷、制作审查报告等方面存在工作上的重合，对此，要有效整合两种办案职能，针对证据没有发生实质性变化、案情简单的案件，可制作只涉及审查起诉流程及新增内容的审查报告，实现审查起诉环节的"去重"。二要"缩简"。要主动融入智慧检务建设，将人工智能、大数据等科技手段与讯问、提审、出庭等办案工作相结合，通过智慧检务办案系统、智能语音识别、电子卷宗、多媒体示证等系统，将办案人员从程序性、事务性工作中解放出来。三要"集中"。对于出庭支持公诉环节，可以继续实行简单案件的集中出庭模式。

（四）促进检察机关在刑事诉讼中的主导作用

樊崇义教授曾提出："在以审判为中心诉讼制度改革下，检察院首先要准确定位。"① 2016 年 3 月，最高人民检察院工作报告首次提出检察机关"充分发挥审前主导和过滤作用"，以作为检察机关推进以审判为中心诉讼制度改革的主要措施之一，"审前主导作用"是基于"以审判为中心的诉讼制度"之下的检察定位。在此观念指引下，北京市检察院正式提出了检察机关对审前程序的主导与审判程序的主体作用。"所谓'两主'作用就是为了适应以审判为中心的刑事诉讼制度改革要求，检察机关必须发挥在审前程序中的主导作用、在庭审中指控和证明犯罪的主体作用，这是检察机关在新时期发挥公诉职能所面临的必然选择。"②

随着"捕诉一体"办案模式的调整与认罪认罚从宽制度的施行，检察机关的刑事诉讼主导地位开始从审前阶段扩展到审判阶段。"认罪认罚从宽制度下，检察机关的公诉裁量权得以进一步丰富和完善，公诉在刑事诉讼中的主导作用更为突出：主导认罪协商过程，主导决定多数案件，改变审判模式。"③ 周长军教授指出，适用简易程序、刑事案件速裁程序等"去庭审化"

---

① 樊崇义：《"以审判为中心"提出的背景与刑事检察工作应对》，载《国家检察官学院学报》2016 年第 1 期，第 11 页。
② 北京市人民检察院编：《检察机关主导和主体作用例证指导》，中国检察出版社 2018 年版，第 1 页。
③ 陈国庆：《刑事诉讼法修改与刑事检察工作的新发展》，载《国家检察官学院学报》2019 年第 1 期，第 26 - 27 页。

的程序分流，主要由作为"中枢神经系统"的检察机关来完成。① 某种程度上，认罪认罚从宽制度与以审判为中心的诉讼制度是一体两翼的关系，而"捕诉一体"办案模式则是检察机关在贯彻认罪认罚从宽制度与适应以审判为中心的诉讼制度之必然选择。由于司法资源有限，将多数案件适用认罪认罚从宽制度快速处理所节约的司法资源，投入不认罪不认罚、适用正当程序——庭审实质化的少数刑事案件中。"以审判为中心"更多表现在被追诉人不认罪的案件上，而被追诉人认罪认罚的案件则因庭审虚质化，表面上体现不出更多"以审判为中心"的色彩，但本质上依旧是以审判为中心来发挥检察主导作用。"认罪认罚从宽制度，并没有改变刑事诉讼中的权力配置。"②"检察机关发挥主导作用的目的，就是为了使审判发挥好'中心'的作用，使案件得到依法审判、公正审判。"③

最高人民法院大法官胡云腾对"捕诉一体"模式下的检察官进行了评价，指出："若强求一个集批捕、起诉权于一人的独办检察官在起诉时就提精准量刑建议，不仅勉为其难，而且权力过大，容易出问题。"④ 诚然，"以审判为中心的诉讼制度改革"是十八届四中全会首次提出、中央司法机关共同具体意见，而"检察机关在认罪认罚从宽制度中发挥主导作用"只是检察系统提出，二者在效力层级上有所不同。但无论如何，"检察主导"概念的提出，对"审判中心"产生了一定冲击，也引起了刑事诉讼中"主导"与"中心"的话语争端与冲突疑问，"捕诉一体"办案模式则通过检察权的内部整合为这种检察主导"蓄足马力"。虽然以审判为中心并非意味着以法院为中心、以法官为中心，但借此改革东风，法院、法官在以审判为中心诉讼制度中的地位大幅提升却是个不争事实。潜在层面上，检察机关曾经在立法过

---

① 参见周长军：《做优新时代刑事检察工作的路径探索》，载《人民检察》2019年第13期，第42页。
② 杨立新：《认罪认罚从宽制度理解与适用》，载《国家检察官学院学报》2019年第1期，第60页。
③ 朱孝清：《认罪认罚从宽制度中的"主导"与"中心"》，载《检察日报》2019年6月5日，第3版。
④ 胡云腾：《正确把握认罪认罚从宽保证严格公正高效司法》，载《人民法院报》2019年10月24日，第5版。

程中试图对认罪认罚从宽制度享有更大的主导权——据悉，立法过程中，检察机关在认罪认罚案件中的决定性地位"使得法院诚惶诚恐——他们担心能不能因为认罪认罚而作出不起诉的决定？对此，最高法院是坚决反对的，如果认罪认罚适用简易程序和特别程序，就会有百分之六十左右的案件不经过审判，法院将会失去中心地位。"① 检察机关对于审判中心的机制因应——检察主导，是否会反而影响甚至"冲击"审判中心？随着认罪认罚从宽制度的深入施行，以确定型量刑建议是否采纳为争论标志，检察主导与审判中心的话语冲突已经到了不得不调和的地步。②

---

① 陈卫东：《2018 年刑事诉讼法修改的主要变动解读》，载陈卫东主编：《2018 刑事诉讼法修改条文理解与适用》，中国法制出版社 2019 年版，第 9 页。

② 在认罪认罚从宽制度运行中，以量刑建议"一般应当采纳"的刑事诉讼法规定为标志，检察机关主导作用与以审判为中心诉讼制度产生了一定冲突。检察院抗诉法院未采纳认罪认罚量刑建议有关数据显示，法检两院存在对量刑建议的程序及内容分歧，反映出认罪认罚从宽制度中求刑权与量刑权的冲突。权力冲突的表因是认罪认罚案件中检察院求刑权的扩张导致法院量刑权的限缩，本质是检察主导对审判中心的冲击。法检两院应当在彼此尊重的基础之上，加强认罪认罚案件定罪量刑的双向沟通，以达到检察主导与审判中心的交融调和。

第七章

"捕诉一体"模式下的新型检警关系

一、问题的提出

"随着错案追究终身制的实施,现在警察尤其是基层民警高度欢迎检察官对侦查方向的提前介入引导。你们说怎么调查取证,我们就怎么调查取证。"这是2018年11月一次有关"新刑事诉讼法施行"的公开讲座中,某省级公安机关刑侦总队法制支队副支队长的开场白。确实,某种程度上,错案追究终身制给公检法办案人员戴上了一个"紧箍",可以起到"倒逼"办案质量提升之效,但在办案能力提升不同步的情况下,也可能导致因害怕出错而消极办案的"懒政"效应。以侦查机关为例,其办案优势在于刑事案件发生后第一时间"确定作案人"与"抓获作案人",而在查明事实、调查取证等后续侦查方面,则与以审判为中心、证据裁判原则的要求尚有差距。近年来司法实践中,各地检察机关和公安机关在"检察引导侦查"的基础上,都在积极尝试和实践一种更为紧密的检察机关和公安机关的合作制度。对于侦查机关的侦查取证高需求,检察机关正在全面推行的"捕诉一体"办案模式可谓恰逢其时,可以在相当程度上克服"捕诉分离"时提前介入不力、引导侦查不彰、捕诉衔接不畅、审前羁押较多等一系列机制性问题。相比"捕诉分离","捕诉一体"办案模式对侦查活动更有裨益。其一,检察官合二为一后,以审判为中心、以证据裁判为标准提前介入引导侦查,侦查质量得以提高。其二,对于侦查员无法"突破"的口供,检察官可以在批捕提讯时,以"从轻量刑""相对不捕"等条件与犯罪嫌疑人进行"认罪协商",侦查手段得以丰富。其三,检察机关在做出批捕或不捕决定时,同步发出继续或补充侦查意见书,填补捕诉之间"真空"状态,侦查效率得以提高。其四,从批捕环节"告知后果,相对不捕",到公诉阶段"宽严相济,兑现承诺","捕诉一体"模式为轻罪案件非羁押诉讼提供了新路径,未决羁押得以减少。正因此,检察机关"捕诉一体"办案模式得到了侦查机关的普遍欢迎,检察机关与侦查机关的互动关系达到了打击犯罪与保障人权有机结合的共赢格局。

二、共赢之一:提前介入引导侦查能力显著增强

"捕诉一体"改革带来的检警共赢之一:重大案件由公诉检察官提前介入,批捕引导侦查转为捕诉共同引导侦查,刑事检察权的合力增强,以审判为中心、以证据裁判为标准引导侦查机关的调查取证。

"捕诉分离"之时,检察机关办理刑事案件的部门有侦查监督部门和公诉部门,侦查机关商情检察机关提前介入时,往往需要与两个检察业务部门联系,检察机关派遣两位不同部门的检察官参与,但鉴于逮捕环节时间在公诉之前的缘故,实践中往往以批捕检察官引导侦查为主,以公诉检察官多以补充意见为辅,侦查监督工作体现的是建立在惩罚犯罪基础上的保障人权。[①]就提前介入、引导侦查的职能而言,批捕检察官即使从防范冤假错案的角度,深知"错误批捕的大门一开,后面的环节想要纠正冤错,难度将增加数倍",[②]但由于缺少公诉经验、庭审经历,不掌握起诉标准、有罪判决标

[①] 检察机关审查逮捕不是单纯的居中裁判,除了大控方的地位之外,还体现在对提捕案件的审查方式上。在法定七日的审查逮捕期限内,检察机关侦查监督部门并非仅仅根据侦查机关申请批准逮捕时的在卷证据即时做出决定,而是在初步审查后发现证据有所欠缺的,第一时间告知侦查人员相关意见并要求其及时补充证据,甚至在讯问犯罪嫌疑人翻供后,会要求侦查机关再次前往讯问、以固定其罪供述,往往只有在审查逮捕的最后一天,当所要求证据无法补充后,才做出证据不足不批捕的决定。这也体现了一定意义上的引导侦查色彩,对犯罪嫌疑人的人权保障是建立惩罚犯罪在法定期限内所获证据不足的基础上,再以无罪推定做出无罪化处理结论。从这个意义上,北京、湖北地区检察机关将审查逮捕部门与侦查监督部门分设的做法,区分了居中裁判与引导侦查的不同职能属性,确有可取之处。

[②] 彭波:《批捕就该谨慎》,载《人民日报》2014年9月17日,第17版。

准，往往形成以逮捕证据标准引导侦查的短视思维，容易使得侦查人员误以为达到批捕检察官引导侦查的逮捕证据标准即可，逮捕之后如何进一步完善取证以达到公诉证据标准则是公诉检察官的事情，可能导致公诉检察官在受案之后因时过境迁而造成需要补救的证据已然灭失，更与以审判为中心的诉讼制度和证据裁判原则相悖，"捕诉分离"模式下的检警关系更多以侦捕关系为主、以侦诉关系为辅，捕诉被侦查机关视为检察机关内部的不同个体。"近几年纠正的一批案件中发现，一个重要原因就是，前一个环节的办案人员把解决疑点和矛盾的希望习惯性寄托在后续环节的办案人员身上，最后导致案件错判。"[1] 在重配合、轻制约的思维定式之下，检察机关提前介入侦查活动，主要是通过审查侦查机关的书面卷宗、听取侦查人员的口头汇报，再就案件的定性、法律适用和侦查取证发表意见，极少直接参与侦查机关讯问犯罪嫌疑人、询问被害人和证人、参与鉴定、勘验检查现场尤其是命案第一现场等侦查取证活动，提前介入的亲历性不强、被动性突显，不利于案件事实真相的发现，批捕检察官对重大案件的提前介入呈现出"铁路警察，各管一段"的短视现象。

"捕诉一体"之后，提前介入由批捕、公诉"一肩挑"的检察官履行，学界长期呼吁、警察普遍欢迎的公诉引导侦查[2]制度得以正式建立。提前介入侦查的检察官不能拘泥于查阅侦查卷宗、与侦查人员讨论案情，更应时刻以公诉标准为更高要求，主动提高提前介入工作的亲历性。"改革后，由于捕与诉均由同一检察官负责，所以从批准逮捕开始，检察官就会对证据的关联性及完整性进行审查，同时会从刑事诉讼程序全局来把握，使监督更具主动性和针对性。"[3] 在"捕诉一体"模式下，通过审查逮捕与审查起诉的两项审查活动，以强化审查引导侦查，尤其是重视（不）捕后诉前环节的引导侦

---

[1] 龙建文：《立足司法责任制构建捕诉合一模式》，载《检察日报》2018年7月22日，第3版。

[2] 所谓公诉引导侦查是指公诉部门从履行法律监督的角度出发，基于指控犯罪的需要，主动介入侦查机关对重大、疑难、复杂案件的侦查活动，引导确定正确的侦查方向，引导侦查人员准确全面地收集和固定起诉指控所需证据的行为。

[3] 张吟丰、余颖、罗大钧：《长沙雨花："捕诉合一"办案机制的基层实践》，载《检察日报》2018年8月20日，第2版。

查工作，列好补充侦查提纲，写明详细理由，引导侦查机关及时夯实固定证据，在侦查阶段就把案件办扎实，从源头开始把好案件质量关。公诉引导侦查并非意味着对批捕权的架空，而是公诉权这一指控性进攻权力的基本属性回归，是批捕权这一判断性中立权力的基本属性坚守，捕诉权力得以各归其位并行不悖，尤其是引导侦查的公诉高标准对于侦查阶段防范冤假错案能起到批捕引导侦查不可替代的作用。"在'捕诉合一'模式下，审查批准逮捕和审查起诉由同一部门或者检察官负责，就可以在审查逮捕环节以庭审证明标准引导侦查取证，更加精准到位，有利于帮助提高侦查取证质量。"① 以山西省2015年5月1日起在全省推行的命案"捕诉合一、主任检察官负责制"侦办模式为例，"发生命案后，从提前介入现场侦查、批准逮捕嫌疑人，到提起诉讼、出庭支持公诉，所有这些环节都由一名主任检察官以及他领导的办案小组全程负责"。② 检察机关提前介入侦查活动的重点，在于正确引导侦查机关收集证据、提高取证质量，以证据裁判为原则，促进侦查取证的合法性、全面性和精确性，以便及时查明案件的真相。提前介入的过程，就是将批捕、起诉两个检察环节加以统筹考量，根据批捕与起诉对证据要求的渐进性特点，对案件的证据收集和法律适用提出引导性意见的过程。侦查机关与检察机关虽然同为大控方，但彼此职能分工有所不同，侦查机关更多是在"确定人""抓住人"的基础上考虑如何"审穿人"，侧重于调查取证，而检察机关更多是在客观义务下，从法律监督机关角度审视侦查机关的侦查工作，以防范冤假错案为底线来增强案件事实的真实性和准确性，侦查机关基于依法侦查的需求也会欣然接受。

为了进一步防范冤假错案、提高重大案件的提前介入引导侦查实效，应当以审判管辖为标准，完善"捕诉合一"机制下的公诉引导侦查模式。实践中，存在大量的批捕、起诉由两个检察机关办理的现象，如因级别管辖导致重大命案由地市级检察机关审查起诉、因集中管辖导致特殊案件由指定检察

---

① 张和林、严然：《"捕诉合一"模式更加契合司法实践需要》，载《检察日报》2018年6月13日，第3版。

② 左燕东：《检察机关办理命案推行新模式》，载《山西日报》2015年4月17日，第A02版。

机关审查起诉，① 但根据刑事诉讼法规定，审查逮捕案件均由与侦查机关同辖区、相对应的检察机关办理。"捕诉一体"模式下，有条件的地区应当指派负责审查起诉的检察院派员介入，而因地理位置较远等客观因素无法第一时间介入尤其是到达命案现场等特殊情况下，也应由案发地基层检察机关在知情后第一时间主动介入并及时上报，再由负责审查起诉的检察院以最快的速度赶赴现场一并介入，以此真正做到以公诉标准引导侦查活动。须知，"若'捕诉合一'，则地市级检察院受理的案件审查逮捕均由地市级检察院公诉人承担，其有能力也有时间指导基层公安机关取证，对确保命案办理质量无疑是有益的"②。

三、共赢之二：有效填补捕后诉前的侦查"真空"

"捕诉一体"改革带来的检警共赢之二：检察机关做出批捕或不批捕决定时，都会以证据裁判原则为标准，向侦查机关同步发出《继续侦查意见书》或《补充侦查提纲》等取证意见函，有效弥补批捕后与起诉前的侦查消极甚至"真空"状态，减少证据不足案件移送审查起诉、退回补充侦查的概率，大幅度提高诉讼效率，有效降低"案件比"。

"捕诉分离"之时，在"侦查—起诉—审判"的刑事诉讼流水线模式下，隶属于侦查阶段的批捕环节是侦查机关最为重视的环节，是否批捕对于多数案件的流程推进具有决定性作用，因此侦查机关往往过度重视批捕、轻视后续处理，加之批捕检察官存在在做出批捕决定后就与己无关的"短视"思维，批捕后的侦查阶段往往出现侦查机关与检察机关均不关切的"真空"状态，不利于批捕事实之外全案事实与全案证据（起诉事实）的调查取证。实

---

① 以重庆市为例，环境资源类案件、外国人犯罪案件均实行集中管辖模式，在全市第一至第五中级人民法院辖区，各指定一个基层法院进行集中管辖。如在重庆市第五中级人民法院辖区，破坏环境类案件由江津区法院管辖，外国人犯罪案件由渝中区法院管辖，江津区检察院、渝中区检察院也在相应的审查起诉阶段进行管辖，但批捕工作依旧由侦查机关同一辖区的检察机关承担。长此以往，无起诉管辖权的检察院对集中管辖的案件类型不熟悉，以单纯批捕为动力来引导侦查的效果可想而知。

② 冯丽君：《司法体制改革背景下"捕诉合一"的必要性》，载《人民检察》2018 年第 14 期，第 22 页。

践中，侦查机关往往将批捕率、批捕数列入内部刑事考核指标，一旦批捕就宣布破案，大要案在批捕后专案组随即撤销，不仅批捕后侦查工作放缓，而且批捕后就进行宣传，想当然认为批捕后就会起诉，起诉后就会有罪，[①] 容易出现一定程度的捕后案件质量不升反降。移送审查起诉后，鉴于国家赔偿责任因逮捕而转移到检察机关，侦查机关对于公诉部门因证据不足退回后的补充侦查动力明显小于批捕之前，且客观上由于案发时过境迁而导致时效性证据灭失，补充侦查效果不佳，即使补充侦查完善证据之后最终起诉，也大幅降低了诉讼效率，加重了犯罪嫌疑人的未决讼累。

"捕诉一体"之后，逮捕后的国家赔偿责任已经转移到检察机关，理论上"已经达到批捕标准、没有达到起诉标准"的中间状态只是调查取证的渐进式过渡，不仅不是侦查终局，而且越早过渡越好。因此，熟练掌握起诉标准的检察官可以在做出批捕决定或不捕决定的同时，根据证据裁判规则的要求，以书面文书的正式方式，向侦查机关列明需要继续或补充侦查取证的其他证据，以便移送审查起诉时不用或减少退回补充侦查，此部分继续侦查的证据即批捕法定证明标准"有证据证明有犯罪事实"与起诉法定证明标准"事实清楚，证据确实、充分"的区别。在"捕诉一体"模式下，检察机关在批捕之后到起诉之前的侦查监督工作能够以"提前"审查起诉为目的，通过非法证据排除规则、证据合法性审查等具体举措，督促侦查机关重塑以审判活动中内心确信、排除合理怀疑的标准，在后续侦查活动中以审判的标准、以证据裁判规则来约束自己的行为，此乃"捕诉一体"办案模式下批捕与起诉无缝衔接的应有举措。尤为重要的是，在捕后诉前的后侦查阶段取得了相应证据后，"捕诉一体"办案模式即可减少公诉阶段不必要的重复审查，节约了司法资源，使得轻罪案件、简单案件自批捕环节后就进入高质、高效的办理轨道，直至适用速裁或简易程序而快速起诉、审判。

"捕诉一体"办案模式促进了检察机关的专业化、精细化与集约化建设，办案能力的提高也带来了办案要求的同步提高，因此，有必要适时更新与检

[①] 对于社会关注度较高的案件，批捕之后，往往有嫌疑人亲自露面的认罪供述、侦查员大谈特谈如何破案的有功讲述，极易形成一种"逮捕就是有罪、就已定案"的舆论氛围，社会公众自然期待诉讼进程朝向提起公诉、有罪判决的依次递进。

察机关内设机构改革相适应的案件质量评价指标体系。以"案件比"作为刑事检察管理指标，能够有效审视"捕诉一体"模式对捕后诉前侦查"真空"的填补之效，这也是全面引导侦查取证、高效查明案件事实真相的应有之义。一方面，有效利用捕后诉前侦查后期阶段完善证据，可以减少批捕案件和相对不捕案件进入审查起诉阶段后退回补充侦查的概率，认罪认罚的轻微案件甚至可以达到直接起诉的高效率；另一方面，合理把握捕后诉前侦查后期阶段补充证据，可以减少存疑不捕案件侦查机关移送审查起诉的概率，经补充侦查后证据依旧无法确实充分的案件甚至可以达到不再移送审查起诉的快结案。"案件比"的刑事检察管理新指标能够有效评估"捕诉一体"办案模式的侦查引导功效，实时更新可谓恰逢其时。

四、共赢之三：控辩协商提前到批捕环节

"捕诉一体"改革带来的检警共赢之三："捕诉合一"机制与认罪认罚从宽制度自然结合后，控辩协商提前到批捕阶段，认罪协商、量刑协商和量刑确认逐渐成为批捕环节常态。鉴于此，对于侦查机关无法"突破"的口供，检察机关可以在批捕提讯时，以"从轻量刑""无逮捕必要不批捕"等条件与犯罪嫌疑人进行认罪认罚的批捕"协商"，为认罪认罚自愿性基础上的"突破"口供提供了一条新路径。

"捕诉分离"之时，批捕检察官以只管批捕环节的短视思维办理案件，因无法掌握裁判标准，往往以保守为主，只要有争议有分歧就提出证据不足意见，以降低办案风险。实践中，犯罪嫌疑人出于侥幸、抵赖等心态，在批捕阶段的试探性翻供时有发生，即"认罪服法很可能被逮捕，不认罪却有可能被释放，反正只要批捕就在逮捕执行的讯问笔录中继续认罪即可"，以至于少数侦查人员产生了一定的负面情绪，抱怨"检察院批捕科的一去讯问就翻供，一问就翻供……"①刑事诉讼法规定批捕环节必须听取犯罪嫌疑人意

---

① 闵丰锦：《审查逮捕讯问嫌疑人翻供现象探究——以"每案必讯"为分析样本》，载《四川警察学院学报》2015年第4期，第116页。

见，重庆等地更是早已建立了审查批捕"每人必讯"制度。批捕检察讯问的本意是强化审查逮捕司法性与亲历性，但鉴于批捕检察官的侦查意识与讯问方式不当等缘故，在实践中往往形成"批捕检察官问得越多，犯罪嫌疑人翻供可能性反而越大"的反常现象。究其原因，在于批捕检察官缺少公诉检察官的控诉意识与侦查思维，在以"侦查法官"自居的判断指引下，批捕检察官对排除合理怀疑的理解与无罪推定的贯彻，都对批捕检察讯问产生了"不突破口供，仅合适证据"的消极影响。与此同时，犯罪嫌疑人却认为批捕检察官也是检察官即潜在公诉人，最想从讯问人处了解到的就是"多久能判"①"定什么罪"②"判多久刑"③，对此批捕检察官普遍无法明确回答，也无法给予宽严相济的任何实质性承诺。

"捕诉一体"后，检察官将公诉思维贯彻到批捕案件的办理过程中，尤其是把适用认罪认罚从宽制度中的主导作用前置于批捕环节加以发挥。实践中，检察官利用对盗窃、抢劫、贩卖毒品、故意伤害、交通肇事等常见多发罪名精确量刑能力较强的优势，对于零口供或翻供的犯罪嫌疑人，在批捕检察提讯时，有能力以量刑优惠为条件，与其进行批捕环节的控辩协商。等到批捕环节控辩协商完毕，到了公诉阶段，便可直接程序性再讯问一次笔录，

---

① "多久能判"即适用速裁程序、简易程序还是普通程序。实践中，不少短刑犯有留在看守所服刑的意愿，不仅多在"一审后为拖延时间而故意上诉"，甚至以"认罪认罚，但就是不同意适用速裁程序"的方式，将诉讼拖延提前到审前阶段；与此相反，不少刑期较长者则往往请求快速审理，以便早日前往监狱积分减刑。由于审查逮捕办案期限仅有7日，批捕检察官对此无法做出回答，而"多久能判"也往往成为犯罪嫌疑人是否认罪的考量因素之一。

② "定什么罪"即对案件事实认可，但对如何定性存在争议。如借用手机后趁其不备拿走手机是盗窃还是诈骗，就连重庆相邻主城区的处理都不一致，而盗窃不仅量刑相对较重，还会导致下一次盗窃时"数额较大"的金额认定减半，因此"定什么罪"也往往成为犯罪嫌疑人是否认罪的考量因素之一。批捕检察官的批捕罪名只是暂时的阶段性认识，公诉检察官的起诉罪名往往才是考虑了法院可能判决罪名之后的理性选择，批捕检察官对定罪无法给予任何承诺。

③ "判多久刑"即在已经定罪基础之上的具体量刑。这是几乎所有犯罪嫌疑人最为关心的问题，不仅已经认罪的犯罪嫌疑人关心（与服刑地点密切相关，刑期过长甚至可能翻供），内心明知自己有罪只是口头未认的犯罪嫌疑人也关心（此类人员可能认罪，内心正在挣扎、考量利弊得失，轻缓刑罚有助于其尽快认罪），甚至内心明知自己无罪的犯罪嫌疑人更关心（这是羁押制度的力量，即使侦查人员没有任何威逼利诱，关在高墙之内、基本与世隔绝的不少无辜之人为了尽快出去而不得不认栽、认命、认罪）。由于逮捕的刑罚条件仅为"可能判处徒刑以上刑罚"，批捕检察官对量刑把握相对粗糙，既没有量刑建议权做出承诺，也不掌握量刑规范化的具体规定，对于犯罪嫌疑人的量刑询问，只有回答"这是法院的事情，我们不管"。

在值班律师的法律帮助下，与犯罪嫌疑人签署《认罪认罚具结书》，适用速裁程序、减少工作量。①对于犯罪嫌疑人到案之后不认罪、零口供、时供时翻、认罪态度不好等案件，当旁证较为薄弱、客观证据难以排除合理怀疑形成证据链时，检察官在批捕环节可以凭借潜在的公诉人身份，在批捕检察提讯时与犯罪嫌疑人展开以从轻量刑为筹码的认罪协商，即犯罪嫌疑人以认罪认罚的表示，达到强制措施从宽和量刑从宽的双重优惠。这种做法表面上违背了审查逮捕环节中检察机关居中判断的中立角色，实则是在客观公正义务的指引下，给予犯罪嫌疑人在侦查阶段一次认罪认罚从宽的机会，是认罪认罚从宽制度与"捕诉一体"办案模式的有机结合，只要在保障犯罪嫌疑人认罪认罚的自愿性基础上即可。"承办检察官既掌握批捕权，又掌握起诉权，这种权能范围的扩大，使其获得一种与犯罪嫌疑人进行认罪协商的便利条件。检察官可以'不批捕'及从宽处罚为条件，说服、鼓励犯罪嫌疑人自愿认罪。如果犯罪嫌疑人接受'认罪'，不仅为后续起诉的顺利进行创造了条件，且可以充分发挥认罪认罚从宽的制度效益，促进案件及时的繁简分流，提高诉讼效率，达到多赢的结果。"②

借鉴辩诉交易合理元素的认罪认罚从宽制度应运而生了控辩协商机制，而"捕诉一体"办案模式则将检察机关的控方角色从公诉阶段前提至隶属于侦查阶段的批捕环节，认罪认罚从宽制度与"捕诉一体"办案模式的有机耦合产生了控辩协商节点前提的时间效应，实际上赋予了犯罪嫌疑人在侦查阶段一种崭新的认罪认罚选择权。不同于到案之后侦查机关的首次讯问中"是否认罪认罚"的侦讯选择，批捕环节检讯中"是否认罪认罚"直接涉及"是否从宽"的实体性处理，这种"侦查人员审不穿，检察人员再来谈"的选择权能够产生一定的双刃剑效应。若提讯检察官秉持客观公正义务，尊重犯罪嫌疑人不得强迫自证其罪的权利，在告知犯罪嫌疑人有关认罪认罚的法律规定后，以理性、平和、文明、规范的态度依法讯问，就能够充分尊重、保障

---

① 以重庆地区为例，适用刑事速裁程序的案件中，公诉检察官对内不用书写《公诉案件审查报告》《出庭预案》，文书手续得到极大优化；对外可由检察官助理单独出庭，或者由轮值检察官集中出庭，工作量大幅减少，工作效率大幅提高。

② 沈海平：《捕诉关系的辩证思考》，载《国家检察官学院学报》2018年第4期，第62页。

犯罪嫌疑人认罪认罚的自愿性；反之，若提讯检察官以"本案证据已经充足，肯定要批捕你，现在问你认不认罪是在给你机会"等有欺骗性质的方式讯问，并以"认罪就建议量刑 N 个月，不认罪就建议量刑 N + M 个月"的刑期对比方式加以引诱，是否会产生隐性逼供的潜在效应？在批捕权行使公诉化的趋势下，必须牢固把握批捕环节控辩协商的合法尺度。

五、共赢之四：减少轻罪案件未决羁押率

"捕诉一体"改革带来的检警共赢之四：检察官通过批捕提讯时告知犯罪嫌疑人"无逮捕必要不批捕后，逃跑从重处罚"的后果，一定程度上可解决轻罪案件相对不捕后未羁押嫌疑人无法到案的担忧，轻罪案件相对不捕率的提高可以"倒逼"侦查机关对认罪认罚的轻罪嫌疑人采取非羁押强制措施，"未决羁押、构罪即捕"现象会有所减少。

"捕诉分离"之时，涉嫌轻罪的"两无人员"（在本地无稳定工作、无固定住所）是否羁押、如何监管等强制措施适用问题，可谓左右为难的困局。一方面，可能判处拘役、管制或单处罚金的轻罪，本身就不符合逮捕的刑罚条件，而可能宣告缓刑的案件也显然无羁押必要，此类轻罪案件的逮捕必要性并不突出，若捕后判处轻缓刑罚也属于逮捕质量不高，此类情况理论上不应羁押；另一方面，在本地无稳定工作、无固定住所的外来流动人员可能涉及流窜作案，若不羁押，往往因家人不在本地无法提供保证人、经济困难无法缴纳保证金而不得不适用监视居住，由本地公安机关做出监视居住决定后，邮寄监视居住决定书到犯罪嫌疑人户籍地派出所执行，而犯罪嫌疑人又没有回到户籍地生活，容易造成一定程度的脱管、失联，此类情况实践中更多会羁押。理论上不羁押与实践中多羁押的反差背后，虽然有一定"歧视"外来人员的表象，但也与整个社会处于转型期、人口迁徙流动频繁的背景息息相关。加之不少地区公安机关依旧考核批捕率、批捕数，"外来人员不羁押，跑了谁负责"往往成为司法实践突破法律规定的常见说辞。经过检察系统的多年努力，整体上批捕率已经降低至 80% 左右，取得了显著成效，但继续下降有一定难度。究其原因，外来人员的逮捕必要性问题占据了不少篇章，对

外来人员"构罪即捕"在相当程度上迎合了起诉便利的必要,但不利于审前羁押率的下降,不利于背后彰显的保障人权价值取向。同时,在"捕诉分离"办案模式下,批捕与否的决定做出后,批捕检察官的工作已经完成,即使不捕后逃跑也是侦查人员、公诉检察官的事情,而在审查起诉阶段,若公诉检察官要想逮捕一个犯罪嫌疑人,不能自己做出决定,必须报请本院批捕部门审查决定,重新建立一个公诉阶段内部审查逮捕的"案中案",既因程序内部回转而耗时费力,又因批捕检察官可能不捕而效果不佳,公诉检察官往往也不会因为有逃跑等妨害诉讼的因素就增加量刑建议,逃跑等妨害诉讼行为客观上对量刑轻重影响不大。

"捕诉一体"之后,公诉检察官与批捕检察官合二为一,未羁押嫌疑人逃跑等妨害诉讼行为对承办检察官产生了直接"刺激"与影响,再次抓捕到案后当然也有必要通过自行逮捕、加重量刑建议等方式对妨害诉讼行为进行程序与实体上的双重惩处,从诉讼诚信的角度兑现批捕环节对犯罪嫌疑人正反两方面的宽严承诺。在"捕诉分离"的办案模式下,批捕检察官并不对后续诉讼阶段负责,往往只是孤立考虑批捕效果而就案办案,目光难免"短视",而"捕诉一体"的检察官可以率先垂范,通过调整片面羁押思路、回归保障人权本质,以逐步降低逮捕率为有效途径,促使公安机关重塑逮捕功能的认识,即逮捕只是一种程序性的强制措施,并非处罚,要避免将其异化为追究责任的方式、抚慰被害人的手段、维护稳定的工具和量化考核的指标。因此,在强制措施的适用方面,应当对在本地无固定住所、无固定工作的外地人一视同仁,发挥"捕诉一体"办案机制的优势,对认罪认罚的轻罪嫌疑人依法做出无逮捕必要决定,并告知一旦逃跑失联的从重法律后果。具体方式上,在批捕检察讯问后拟作相对不捕的,提讯检察官应当对其充分释法说理,"不逮捕并非等于已经案结事了,而是轻罪从宽处理,公诉阶段还是我们办理。如果到时候逃跑失联妨害诉讼,抓回来后就会逮捕并从重量刑;如果到时候随传随到保障诉讼,我们就兑现承诺提出从宽处理的量刑建议"。此种释法说理、告知后果的讯问方式,将原本各自为政、互相分立的捕诉环节有机结合,有助于对原本较难掌控的外地犯罪嫌疑人进行奖惩分明、一以贯之的分类处理。总而言之,对相对不捕嫌疑人告知"逃跑后肯定抓回来量实刑、多判几个月"的逃跑从重后果，对侦查机关阐明"轻微犯罪不批捕、能起诉"的"捕诉一体"精神，"捕诉一体"办案模式与认罪认罚从宽制度在批捕环节有机结合，为轻罪案件非羁押诉讼提供了一条新路径，批捕率得以降低。

总而言之，在"捕诉一体"模式下，犯罪嫌疑人在相对不捕后的动态动向能够得到一定程度的有效掌控，"捕诉分离"模式下并不存在的"未决羁押候审评鉴机制"得以建立，这是宽严相济刑事政策在认罪认罚案件强制措施适用方面的表现。以笔者办理的一件外省人李某盗窃案为例，该案基本案情如下：李某，男，1983年9月出生，汉族，小学文化，江苏省人，江苏省某运输公司法定代表人，户籍地为江苏省某市，在重庆本地无住所、无工作。2018年11月某日，李某驾驶货车从户籍地江苏省某市运送货物到重庆市南岸区，卸货后，将路边一辆停放的摩托车放置在货车内，运输回江苏省老家供自己使用，后被查获，该被盗摩托车价值2300元。网上追逃到案后，李某被刑事拘留。审查逮捕环节，检察官详细讯问了案情后，得知李某系一微型民营企业负责人（即有五名员工的运输公司老板），此次送货之后一时间见财起意，看到路边一辆自己老家没有的款式的摩托车，就运输回老家，案发至今并未使用，并表达了认罪认罚、愿意委托家人退赃的意愿。讯问结束后，检察官联系了李某妻子，其表示马上托人将摩托车运输回重庆退赃。考虑到涉案情节较轻、认罪认罚态度较好，秉持对民营企业主"可捕可不捕"的基本政策，检察官则对李某做出了无逮捕必要不批捕决定，并委托民警在释放同时告知其随传随到的规定。公诉阶段后，李某早已将摩托车退赃并取得了被害人谅解，检察官对其讯问后，得知其每段时间都要外出运输货物，流动性较强，不宜采取社区矫正，因此，对其提出了"单处罚金2500元"的量刑建议，并在值班律师见证下签署了《认罪认罚具结书》，后以速裁程序起诉到法院，法院也采纳了量刑建议。本案的成功办理，体现出在"捕诉一体"办案模式下，对相对不捕之后的后果把握准确，检察官在做出批捕与否决定时，有了公诉阶段针对性举措的内心底气，能够充分利用捕诉环节无缝衔接的优势，根据犯罪嫌疑人的表现兑现相对不捕时宽严相济的承诺，为侦查机关更加有效执行取保候审、监视居住等非羁押强制措施提供了更高层次的内在保障。

六、小结

"检察机关在刑事诉讼中的职能和地位决定了大多数刑事错案的形成和发展都与检察机关的诉讼活动有关。"[①] 随着司法责任制改革的持续深入，错案责任终身制开始成为司法人员的"阿喀琉斯之踵"，对检察官如此，对警察亦如此。可喜的是，在检察官客观公正办案义务的正面影响下，[②] 在检察机关"捕诉一体"办案模式的内部调整下，批捕检察官与公诉检察官、批捕权与起诉权的"合二为一"大幅度加强了检察官的专业化建设，引导侦查的标准更高、更统一，办案检察官与侦查民警的沟通交流更为顺畅。立足中国国情，在检察领导侦查、检警一体化暂不可行的情况下，以"在办案中监督，在监督中办案"的检察机关法律监督新理念为引领，"捕诉一体"办案模式既可以提高刑事案件的办理质量与办理效率，也可以增加通过控辩协商来突破案件的侦查手段，还可以降低轻罪案件羁押率、退回补充侦查率，"惩罚犯罪、罚当其罪"与"保障人权，宽严相济"有机结合的检警共赢互动关系终可期。

[①] 李建明：《刑事错案的深层次原因——检察环节为中心的分析》，载《中国法学》2007年第3期，第31页。

[②] 2019年4月23日，第十三届全国人民代表大会常务委员会第十次会议修订后的《检察官法》第五条第一款：检察官履行职责，应当以事实为根据，以法律为准绳，秉持客观公正的立场。

第八章

"捕诉一体"模式下的新型检律关系

一、问题的提出

检察机关"捕诉一体"的改革,对于检律关系提出了新的挑战。随着"捕诉一体"办案模式的推行,以往律师与批捕检察官、公诉检察官两人沟通,已经减少为律师与检察官一人沟通,从需要说服两个人到只需说服一个人,辩护更简单了吗?"捕诉一体"下的检察官审查批捕使其先入为主,到了公诉阶段已经形成思维定式,律师在公诉阶段即使阅卷之后的辩护作用如何?相比"捕诉分离","捕诉一体"会使辩护空间减少、辩护难度增大,不仅影响律师工作,也不利于检察官在内部制约弱化情况下的外部监督。本文以"捕诉分离"与"捕诉一体"时检察官与律师的不同关系为对比,分析不同捕诉关系对检律关系构建所产生的迥然效果,进而以实践反作用于理论,在立足"捕诉一体"现实的基础上,构建适应"捕诉一体"模式下的新型检律关系。

二、一种现实:刑事辩护难度增大

纵然有所争议,但一个不争的事实是,"捕诉一体"改革后,检察机关利用批捕环节辩护人无法阅卷形成了对案件信息的"垄断"地位,使案件到达公诉阶段后往往进入快速甚至超快速的运行轨道,此时才接触卷宗材料的辩护律师往往尚未反应过来，当事人就被检察官以超高效率提起公诉，控辩双方的实力与地位更加不平等，辩护空间有进一步缩小的趋势。

作为一位从事审查逮捕工作多年的侦查监督干警，笔者对"捕诉一体"模式下律师介入批捕环节进行了实证调研。从检察官的角度，普遍自诩能够充分履行客观义务，在司法责任制改革与错案终身追责等体制性影响下，对律师介入审查逮捕案件总体上持"不积极、不指望"的态度。究其原因，主要有以下两点。

一方面，是逮捕定罪的思维错位。"捕诉一体"模式将实质审查与高标准审查前移到批捕阶段，客观上加剧了逮捕定案的思维定式。实践中，未决羁押被认为是侦破犯罪、预防犯罪和打击犯罪的有效手段，在有罪推定的思想指引下，既然认为有罪，就要"构罪即捕"，追求高批捕率，防止"放虎归山"。在逮捕定罪的惯性思维下，部分检察官认为自己就是潜在的公诉人，遂将自己与侦查人员画上等号，为逮捕功能披上了一层定罪的外衣。显然，在逮捕定罪的思维错位下，辩护律师与侦查人员对立就是与自己对立。

另一方面，是风险防控的意识错位。"捕诉一体"模式使个别检察官误以为"惩罚犯罪"的价值追求已经远大于"保障人权"的价值追求。在公安机关对批捕数据存在刚性要求的情况下，检察机关往往不会冒险不捕，既避免不捕"放人"后再次发生危害社会的违法犯罪、被害人家属信访的压力，又消除可能存在的公安机关复议、复核隐患。在宁枉勿纵的有罪思维影响下，不少检察人员忽略了滥用逮捕措施可能存在的冤假错案风险，认为批捕的好处远大于不捕的好处、不捕的风险远大于批捕的风险，毕竟批捕的案件在一定程度上已经与公安机关形成了有罪推定的利益共同体。反言之，有律师介入后的不捕对检察机关并无任何好处，反而给人一种是否与律师私下有不正当交往的猜测，不捕风险远大于批捕风险。

在行文过程中，笔者一位从事检察机关侦查监督业务长达五年、曾在本院挂职锻炼的检察官同事辞职了，转行做了律师，专门从事刑事辩护业务，其对"捕诉一体"模式下的律师辩护表达了一定程度的消极之声。针对"律师介入审查逮捕程序"的话题，该同事以前批捕检察官和现律师的双重身份，向笔者谈了四点看法：（1）在从事批捕工作中，很少有律师介入，2012

年《刑事诉讼法》施行后相对多了一些，但由于侦查阶段缺少阅卷权，律师介入在逮捕必要性方面有小部分作用，对案件证据方面作用不大；（2）在操作程序上，律师意见是应当依法听取，律师提交书面意见会接收，要求当面陈述会见面，但由于没有要求主动听取、主动反馈，有时结案后才收到律师意见，一般也不会主动告知律师处理结果；（3）若以律师身份介入，要先与侦查机关沟通，然后会见当事人了解案情尤其是否存在违法取证等隐情，撰写书面意见后再与检察机关承办人当面交流，从逮捕必要性角度提交意见，为当事人申请不批捕，但实话实说，从之前多年办案经验来看，更多只能寄希望于检察机关的依法审查，律师更多是履行职责、不捕希望不大；（4）若当事人被批捕但自己认为逮捕必要性不大的，会在捕后退赃、退赔、达成谅解等悔罪基础上，向检察机关申请羁押必要性审查，寻求变更强制措施的可能。

相反，在笔者对若干辩护律师的调研中，得知一种较为奇怪也可理解的现象——对待"捕诉一体"模式下检察官的"好人主义"，根本原因就是个别律师的心态失衡，控辩平等性不足。与部分检察官受传统司法理影响不愿意"放下身段"友好对待律师相比，部分律师对司法人员存在"好人主义"现象，认为掌握公权力的司法人员地位强势、不能得罪，以至于当面沟通时过于笑脸相迎、好言好语，不敢据理力争。尤其在侦查阶段缺乏阅卷权的情况下，部分律师往往认为处于当然的弱势地位，抱着试探性态度与批捕检察官接触，想从检察官处多了解案情、早知道决定，在心态失衡的情况下，基本的平等性不足。

甚言之，在"捕诉一体"办案模式与认罪认罚从宽制度的二元耦合之下，检察权已经集刑事诉讼的内部整合与外部主导于一体。倘若从普通刑事案件的审前主导，到认罪认罚从宽案件的全流程主导，检察权在"削弱"之后呈现出反弹扩张的趋势，对于辩护工作的开展可能存在不利因素，长此以往甚至可能造成"检察定案"的现象：其一，只要自己批捕，自己一般会起诉，少数案件可能微罪不诉，这是"捕诉一体"机制中"批捕人员与起诉人员合一"的效果；其二，只要起诉，认罪认罚案件"一般应当"采纳量刑建议，不认罪认罚案件若争议较大或可能判无罪的，检察长可依法列席审判委员会发表意见,甚至个别情况下召开联席会议协调案件;其三,只要判决,认罪认罚案件还要审查理由来限制上诉,或"你敢上诉,我就同步抗诉","检察定案"几近可能。在此趋势下,确实无辜、无罪的被追诉人只有"三策"可行:上策是抓住批捕之前的刑事辩护黄金期,寄希望于批捕环节时检察官以证据裁判原则高标准审查后,证据不足或不构成犯罪而不批捕;中策是在批捕之后追求控辩合意,以认罪认罚的态度促使同一检察官微罪不诉;下策是起诉之后继续做无罪辩护,在兼具控方与法律监督机关双重身份的检察机关面前,寻求一二审法院以审判为中心依法公正裁判。

三、一种必要:重塑新型检律关系

"律师是法官的朋友,同时也是检察官、警察的朋友。"① 检察官与律师都是法律职业共同体的一员,在个案中通过不同角度实现社会公平正义,"捕诉一体"改革后,集批捕权与公诉权于一身的检察官更应该主动接纳、信任律师,尤其在认罪认罚从宽案件中审前程序必有值班律师的参与、刑事辩护全覆盖改革中审判程序必须有法律援助律师的参与,即使犯罪嫌疑人、被告人没有委托律师,任何一个刑事案件中都或多或少有律师的参与,已经是一个趋势与事实。虽然有"捕诉一体"使律师辩护空间减小的担忧,但站在检察官的角度,个案之中律师通过办案的实时监督来制约自己手中有滥用隐忧的批捕权与公诉权,是一件促进自我管理、确保自我监督的幸事。试想,假设承办检察官为了起诉便利对轻微犯罪嫌疑人有"构罪即捕"的倾向,看到律师提交的取保候审申请书中言之凿凿为其作保,想到批捕之后律师可能还要申请羁押必要性审查,有可能就会以无逮捕必要不批捕;再想,假设承办检察官对证据较弱、起诉有风险的批捕案件试图微罪不诉,看到律师提交的法律意见书中言之有理逻辑清晰的辩护意见,想到手中所有的证据卷宗律师也都获悉,有可能就会再次审视不起诉的类型。换言之,检察官办案时感

---

① 周斌:《张军在全国两会"部长通道"接受采访时表示"律师是法官检察官警察的朋友"》,载《法制日报》2017年3月13日,第1版。

受到无时无刻背后都有律师的一双"眼睛"在"盯着"案件、"看着"自己，这种体制之外、个案之中的监督制约效果是不言而喻的。

一方面，集批捕权与公诉权为一身的检察官要转变意识，既不因手中权力的扩大而自以为在办案中可以发现所有真相、可以自觉公正执法履行客观义务，[①] 也不因侦查阶段律师无法阅卷而轻视律师在审查批捕环节的意见，更不因自己批捕之后认为肯定会起诉而无视律师在审查起诉阶段的意见，而要主动接受认罪认罚从宽程序中值班律师的审查起诉阶段制约，确保检察人员不在场的情况下值班律师对犯罪嫌疑人进行"是否自愿认罪"的独立确认，自觉接受刑事辩护全覆盖中法律援助律师的审判阶段制约，将法律援助律师与委托律师同等看待，认真听取委托律师的意见，重点关注其中与自己认定案件事实和定罪量刑的不同意见，以兼听则明的态度，为构建"捕诉一体"机制下的新型检律关系做出控方贡献。

另一方面，律师要认识到"捕诉一体"对于刑事辩护是一把双刃剑，在各抒己见、求同存异的基础上，诸如"希望把阅卷权提前到批捕阶段""检察官在批捕环节'可以'听取律师意见的规定要改为'应当'听取"等建议过于超前。立足现实，对待两个阶段的同一位检察官，在批捕环节重点做好退赃挽损、被害人谅解等减少社会危险性的无逮捕必要性辩护，在公诉阶段以申请羁押必要性审查为起点、以阅卷后全面分析全案证据后提交法律意见书为重点，在批捕和起诉的两个环节与承办检察官保持自始至终的良性沟通，为构建"捕诉一体"机制下的新型检律关系做出辩方贡献。

四、一项策略：抓住捕前辩护的黄金期

2012年《刑事诉讼法》将律师在侦查阶段的地位从法律帮助人提升到了辩护人的高度，律师在审查起诉和审判阶段之外有了新的发挥空间。但一直以来，习惯了在公开场合的法庭辩护与阅卷之后的起诉辩护，在没有阅卷权、

[①] 龙宗智教授指出，"过高估计检察官承担客观义务的能力以及客观义务论的价值不符合刑事诉讼现实。"参见龙宗智：《检察官客观义务论》，法律出版社2014年版，第157页。

有一定封闭性的侦查阶段，律师的辩护动力往往不足，多以一纸"取保候审申请书"代替，侦查辩护的效果不佳。

"捕诉一体"改革后，即使侦查阶段依旧没有阅卷权，但在承办检察官在审查逮捕环节对案件进行深度介入的现实之下，待审查起诉阶段再行辩护往往已经晚矣，因此，不管律师是否承认、是否愿意、是否主动，在审查逮捕环节进行实质性辩护，已经有足够的必要性。

在认清了"捕诉一体"模式下捕前辩护的重要性之后，更要清醒地认识到，因无法直接接触案卷材料，所导致捕前辩护的有限性。因此，在现行法律框架内，捕前辩护更多是程序辩护、量刑辩护。程序辩护通常表现为申请检察院做出证据不足或无逮捕必要的不批捕决定，量刑辩护通常是提交收条、谅解书等退赃退赔的材料。实际上，检察机关也注意到保障律师捕前辩护的重要性，尤其是各种程序性事项的及时通知义务。如在疫情防控的关键时期，2020年3月10日，江苏省南京市人民检察院、江苏省南京市司法局、江苏省南京市律师协会会签了《关于依法保障辩护律师执业权利的意见》，对辩护律师在审查逮捕和审查起诉两个检察环节的知情权与辩护权做出了规定，体现出不少亮点。如对批捕与否的决定同步告知警察和律师，当面、电话、书面三种方式听取辩护意见并附卷，辩护律师申请检方调查取证应落实并附卷等，在现行法律框架内迈出了走向控辩平等的坚实步伐，值得肯定与推广。

需要指出的是，在认罪认罚从宽制度全流程适用的情况下，检察机关为了发挥刑事诉讼中的主导作用，往往会对不认罪的犯罪嫌疑人进行教育转化工作，并许之"认罪认罚就从轻若干年（月），或相对不捕"的承诺，甚至"动员"辩护律师对犯罪嫌疑人做认罪从轻的工作。在此情况下，辩护律师是否有职责或权利对当事人劝导认罪？基于独立辩护的界限争论，此问题存在争议。笔者以为，在批捕环节，辩护律师并无阅卷权，仅凭承办检察官口头告知"你的当事人肯定有罪"，不足以成为劝导当事人认罪的充分理由，毕竟不能轻信检察官能够完全履行客观公正义务；而在公诉阶段，在辩护律师阅卷后，若认为无罪辩护并不成立，应当与当事人充分沟通交流甚至在检察官主持下进行证据开示，若依旧无法达成一致意见，就应当尊重当事人意愿，或者调整辩护策略，或者解除委托，不可在牺牲当事人认罪认罚自愿性的基础上越俎代庖代其认罪。

五、个案剖析：速裁案件应当"快速"辩护

"幸好我今天来了，要是不来就错过了……"这是在一件盗窃案的速裁庭审现场，一位辩护律师的肺腑之言。原来，该律师在接受委托后因工作繁忙并未及时告知法院，此次前来法院阅卷并与承办法官沟通后，才发现该案几分钟后就将开庭。此时，律师提出了"延期审理"的建议，被法官告知"速裁程序法定期限 10 日，不能超期"，笔者作为公诉人则回应道"延期审理可以，转为简易程序也会适当调整量刑建议"。最终，控辩审三方达成一致，由书记员立即复印一份起诉书给律师，法官将卷宗原件交给律师在旁听席上当庭阅卷，同时先开前面一个速裁庭审。大约五分钟后前案庭审完毕，立即开审此案，被告人依旧认罪认罚。由于不进行法庭调查和法庭辩论的缘故，律师没有对案件事实发表异议，只是集中发表了三点量刑意见。随后，法官按照《认罪认罚具结书》上的建议刑期当庭宣判，被告人当庭表示不上诉，闭庭后，辩护律师则发出了前述感叹。

本案中，由于审查起诉阶段时并未委托律师，在《认罪认罚具结书》上签字的是值班律师，审判阶段介入的辩护律师不仅未发挥实际作用，反而由于自身不及时告知的消极履职，几乎造成无效辩护的严重后果。须知，刑事速裁程序大幅度提高了侦查、起诉和审判三阶段的诉讼效率，不仅对侦查人员、检察人员、审判人员的办案能力提出了更高要求，也对同为法律职业共同体一员、居于控辩审三角形诉讼结构一端的辩护人提出了更高要求。

一方面，刑事速裁程序的全面推行使得认罪认罚的轻微刑事案件快速化办理。随着认罪认罚从宽制度的全国施行，适用速裁程序的刑事案件开始大幅度上升，"侦查—起诉—审判"各诉讼阶段呈现出全流程提速的状态。对于可能判处一年以下有期徒刑的认罪认罚案件，根据《刑事诉讼法》规定，适用速裁程序的法定审查起诉、审判阶段办案期限均为 10 日，实践中往往不用 10 日甚至寥寥数日后即可起诉、开庭，更甚者有北京市海淀区、重庆市江

北区等地对于危险驾驶案的 48 小时全流程办结模式。因此，刑事诉讼的快速化办理趋势对于辩护人维护当事人合法权益的辩护效率提出了与时俱进的要求。

另一方面，检察机关"捕诉一体"改革使得刑事案件在检察环节极速化办理。"捕诉一体"改革在提高办案质量的同时，也大幅提高了办案效率，尤其是对于批捕阶段讯问过犯罪嫌疑人、批捕后无实质新增证据的轻微刑事案件，承办检察官在做出批捕决定同时会发出《逮捕案件继续侦查取证意见书》，告知承办民警"起诉还是我们办理，早晚都要补充证据不如尽早收集"，在审查起诉阶段受案时往往就已达到起诉标准，承办检察官会直接适用认罪认罚从宽制度，借助智慧检务平台展开远程提讯，并在值班律师在场的情况下签署《认罪认罚具结书》。只要不是同时办案数量较多、正好遇到周末等客观因素，批捕之后、适用速裁程序的认罪认罚轻微刑事案件在三日之内提起公诉已经成为新常态。笔者在办案过程中就多次遇到短期内提起公诉后，被告人的辩护律师、被害人的诉讼代理人前来阅卷或交换意见的情况，深感速裁案件的辩护存在效率较低、节奏较慢的"拖沓"现象。

直面刑事诉讼的快速化办理趋势，辩护律师应当同步确立"快速辩护"的理念。快速辩护不是形式辩护，更不是无效辩护，是立足于刑事速裁的法定办案期限内，依法快速维护当事人合法权益的有效辩护。具体而言，对于可能适用速裁程序的轻微刑事案件，律师应当根据接受委托所处诉讼阶段的不同特点，展开针对性的快速辩护。

首先，辩护律师应当认识到控辩协商的阶段性前移现象，并随之而至的捕前辩护重要性，做好批捕环节七日内的快速辩护工作。正如前文所述，"捕诉一体"后，检察官在审查逮捕时自觉或不自觉将潜在公诉人的身份带入，往往与不认罪的犯罪嫌疑人进行认罪协商、与不认罚的犯罪嫌疑人进行量刑协商，而鉴于律师在隶属于侦查阶段的批捕环节并无阅卷权的缘故，批捕时的控辩协商实质上处于双方非平等的失衡状态。相比一段时期内无法解决的批捕环节阅卷权难题，辩护律师更应当立足现实，从程序辩护、量刑辩护的角度实现批捕环节的有效辩护。例如，多询问程序性事项，如案件是否已经提请批准逮捕、提请批准逮捕的罪名、承办检察官是否已经讯问犯罪嫌疑人或者听取意见、审查逮捕期限起算点等，在接受委托后立即向检察机关提交辩护手续，在会见当事人、代其退赃退赔后立即向承办检察官提交法律意见，为认罪认罚、涉嫌轻罪的当事人申请取保候审，以防止案件在自己尚不知情之时就已经做出批捕决定。

其次，起诉阶段的辩护律师要正确认识适用认罪认罚从宽制度后量刑协商的重要性，做好速裁程序10日内的快速辩护。一是根据"捕诉一体"改革后公诉阶段承办检察官不变的规定，尽早电话询问承办检察官案件是否已经移送审查起诉，并告知承办检察官"愿意适用认罪认罚从宽制度，届时请通知我签订《认罪认罚具结书》时在场见证"，以免在不知情的情况下案件快速起诉；二是在案件移送审查起诉后，立即前往检察机关案件管理部门提交委托手续，并同步阅卷、全面分析、掌握案情；三是阅卷后立即会见当事人，与其就案件事实、辩护思路及是否进行认罪认罚量刑协商达成共识；四是阅卷、会见后，立即撰写辩护意见提交承办检察官，有条件的同步申请适用认罪认罚从宽制度、速裁程序，告知承办检察官提讯时通知自己到场见证、签署认罪认罚具结书，在与控方达成合意的基础上展开认罪认罚从轻辩护。

最后，审判阶段的辩护律师要全面认识刑事速裁案件应当当庭宣判的法律规定，做好速裁程序10日内的快速辩护。一是同步询问承办检察官与法院立案庭，案件是否起诉、法院是否收到案件以及分配到承办法官，收案就立即前往法院提交委托手续并阅卷；二是对于审查起诉阶段参与辩护、自己在《认罪认罚具结书》上签字的，只要检察官在起诉书中兑现了量刑承诺，就不应当对量刑再次提出异议，此乃"合意型"辩护；三是对于审查起诉阶段并未参与、《认罪认罚具结书》由值班律师签字的，应当在阅卷、会见后，在尊重当事人认罪认罚自愿性的基础上进行有限的独立辩护，对于通过退赃退赔、取得谅解等方式能够进一步从轻处理的（如减少主刑或附加刑、宣告缓刑），在完成相应工作后可与检察官再次签订《认罪认罚具结书》。

需要指出的是，除了审查起诉阶段承办检察官应当听取辩护人意见、审判阶段承办法官应当通知辩护人开庭之外，现行法律并未规定办案机关的程序性事项告知或等待义务。实践中，对于采取强制措施、是否批捕、侦查终结、是否起诉、如何判决等关键节点,办案机关并无通知辩护人或等待辩护人提出意见的义务,此谓办案与辩护的"时间差",往往造成辩护人还在阅卷、会见、撰写意见之际,办案机关就已做出相应决定,适用速裁程序的认罪认罚案件更有此可能。在现行法律框架下,辩护人应当也只有"自我提速",对程序性事项多跑多问、快跑快问,以实现符合速裁程序办案节奏的同步、快速、有效辩护。

第九章

"捕诉一体"模式下的内部监督机制

一、问题的提出

2018年7月24日，中央政法委书记郭声琨在深圳召开的全面深化司法体制改革推进会上指出："持续深化以审判为中心的刑事诉讼制度改革，探索捕诉合一。""要积极探索法官检察官自律机制，强化办案团队、合议庭管理职责，完善专业法官检察官联席会议制度，建立健全法官检察官管理委员会，促进自我管理、自我监督。"① 这是在全面推进依法治国的背景下，中央站在司法改革的高度，首次表达出对"捕诉合一"机制、检察官自律机制的探索态度，"探索"二字表现出一种"摸着石头过河"的改革精神，对自我监督的高度强调则为"捕诉合一"的改革探索保驾护航。2018年7月25日，最高人民检察院检察长张军在深圳举行的全国大检察官研讨班上提出将"内设机构改革"作为突破口，"总体上，要以案件类别划分、实行捕诉合一，形成完整的、适应司法责任制需求、有助于提高办案质量效率和提升检察官素质能力的内设机构体系"。② 可见，中央与最高检的认识高度统一，"捕诉合一"既是检察机关内设计机构改革的重点，更与监督制约一起，共同助力检察机关司法责任制改革的全面深化。

---

① 读库君：《关于推进司改，检察官须知15件事》，载微信公众号"法律读库"，2018年7月25日。
② 尚黎阳：《重组刑事办案机构案件分类捕诉合一》，载《南方日报》2018年7月26日，第A04版。

"捕诉合一"与自我监督的同时提出，绝非偶然，反映出针对"捕诉合一可能弱化内部监督制约"的疑虑，体现了顶层设计者的高屋建瓴、清醒认识。从2018年年初"捕诉合一"的风声初起，刑事诉讼法学界、检察机关内部就产生了较大争议，学术研讨会①、检察院辩论赛②等频出，"捕诉合一机制下的内部监督"成为焦点，甚至连最高人民检察院邀请9位法学专家座谈、讨论《2018—2022检察改革工作规划（征求意见稿）》时，专家也直言不讳："在构建专业化办案模式、实行捕诉合一改革中，要充分考虑如何加强监督制约，确保办案质量和办案效率同步提升。"③

一个必须直面的现实是，"捕诉合一"已经是一项全国范围内全面推行的检察改革，再多的批评甚至质疑也无法重回"捕诉分离"的老路，将批评声音中的若干担忧转化为深化改革的建设性意见，更是一种现实之举、积极之举、正面之举。毋庸讳言，"同一检察院的同一案件审查逮捕、审查起诉、诉讼监督，由同一业务部门的同一检察官负责"的"捕诉合一""四同"模式，④将批捕与起诉的"两环节两人办案"减少为"两环节一人办案"，批捕检察官与公诉检察官的内部监督已经转化为检察官批捕"左手"与起诉"右手"之间的自我监督，⑤内部监督的削弱是无法回避的关键问题。正如李奋飞教授在考察了实施"捕诉合一"机制三年有余的吉林检察机关后感叹：

---

① 2018年6月16日，中国人民大学刑事法律科学研究中心和中国政法大学国家法律援助研究院主办了一场"捕诉分离PK捕诉合一"学术研讨会，学者、律师、检察人员等参加，并视频直播。参见段君尚、聂友伦：《"捕诉分离"V."捕诉合一"学术研讨会会议综述》，载微信公众号"中国政法大学国家法律援助研究院"，2018年6月23日。

② 2018年7月，山东省菏泽市牡丹区检察院举办了以"捕诉合一还是捕诉分离"为辩题、6名青年干警组成2支队伍的第一届青年干警辩论赛。参见马静：《捕诉合一还是捕诉分离？辩论场上见分晓》，载《山东法制报》2018年7月25日，第3版。

③ 姜洪：《检察改革精装修需要集纳多方智慧》，载《检察日报》2018年9月6日，第1版。

④ 2018年7月上海市人民检察院检察委员会通过的《上海市检察机关捕诉合一办案规程（试行）》第二条："捕诉合一"办案，是指检察机关对本院管辖的同一刑事案件的适时介入、审查逮捕、延长羁押期限审查、审查起诉、诉讼监督等办案工作，原则上由同一办案部门的同一承办人办理，另有规定的除外。

⑤ 本文"左手"与"右手"的用词，既对比反映出集批捕权与公诉权于一身的检察官个人生理属性，也形象刻画出"先批捕、后公诉"的"先左后右式"刑事诉讼流程特征，更生动描绘出案件多时检察官一手办理批捕案件、一手办理公诉案件的角色转换无缝衔接之状态；"左手"指代批捕，"右手"指代公诉。

"如果说选择了远方，接下来就要风雨兼程的话，需要认真考虑具体怎么推开这项改革，才能最大限度地防范改革可能引发的问题。"①

本章直面"捕诉合一"改革可能引发的最大问题——内部监督制约弱化，以"捕诉分离"时的检察机关内部监督机制为对比，从理论上分析"自己否定自己有悖基本人性"与"否定同事比否定自己并不容易"的两种观点，并立足于"捕诉合一"后"审查逮捕右手制约左手"与"审查起诉左手'绑架'右手"的两个实际，对"捕诉合一"下内部监督机制的必要性与可行性进行细化剖析和前景展望。本章试图解决以下问题：在司法责任制改革的背景下，有了国家赔偿制度与错案追责制度的双重外在压力，批捕权与公诉权之间的监督制约效果如何？"捕诉分离"下同事监督与"捕诉合一"下自我监督的模式，对于检察官办案的实际效果对比如何？在深化司法责任制改革的进程中，如何科学设计"捕诉合一"下自我管理、自我监督的具体机制？

二、否定同事易："捕诉分离"时的检察权内部制约

回溯过去，1996年在大连市召开的全国检察机关第二次刑事检察工作会议提出"批捕、起诉部门分设"，是鉴于当时侦查、批捕、起诉"侦捕诉合一"的检察权之强势倾向，以内部限权、内部分权的方式，进行适当内部监督制约。在"捕诉分离"的初期，检察机关职务犯罪侦查、逮捕、起诉的三项职能分别赋予反贪局（反渎局）、批捕科、起诉科行使，内部分权但制约力度有限，直至职务犯罪案件逮捕权上提一级后才有所好转。普通案件上，公诉权对批捕权的制约力度较大，批捕权对公诉权的制约力度较小，二者体现出一定程度的相互制约。

（一）公诉制约批捕：较为常见，力度较大

公诉权对批捕权的制约，是基于公诉权的实体处理属性，即决定"是否

---

① 闫晶晶：《"捕诉合一"之问：让实践说话——全国人大监察和司法委员会、最高人民检察院联合邀请法学专家赴吉林检察机关调研"捕诉合一"侧记》，载《检察日报》2018年8月27日，第1版。

起诉"，体现在批捕之前的隐性制约与批捕之后的显性制约。批捕之前，本院、本地区、本省市对类似案件如何处理，即法院如何判决直接影响是否起诉，是否起诉又直接影响是否批捕，批捕检察官在办案时无时无刻不在思考"本案能否起诉"，如果拿捏不准就会直接去咨询本院公诉检察官，在至少一项提捕事实上以公诉证据标准来要求逮捕，"人会不会跑"的逮捕必要性反而成为其次，此乃隐性制约；批捕之后，刑事诉讼的接力棒由左手传递到右手，批捕对公诉的"绑架"效应凸显，①但这种"绑架"效应更多基于检察机关的整体利益考量，即使检察机关基于整体利益最终做出起诉决定或"处理成"微罪不诉，个案中公诉检察官往往也提出的是存疑不诉甚至绝对不诉的意见，只是依法服从检察委员会的决定而已，在现行体制下即使最终出现错案自己也是依法免责，此乃显性制约。在批捕检察官看来，公诉检察官在审查起诉时提出的不诉意见，本身就是对批捕决定的强力制约——当公诉科检察官联席会议做出提交检察委员会讨论的决定时，批捕检察官不得不重新审视当初的批捕决定，整理内卷资料、查找相似判例，在理论与实践两方面做好准备，等待在检察委员会上发表"应当起诉"的意见，尽最大努力"扳回局势"。②无论最终检察委员会的决定如何，在与己无关的审查起诉阶段，批捕检察官付出比审查逮捕时数倍努力来寻找支撑批捕决定的意见，"绝地反击"的背后本身就体现出公诉权对批捕权的强力制约，这种强力制约与批

---

① 李昌林教授指出，"逮捕具有'绑架'起诉、审判的效果，即对被逮捕的犯罪嫌疑人，检察机关往往不得不尽量做出起诉的决定，法院则要尽量宣告被告人有罪，并根据羁押期限决定判处的刑罚"。参见李昌林：《审查逮捕程序改革的进路——以提高逮捕案件质量为核心》，载《现代法学》2011年第1期，第116页。

② 检察委员会实行"一人一票，少数服从多数，检察长最后发言"的决策程序。通常而言，分管公诉的副检察长、公诉科长（通常为检察委员会委员）当然支持己方观点、投存疑不诉的票，分管批捕的副检察长、侦查监督科长（通常为检察委员会委员）当然支持己方观点、投应当起诉的票，这是所处位置决定的，可以理解。而就案论案、需要争取的，是检察长、其他副检察长、检察委员会专职委员以及兼任检察委员会委员的部门负责人等手中的票数。程序上，当公诉检察官发言、提出存疑不诉的意见后，批捕检察官开始发言反击，力求拉拢几位中立票数。虽然检察委员会改革后更强调亲历性、责任性等司法属性，但多数检察委员会委员仅在会前阅读《议案报告》，不阅卷、提讯，更多解决证据争议问题与法律适用问题，承办检察官对《议案报告》所列证据负责。因此，在现行体制下，检察委员会上"寥寥数十分钟"的发言就显得尤为重要。一个经验丰富、资历雄厚的检察官不仅能在有限时间内就案论案阐述清晰、直击要害，而且能在都是同事的熟人面前赢得更多的情感分、人情分，更多拉拢中立委员手中的票数。

捕检察官的司法绩效息息相关、与是否承担错案责任息息相关、与是否承担国家赔偿息息相关——倘若存疑不诉甚至绝对不诉，批捕检察官不仅要接受上一级检察院的案件评价，而且一旦认定为批捕错案后，轻则承担错案责任、永久计入个人司法档案，重则责令退出员额。而这一切，虽然并非身为同事的公诉检察官所愿，但在错案责任终身追究的巨大压力下，一旦公诉检察官发现案件可能有问题、不一定判得了，往往会选择独善其身、坚持己见，不仅不会"卖"批捕同事的面子、将自己与批捕检察官"风险捆绑"，反而会根据法定程序，将案件提交检察官联席会议讨论、提交检察委员会决定，寻求案件最终解决的集体智慧。金无足赤、人无完人，鉴于社会科学认识的合理不同，相信所有批捕检察官都有被公诉检察官办案制约的亲身经历。

（二）批捕制约公诉：较为少见，力度较小

批捕权对公诉权的制约，是基于批捕权的程序处理属性，即决定"是否羁押"，集中体现在犯罪嫌疑人未被羁押的审查起诉案件（包括侦查机关未提捕而直接移送起诉，以及检察机关未批捕），公诉检察官认为需要逮捕的，也必须内部报请本院批捕检察官审查逮捕后决定。"捕诉分离"之时，批捕检察官对于公诉检察官认为需要逮捕的公诉案件，即使多有"内部配合、尽量逮捕"的考虑，但在防范冤假错案、司法责任制改革的背景下，在"万一公诉检察官出错，自己也是错捕"的自保心态下，除非有检察委员会的书面决定，否则批捕检察官不可能不审查证据就直接决定逮捕，一般也不会在犯罪嫌疑人未到案、无法讯问的情况下就直接决定逮捕，批捕权能在逮捕证据条件甚至必要性条件上，发挥对公诉权的制约作用。以一件过失犯罪案件为例，该案社会影响较大，但由于犯罪嫌疑人在作案后受伤入院，当时无法采取羁押性强制措施，故以非羁押性强制措施的状态移送审查起诉。在审查起诉阶段，公诉检察官认为案件社会影响恶劣，提出以故意犯罪的相关罪名起诉，并建议将其逮捕，经公诉科检察官联席会议研究后，分管检察长做出了同意决定。随即公诉检察官以涉嫌故意犯罪报请本院批捕检察官审查逮捕，但批捕检察官讯问犯罪嫌疑人、审查完毕后，认为案件应当定性为过失，同时涉嫌过失犯罪的证据稍有不足，遂根据检察官权力清单的授权，自行决定

以涉嫌过失犯罪、证据不足决定不逮捕。公诉检察官遂将案卷退回公安机关补充侦查，经补充证据后再次以涉嫌故意犯罪报送逮捕，同一位批捕检察官审查后认为涉嫌过失犯罪的证据已经充分，再次讯问了犯罪嫌疑人，得知其伤情已经基本好转、正在恢复期，且在取保候审、监视居住的一年半时间内一直在本地家中养伤，在公安机关、检察机关的数次传唤中随传随到，并无任何逃跑、串供、毁灭证据、打击报复等社会危险性，加上过失犯罪可能判处的刑罚并非"十年以上有期徒刑"的径行逮捕情形，遂以涉嫌过失犯罪、无逮捕必要决定不逮捕。作为同一检察院的平级内设部门，侦查监督部门两次对公诉部门报送逮捕的同一案件做出两次不同类型的不逮捕决定，虽然并不常见，但在分管检察长不是同一人、公诉科检察官联席会议决定对侦查监督科检察官并无约束效力（并非检察委员会决定）、依照检察官权力清单依法独立公正行使检察权等外部条件下，检察机关内部制约机制极为罕见地产生了反转效果——侦查监督部门对公诉部门报捕的案件通过办案两次制约，充分体现了检察机关"捕诉分离"模式下的内部监督，这正是错案责任制、司法责任制带来的改革利好，"左手制约右手"的反向制约发挥得淋漓尽致。

三、否定自己难："捕诉合一"后的检察权内部制约

立足现在，以权力整合、提高效率为导向的"捕诉合一"改革必须直面可能软肋与潜在风险。诚然，员额制改革确立检察官精英地位，权力清单制度赋予检察官决定权力，错案终身追责促使检察官依法办案，这对检察官依法独立公正行使检察权具有重大的外部保障意义，"权力越大责任越大，虽然现在检察官在授权下可以独立承办案件，但在面对优渥的政治待遇、经济待遇以及严厉的错案追究制度、惩戒制度面前，检察官更加珍惜自身羽翼，不会轻易违法违规办案"，[①] 但将希望寄托在个人身上而非制度本身，本身就有风险，不仅人非圣贤、孰能无过，而且通常当局者迷、旁观者清，不

---

① 刘星：《检察机关捕诉资源整合办案机制研究》，东北师范大学 2017 年硕士学位论文，第 12 页。

被限制、缺少制约的权力如同脱缰的野马，一旦失位失控，就会陷入泥沼、深渊而无法自拔。"捕诉合一"后，二位检察官办案减为一人办案、控辩协商提前到批捕环节、微罪不诉内部消化可能加剧，都对检察权的内部制约提出了挑战。

（一）办案人员的合二为一导致自我监督人性之困

一方面，站在检察官的角度，"捕诉合一"后，批捕与起诉的"捕诉联动"因为承办检察官的合二为一，使得批捕成为起诉之前的第一道检察关口，"同事'挖坑'，自己来填"的批捕"绑架"公诉现象不复存在，在"谁批捕，谁起诉，谁办案，谁监督"的"捕诉合一"模式下，"自己犯错，自己承担"的"自我制约、自我否定"现象可能产生。是否敢于自我否定，完全取决于检察官自己——试想，且不说徇私枉法、玩忽职守等有主观故意或重大过失的极端情形，仅因审查逮捕时的一般过失而未能发现关键证据、进而批捕，如果在审查起诉时发现批捕可能不当、起诉风险较大时，当证据发生变化、认识存在分歧、法律政策更新等理由均不存在，① 承办检察官是主动认错、存疑不诉，还是承认瑕疵、微罪不诉，甚至拒不认错、强行起诉？这并非危言耸听，已经有"捕诉合一"的检察院提出了疑问："原本只从事侦监或公诉工作的检察官们，其知识结构、办案经验均有局限，在新的办案模式下案件质量如何保障？"② 北京市检察院官方微信也指出："捕诉合一工作机制下的检察官在办案时，同时履行审查逮捕与审查起诉双项职责，可能

---

① "证据发生变化"是批捕检察官对于捕后存疑不诉案件自我评查的首选理由，如关键证人、同案犯等言辞证据的变化，关键书证、物证等客观证据的变化等，因批捕时并无这些关键证据，批捕决定并无不当；"认识存在分歧"是对于证据并无变化时，批捕检察官不得不退而求其次的次选理由，如"工厂保安偷走厂内物资"是盗窃还是职务侵占、"偷用他人手机微信转账绑定银行卡中金额给自己后归还手机"是盗窃还是信用卡诈骗等，同一行为定性不同，可能存在罪与非罪的处理差异；"法律政策更新"是根据从旧兼从轻原则，在新的法律、司法解释、规范性文件等出台后，根据新规定不再作为犯罪处理，如新的人体损伤程度规定、新的贪污贿赂案件数额规定等。一般而言，只要存在这三种情况，之前做出有罪处理决定（刑事拘留、逮捕、起诉、一审有罪判决）的司法人员并不存在司法责任。

② 黄芹、周珊、张峻琦：《苏州吴中："捕诉合一+专业化办案组"全面落实办案责任制》，载《检察日报》2018年6月22日，第2版。

产生办案风险和廉政风险,有必要予以制约。"① 北京市人民检察院检察长敬大力更是提醒:"司法责任制改革突出了检察官的主体地位,检察官自行决定的情形占绝大多数,如果个人自行决定逮捕起诉,不但存在权力滥用的道德风险,也会因分散决定产生执法标准不统一的问题。"② 笔者以为,从一个角度,由于谁捕的谁去诉,成与败自己承担,不要让别人为其错误埋单,因此,"捕诉一体"后检察官办案会更加认真负责、批捕时会更加谨慎;但从另一角度看,一旦发生错捕,关键就要看承办检察官的素质,业务素质和个人责任心以及抵抗惯性思维的能力,还有敢于纠错的担当。

另一方面,站在被追诉人的角度,"捕诉合一"之后,逮捕定罪的效应更加凸显,面对亲手批捕了自己的检察官,犯罪嫌疑人在公诉阶段辩无可辩、只有认命,不利于公诉权的内部纠错功能发挥。不管批捕环节时是否认罪,到了公诉环节,犯罪嫌疑人发现承办检察官未变后,往往打消继续不认罪或试探性翻供的念头,"不认罪也没用、翻供更没用"的"无奈"心态彰显无遗。批捕时不认罪的犯罪嫌疑人在公诉环节提讯时,通常会被检察官告知"你已经被我批捕了,现在是公诉提讯,你是否认罪",虽然没有逼迫认罪的言语,但言者无心、听者有意,以往"同事批捕,我可能不诉"的潜台词自然转化为"是我批捕,我怎能不诉"的潜意识,难免使犯罪嫌疑人产生一种"不认罪,就认命"的错感,何况在起诉时认罪,还能在起诉书上被注明"如实供述犯罪事实",坦白从宽的量刑优惠怎能不要。就此发展,不仅有检察官提出内部审查报告也应当"捕诉合一",③ 而且在科技强检的背景下检察讯问有降低为"半亲历性"的远程视频审讯趋势,甚至会出现个别检察官为了提高效率,事先将公诉讯问笔录的所有内容以认罪方式填写完毕,公诉讯问变为宣读笔录、被讯问人认可后

---

① 北京市检察院审查逮捕部:《检察新产品系列(9):强制措施检察工作体系》,载微信公众号"京检在线",2018 年 7 月 22 日。
② 敬大力:《优化配置强制措施审查职能,加强人权司法保障》,载《人民检察(首都版)》2018 年第 2 期,第 6 页。
③ 参见刘哲:《捕诉报告一体化之提倡》,载微信公众号"法律读库",2018 年 8 月 8 日。

随即签字的快速路径。① 以上海检察机关办理的"捕诉合一"第一案为例，犯罪嫌疑人在起诉环节看到提讯检察官依旧未变，本想翻供却又心生感叹，进而不敢翻供，这被承办检察官当作成效加以宣传。② 但刨根究底，面对两个检察官陈述两次的机会变为面对一个检察官陈述两次，对于保障认罪认罚的自愿性与真实性，对于防范冤假错案，究竟利弊几何？要知道，检察机关还有一招"撒手锏"——如果批捕环节认罪、公诉环节翻供，那不仅是认罪态度反复、加重量刑建议的问题，更可将批捕环节的检察讯问笔录在起诉时作为强有力的指控证据使用——由于更换了讯问主体（侦查人员换成了检察人员）、不存在刑讯逼供可能（在铁栅栏物理隔离的看守所讯问室，客观上不能），加上理论上居中判断的批捕属性，批捕环节的检察讯问笔录在审判阶段被法官认可程度更高、往往通行无阻。为了进一步提高诉讼效率，有个别"捕诉合一"试点检察院提出，"进入审查起诉阶段，检察官可视情况不再讯问、询问，从而减少退回补充侦查的概率"，③ 理由竟是："同一案件的审查逮捕、审查起诉为同一检察官，因为在审查逮捕阶段对整个案件情况了解，已讯问犯罪嫌疑人、询问证人，审查起诉时可视情况不再讯问、询问，避免了重复讯问、询问造成的司法资源浪费，也更有利于保护犯罪嫌疑人的合法权益。"④ 可见，实践中已经出现了化两阶段两次讯问为两阶段一次讯问的过度简化现象，公诉权表面上的制约效应也近乎荡然无存，审查起诉程序的过度简化趋势必须高度警惕。

从这个角度说，否定自己难，难在"左右手互搏"的人性之困——司法

---

① 这种个别检察官简单复制粘贴前一诉讼环节的法律文书的方式，被冠以"提高办案效率之目的"。这种通过这种技术性的操作手段表面上达到的诉讼效率提高之效，实则在本质上违背了后一诉讼环节对于前一诉讼环节的精细审查功能。

② 上海市杨浦区人民检察院在"捕诉合一"改革后的第一案——"盗窃、掩饰隐瞒犯罪所得案"中，在承办检察官批捕后的公诉讯问时，犯罪嫌疑人看到提审席上的检察官未变，脱口而出"哪能还是你"，原本口供反复的犯罪嫌疑人还指望更换新承办人后避重就轻，看到检察官未变以后自认翻供无望，只好椅子上一靠，"问吧问吧，我都认了"。参见陈群、施雯佳：《捕诉合一办案提速5天公诉》，载微信公众号"杨浦检察"，2018年7月3日。

③ 李广涛、杨俊：《黑龙江梅里斯区检察院尝试"捕诉合一"模式提高办案质效》，载中国网，http://zgsc.china.com.cn/2018-07/20/content_40429483.html。

④ 韩兵、何其伟、沙云晴：《从报捕到判决仅用了13天》，载《检察日报》2018年6月15日，第2版。

责任制改革为检察官提出了高标准与高要求,高处不胜寒,当发现批捕后的案件可能存在质量隐患,当犯罪嫌疑人在公诉阶段以认命的方式表面认罪,是承认错误、"保守"不诉,还是拒不认错、"激进"起诉,检察官的抉择之难可想而知。

(二) 批捕环节的控辩协商导致自我监督意识减弱

"捕诉合一"之后,检察官与犯罪嫌疑人在批捕环节普遍进行认罪协商、量刑协商、量刑确认。实践中,绝大多数刑事案件都是适用速裁程序、简易程序的认罪认罚案件,检察院普遍提出包括具体刑期、具体罚金、执行方式的精确化量刑建议,法院一般都予以采纳。① 长此以往,公诉检察官对盗窃、抢劫、贩卖毒品、故意伤害等纳入规范化量刑的罪名量刑驾轻就熟,身兼批捕检察官身份后,有能力也有意愿在批捕环节就量刑问题与犯罪嫌疑人进行协商。尤其对于自始不认罪、先认罪后翻供、时供时翻认罪态度不稳定的犯罪嫌疑人,出于突破案件、固定口供、查明真相、便于庭审等目的,检察官更愿意与犯罪嫌疑人进行量刑协商、确认,等到公诉阶段在值班律师的法律帮助下,与犯罪嫌疑人签署《认罪认罚具结书》,适用速裁程序、减少工作量。② 时间上,认罪认罚从宽制度的正式入法与"捕诉合一"模式的全国推行不期而遇。当检察官身兼二职,公诉阶段早日固定认罪口供、早日达成量刑合意、早日确认速裁程序的办案思维与操作方式自然带到了批捕环节,成为应对批捕环节相对多发的翻供、不认罪、拖延诉讼等现象的"有力武器"。③ "承办检察官既掌握批捕权,又掌握起诉权,这种权能范围的扩大,使其获得一种与

---

① 2018 年 10 月 26 日修改后的《刑事诉讼法》第二百零一条:"对于认罪认罚案件,人民法院依法作出判决时,一般应当采纳人民检察院指控的罪名和量刑建议,但具有下列情形的除外⋯⋯"

② 刑事速裁程序中,公诉检察官对内不用书写《公诉案件审查报告》《出庭预案》,文书手续得到极大优化;对外可由检察官助理单独出庭,或者由轮值检察官集中出庭,工作量大幅减少,工作效率大幅提高。

③ 据笔者观察,司法实践中,犯罪嫌疑人出于侥幸、抵赖等心态,在批捕阶段的试探性翻供时有发生,即"认罪服法很可能被逮捕,不认罪却有可能被释放,反正只要批捕就在逮捕执行的讯问笔录中继续认罪即可",以至于少数侦查人员产生了一定的负面情绪,抱怨"检察院批捕科的一去讯问就翻供,一问就翻供⋯⋯"参见冏丰锦:《审查逮捕讯问嫌疑人翻供现象探究——以"每案必讯"为分析样本》,载《四川警察学院学报》2015 年第 4 期,第 116 页。

犯罪嫌疑人进行认罪协商的便利条件。检察官可以'不批捕'及从宽处罚为条件，说服、鼓励犯罪嫌疑人自愿认罪。如果犯罪嫌疑人接受'认罪'，不仅为后续起诉的顺利进行创造了条件，且可以充分发挥认罪认罚从宽的制度效益，促进案件及时的繁简分流，提高诉讼效率，达到多赢的结果。"[1]

诚然，控辩协商的时间前提是好事，对于自愿认罪认罚的犯罪嫌疑人有助于在确保案件质量的前提下提高诉讼效率。但对于自始不认罪、批捕提讯翻供及认罪态度不稳定、时供时翻的犯罪嫌疑人，在批捕环节以"认罪就从宽量刑，并阐明具体刑期"为内容的控辩协商，即使依法"应当告知认罪认罚的法律规定"[2]，但将"认罪后判处的刑期"与"不认罪后判处的刑期"同时阐明并加以对比的做法，一旦态度不当、言语过激，容易演变为一种变相威胁甚至胁迫认罪，这对于查明案件事实真相乃至防范冤假错案无疑是个隐患。当然，在我国对实体正义孜孜以求的现实国情下，"以起诉轻罪名为由换取对重罪案件认罪"的定罪协商显然已经逾越了实体真实的界限，在实践中不会也不应发生，但即使只是认罪协商、量刑协商，如何把握"以轻刑优惠换取认罪"与"以重刑威胁逼迫认罪"的尺度与界限？在批捕提讯时，对于自始不认罪的轻罪嫌疑人，能否以"认罪就建议量刑 7 个月，不认罪就建议量刑 11 个月"的 4 个月"较大"刑期差异，来换取对指控罪名的认罪？在批捕提讯时，对于外地人、无业人员等随传随到可能有风险的轻罪嫌疑人，能否以"本案情节较轻，可能对你取保候审，但不逮捕并非等于案件结束，如果你有逃跑、串供、毁灭证据或打击报复等妨害诉讼行为，不仅会网上追逃、把你逮捕，还会建议增加量刑 2 个月"的 2 个月"稍大"刑期差异，来换取轻罪嫌疑人随传随到的诉讼保障？在批捕提讯时，能否以"同意速裁程序就建议量刑 6 个月，不同意速裁程序就建议量刑 7 个月"的 1 个月"轻微"刑期差异，来换取认罪基础上的认罚？以上做法在行政属性的公诉阶段并无不当，但在司法属性的批捕环节要认真思考——如果置实体真实的基本原则于不顾，特别在旁证无法定案、必须认罪才能形成排除合理怀疑的证据

---

[1] 沈海平：《捕诉关系的辩证思考》，载《国家检察官学院学报》2018 年第 4 期，第 62 页。
[2] 2018 年 10 月 26 日修改后的《刑事诉讼法》第一百七十三条规定，"犯罪嫌疑人认罪认罚的，人民检察院应当告知其享有的诉讼权利和认罪认罚的法律规定……"

锁链时，当控辩协商达成合意后批捕，若无捕后新增证据，为了提高效率，公诉阶段就不再重复阅卷，只是形式审查，只是对批捕环节达成的口头控辩合意进行书面确认，检察官基于诉讼诚信原则下自觉遵守和履行批捕时达成的控辩合意，批捕环节认罪认罚潜在的不自愿、不真实隐患，很可能在检察关口被忽视，直至审判阶段才爆发。

从这个角度说，否定自己难，难在认为自己无错、无须否定——简单案件批捕时已经提前做完公诉的工作（或曰提前"审查起诉"，这也是极端观点认为简单案件批捕时可以跳过法定程序、直接提起公诉的原因），批捕成为实质审查、公诉沦为形式审查（甚至不审查），公诉对批捕的制约效果可能聊胜于无。

（三）微罪不诉的内部消化导致自我监督效果降低

"捕诉分离"时，以检察机关整体利益考量，公诉检察官都会自觉与不自觉将存疑不诉案件尽量"处理成"微罪不诉；"捕诉合一"后，检察官面对自己批捕的案件，当质量可能存在瑕疵、起诉有一定风险，根据检察官权力清单的授权，[①]可自行决定的微罪不诉更成为首选处理方式，"降格处理"的内部消化机制运转更加自如，甚至可能通过律师"做"当事人工作、促使犯罪嫌疑人认罪后微罪不诉。[②]尤其在热点、敏感案件发生时，利用逮捕的羁押效果，即使证据有点问题，认罪最好、不认罪也可以，只要预计在公诉

[①] 根据检察机关权力清单的授权，个别省份都将部分案件或不同类别的不起诉权下放到员额检察官。据统计，采用以果授权模式（以案件处理结果为据，相对、存疑不诉由检察官决定，绝对不起诉由检察长决定）的有湖南，采用以案授权模式（一般案件不起诉由检察官决定，重大案件不起诉由检察长决定）的有黑龙江、新疆，重庆市的危险驾驶案、轻伤害案件、轻微盗窃案是否起诉可由检察官决定。

[②] 理论上，律师在审查起诉阶段有了阅卷权，如果提供了新证据足以证实无罪，或者导致产生合理怀疑，那么检察官对自己批捕的案件处理将难上加难；实践中，出于控辩不平等的缘故，律师在审查起诉阶段无法接触到同步录音录像资料、技术侦查资料等控方证据，为了避免与检察官正面冲突，即使内心是绝对不诉、存疑不诉的意见，不少律师往往退而求其次寻求微罪不诉。以S市X区检察院办理的一起故意伤害案、一起盗窃案为例，在审查起诉阶段，针对犯罪嫌疑人在侦查阶段不认罪、其他证据较为薄弱的情况下，适用了认罪认罚从宽制度，通过约谈二位辩护律师促使犯罪嫌疑人认罪、退赔，并对其微罪不诉。参见侯婉颖、张颖：《刍议认罪认罚从宽制度的目的考量——以S市X区人民检察院案例探索的功效为视角》，载《中国检察官》2017年第1期（下），第33页。

阶段可以消化就大胆逮捕,[①] 以及对于领导批捕的案件可能存在问题时也尽量内部消化微罪不诉,加上个别省份"微罪不诉等同于起诉"成为公安机关考核起诉指标之一,这都加剧了对捕后证据依旧薄弱案件"降格处理"的可能。毋庸置疑的是,对证据稍弱的案件微罪不诉,即使能够通过促使犯罪嫌疑人退赔、给被害人挽回损失,但这种有些"和稀泥"的处理本身就是对实事求是原则的违背,是为了避免承担国家赔偿责任和错案追究责任,退赔挽损建立在"自保"基础之上。要知道,微罪不诉与存疑不诉表面上都是不起诉的类型之一,但二者引起的法律评价与法律后果千差万别。微罪不诉虽然对被不起诉人不是前科、没有定罪效应,但至少也是一种劣迹,起到法律上的负面评价效果;存疑不诉则不然,是以无罪推定为原则,以疑罪从无对被不起诉人做出的有利推定,起到法律上的正面评价效果,被羁押的被不起诉人有请求国家赔偿的权利,批捕检察官会因捕后存疑不诉而接受上一级检察院的案件评查。[②]

"捕诉合一"后,批捕与起诉的证据标准逐渐趋同,以起诉的证据标准要求至少一项批捕事实,对冤假错案的防范与纠正具有积极意义,但切不可过度求快、求重,切不可高估批捕之后侦查人员的继续侦查意愿、高估公诉阶段自己的补充侦查能力。审查逮捕时,在证据略显薄弱、只达到基本构成犯罪的"八九不离十"情况下做出的批捕决定,表面上是正常逮捕,实际上是已经废止的附条件逮捕在思想层面"死灰复燃",是一种变相的"附条件逮捕"。[③] 要

[①] 以实行"捕诉合一"办案机制的湖南省长沙市雨花区检察院为例,在其办理的一件侮辱尸体案中,虽然"尸体进行转移藏匿掩埋行为的定性存在较大争议",但在"该案处理稍有不当,就可能引起群体性事件,不利于社会稳定"的情况下,对三人中自首的主犯批捕,批捕后该三人赔偿被害人家属并取得谅解,后对三人微罪不诉。参见阮占江、郑涛:《记者探访湖南首个捕诉合一基层试验田》,载《法制日报》2018 年 7 月 6 日,第 5 版。

[②] 以某基层检察院办理的曹某故意伤害案为例,该案在审查逮捕阶段做出逮捕决定,在起诉阶段认为证据不充分,经过检委会审议决定敦促曹某认罪赔偿后做出相对不起诉决定。后被害人自诉到法院,法院做出无罪判决,曹某据此提出国家赔偿并获赔。

[③] 这种担心并非捕风捉影、空穴来风,而是实实在在、确有依据。"捕诉合一"给了承办检察官在证据基本充足的情况下"大胆批捕"的勇气和预见性,只要后续程序中能够取到暂时缺少的证据,那就先批捕,反正最后结果"可控"。2018 年 3 月,吉林省长春市南关区检察院在办理一起非法行医案件时,在审查逮捕阶段没有医疗事故鉴定、没有伤情鉴定的情况下,承办检察官"很有信心地对此案进行了批捕,并从公诉的角度提出了继续取证的意见",此后起诉"比正常办案至少缩短了一个月",并得到法官采信。参见汤瑜:《全国各地探索"司改"新路径》,载《民主与法制时报》2018 年 8 月 12 日,第 2 版。

知道，在侦查人员、犯罪嫌疑人看来，曾经盛行一时的附条件逮捕就是逮捕，批捕后侦查人员动力下降、国家赔偿责任转移。①检察官不应认为简单案件批捕之后即使出现问题，可以微罪不诉的方式自行决定、自我消化。即使"捕诉合一"的支持者如谢鹏程研究员也指出："批捕权要求客观公正地裁判，公诉权虽然在经审查认为符合起诉标准时要求检察机关主动追诉，但在审查提起公诉的过程中，也要求检察机关客观、中立、公正地对于案件依法进行审查，对于不符合起诉标准的，依法应当作出不起诉的决定。"②不起诉的大方向是正确的，关键在于不起诉的种类，是实事求是该存疑不诉就存疑不诉，还是为了考核能微罪不诉就微罪不诉，这直接反映出承办检察官乃至所在检察院依法办案、正视错误的态度。要知道，"捕诉合一，实行'谁批捕谁起诉'的办案原则，这样如果一个案件在批捕阶段出错后，办案检察官基于种种利益考虑，很可能不愿意改正之前的错误，这也是对检察机关客观义务的损害"。③总而言之，在证据不足或稍弱、起诉可能有风险时，微罪不诉既不是检察官自我消化的"万能药"，也不是检察官逃避责任的"安全屋"，更不是检察官得过且过的"遮羞布"，随着人权保障意识的增强，微罪不诉的"权宜之计"可能遭到被不起诉人、被害人的复议、申诉，以寻求自己眼中真正的公平正义（被不起诉人可能要求存疑不诉甚至绝对不诉，被害人可能要求起诉），倘若释法说理不当，甚至有引起涉检信访风险的可能。④

---

① 附条件逮捕制度施行期间，以一件诈骗案为例，该案涉案金额特别巨大，可能被判处10年以上有期徒刑，"该案系市公安局交办案件，区公安机关负责人亲自督办，并在审查逮捕期间多次向区检察院表明侦查决心"，附条件逮捕后，关键证人做出了完全相反的陈述，而公安机关未及时进行有效取证，捕后有息于侦查的迹象，该案后续补侦空间较小，后撤销原逮捕决定。可见，在公安机关眼里，附条件逮捕就是逮捕，国家赔偿、错案责任等都"转嫁"到检察机关，二者没有本质不同。

② 谢鹏程、彭玉：《论捕诉关系》，载《人民检察》2018年第13期，第18页。

③ 李慧织、郝海燕：《检察机关捕诉关系探讨——兼论侦查监督权的强化与完善》，载胡卫列、韩大元主编：《法治思维与检察工作：第九届国家高级检察官论坛论文集》，中国检察出版社2013年版，第346页。

④ 甘肃庆阳19岁女生被老师猥亵后跳楼自杀的事件，就是典型例证。该女生控告2016年在学校被老师吴某某两次猥亵，后被诊断为抑郁症、四次自杀未遂。在甘肃省庆阳市公安局西峰分局仅对吴某某行政拘留10日的情况下，经控告，甘肃省庆阳市西峰区检察院监督公安机关刑事立案，但在审查起诉阶段认为，吴某某的猥亵行为情节显著轻微、不构成犯罪，2018年3月1日决定对吴某某不起诉。2018年5月18日，甘肃省庆阳市检察院维持西峰区检察院的不起诉决定。2018年6月20日，该女生在商场跳楼身亡。2018年8月22日，甘肃省检察院撤销甘肃省庆阳市西峰区检察院的不起诉决定和甘肃省庆阳市检察院的刑事申诉复查决定，由甘肃省庆阳市西峰区检察院对犯罪嫌疑人吴某某决定逮捕、提起公诉。

从这个角度来说，否定自己难，难在以为右手可为左手"保底"、公诉可为批捕"埋单"——当检察官被授予不起诉权这一实体处理的终局性权力，"即使批捕后发现问题，大不了自行决定微罪不诉"的自以为是心态容易作祟，这种心态不仅将批捕当作公诉的附庸，而且不利于犯罪嫌疑人、被害人的合法权益保护。①

四、对症下药：完善内部监督的三重机制

（一）构建检察官办案组内监督机制

检察官办案组内监督机制，是指在独任检察官办案单元内（一名员额检察官领衔，若干位检察官助理、书记员、法警等司法辅助人员协助），司法辅助人员对于员额检察官不仅有协助办案的职责，而且有监督制约的义务，这种组内监督机制属于执法办案的事中监督，具有即时性、真实性、有效性的特点，监督制约的效果最佳。② 实践中，在"对外执法必须至少二人"的原则下，员额检察官讯问、询问、调查取证等亲历性办案活动，必须由其他检察人员一同前往，通常由检察官助理、书记员、法警等其中一位检察辅助人员陪同前往，所获得的犯罪嫌疑人供述、证人证言、书证、物证等内容陪同人员也完全知情。虽然身为辅助人员，但身份的次要并不意味着在违法办案时必须服从指挥、听从安排，否则一旦事后出事，自己也会成为从犯。因此，该陪同人员就是事中监督、互相制约的最佳主体，助手而非助纣、服从

---

① 根据《上海市检察机关案件质量评查工作实施细则（试行）》第十四条、第二十条之规定，捕后不诉、诉后撤回、诉判不一改变定性等情形属于重点评查的案件范畴，由专门的组织按照一定的程序、标准进行检查、评定，若发现存在认定事实错误或者事实不清造成处理结果错误，或者适用法律不当造成处理结果错误，或者办案程序严重违法损害相关人员权利或造成处理结果错误的，经过一系列严格的评查程序后方可认定为不合格案件。因此，不宜简单地将捕后不诉、诉后撤回，或者诉判不一等情况等同于不合格案件。

② 当然，检察官办案组内监督，也包括大要案时临时成立的检察官联合办案组内，一位主任检察官与若干位员额检察官的互相监督，以及组内司法辅助人员对主任检察官、员额检察官的监督。相比检察官独任办案单元，检察官联合办案组的形式并不常见也不固定，是一种因案而组、案结解散的临时性办案组织。

而非盲从、团结而非勾结,第一时间知情、第一时间提醒、第一时间上报,这种组内制约的效果是不言而喻的。

"捕诉合一"的改革,并非简单的批捕与公诉职能合一,还包括批捕与公诉的人员合一,即一位原批捕(公诉)检察官搭配一位原公诉(批捕)检察官助理,组成一个"捕诉合一"办案组,既便于互相学习、尽快上手,更有利于批捕居中判断的中立思维正面影响公诉,促使公正执法的客观义务贯穿于"捕诉合一"的整个办案流程。要知道,"捕诉合一"改革给检察权运行带来的挑战,除了理论上批捕权可能的边缘化,实践中可能出现的最大问题,就是案件质量问题——不该起诉的案件错误起诉。在不少检察机关强调"有罪判决率100%"的高考核要求下,为了防止不当起诉、最大限度摆脱批捕"绑架"起诉的效应,只有回到批捕环节,秉持谨慎批捕的态度,参照未成年人案件"能不批捕就不批捕"的底线原则,尽量降低审前羁押率,尤其当发现存在冤假错案可能,在短暂的7日审查逮捕期限内暂时无法查清的,必须本着疑罪从无的原则做出存疑不捕的决定,牢记"一个环节的失守,就意味着整个法律流程的溃败,错误批捕的大门一开,后面的环节想要纠正冤错,难度将增加数倍"[①],使得公诉阶段能够在不用考虑批捕"负担"的情况下就案论案合理决策。到了审查起诉阶段,如果事实证据、法律政策等客观因素没有变化,却自行怀疑、发现已经批捕的案件可能存在没有犯罪事实、不构成犯罪、不应当追究刑事责任等"不应逮捕"的原则性错误,必须守持实事求是的原则、秉持壮士断腕的决心、坚持依法办案的规律,积极、稳妥、正确办理案件,既不偏听偏信侦查阶段的认罪供述及相关有罪证据,也不一味盲从批捕环节的自己讯问笔录,而应及时启动自行侦查权,从潜在的矛盾证据入手,查明事实真相。尤为重要的是,既不能有"大事化小、小事化了"的心态,将应当无罪不诉的案件降格为微罪不诉,试图所谓"内部消化",更不能有"篡改证据,一搏到底"的念头,将已知无罪之人起诉到法

---

① 彭波:《批捕就该谨慎》,载《人民日报》2014年9月17日,第17版。

院将错就错，企图所谓"外部捆绑"①，必须以事实为依据、以法律为准绳，承担起员额检察官应当承担的司法责任。正如有基层检察长提出："基于捕诉合一的新要求，建议进一步完善中立性审查逮捕与审查起诉程序，加强检察官更全面的业务培训。"② 也如张建伟教授所言："检察官在审查批准逮捕和审查起诉过程中，是'法官'角色，在法庭审判中出庭支持公诉，是'控告者'角色。"③

组内监督机制的可行之处，在于员额制改革之前，承办检察官通常一人办案（书记员没有或虚化），如今检察官助理作为固定助手，组内监督机制有了实践基础。在司法责任制改革的过渡期，存在大量能力到位但因39%的员额比例所限、未能入额的检察官助理，以经验丰富但发扬风格的老同志、实力足够而暂时未入的年轻骨干为主，④ 具备在协助办案过程中发现问题的能力。笔者设想一种更为彻底的检察官办案组内部制约机制——"同一案件组内两人看两遍"，即批捕环节由助理主办、员额把关，公诉阶段由员额主办、助理协办。事实上，对于认罪认罚的简单案件，通常半小时内就可完成阅卷，不费时费力；而对于认罪认罚的复杂案件、不认罪认罚的案件，更需要交叉阅卷、独立思考、互相交流。在此模式下，检察官助理与检察官意见不一致的，如逮捕或不逮捕、起诉或不起诉、不逮捕类型、不起诉类型等，应当如实记录、双向留痕。实行"捕诉合一"模式一年有余的湖南省长沙市雨花区检察院建立的公诉阶段对原批捕事项"三回头"机制，就是

---

① "外部捆绑"是刑事案件流水线式处理模式下的一种现象。侦查机关移送起诉的案件，检察机关提起公诉后，某种程度上侦查机关与检察机关就已经成为"外部捆绑"的利益共同体，双方一对都对、一错都错；而在"侦查、起诉机关行使裁判权力，审判机关承担追诉职责"（孙长永：《探索正当程序——比较刑事诉讼法专论》，中国法制出版社2005年版，第5页）的刑事诉讼运行潜规则下，法院对于曾经认罪、后面翻供的被告人态度更多是认为"拒不认罪"，毕竟侦查、公诉、审判机关都是国家机关，与多数情况下无律师的被告人实际地位并不平等。

② 李萱：《"捕诉合一"有利于提高检察产品品质》，载《江苏法制报》2018年7月26日，第A版。

③ 张建伟：《"捕诉合一"：职能整合之功能分析》，载《人民检察》2018年第14期，第19页。

④ 也因此，实践中，有部分检察院形成了"换汤不换药"的现象：案件分配到员额检察官名下，但实际是与其搭档的检察官助理承办，员额检察官不阅卷、不审核，只是迫于考核压力和案件评查，在讯问、出庭这两项最容易检查到的亲历性事项里，露一脸、露一面、露一手。在此模式下，员额检察官作为表面上的独立承办人，并未参与案件的实际办理，形成了事实上的助理责任。

对症下药之良策。①

(二) 健全检察机关内部监督考核机制

刑事检察是检察机关的传统强项，新时代使强项更强，关键要在发挥主导作用上下功夫。长期以来，对未进入检察环节和从检察环节退出便"石沉大海"的案件，存在监督盲区。从"捕诉合一"到"捕诉一体"，检察机关需要对办案流程再造、考评体系完善、专业结构优化等配套跟进。实践中，不少施行"捕诉合一"的检察院已经意识到"左右手何以制约"的问题，采取各种方式强化内部监督。以试点"捕诉合一"数月余的陕西省留坝县检察院为例，"从讲究'捕诉合一'的效率高转变为讲究'捕诉合一'工作下的质量高，进一步健全检察官联席会议制度，强化业务指导属性，确保把'捕诉合一'的案子办成高质量案件。"② 以实行"捕诉合一"近两年的山西省太原市小店区检察院为例，"为了防止'捕诉合一'后可能出现的内部监督制约弱化，通过案件评查、流程监控、网上巡查强化案件管理监督"。③ 以创造了"捕诉合一""鼓检样本"的福建省福州市鼓楼区检察院为例，"综合运用案件管理监督、纪律督查、科室内部监督等监督平台，构建完善内部监督制约机制，对接司法责任制、检察官司法档案、案件评查、案件内部审批等办案机制。通过案件信息公开平台，及时更新公开案件程序性信息和法律文书。促进办案人员正确行使权力，规范高效办案，确保司法公正"。④ 综合分析，必须坚持检察官充分履职与强化监督制约相统一，双管齐下，重塑检察机关内部监督考核机制。

---

① 审查起诉阶段"三回头"，即回头审查原批捕阶段证明犯罪事实的证据以及缺少的证据是否补充到位，回头审查侦查监督事项有无纠正和反馈，回头审查逮捕罪名和强制措施是否恰当。参见肖小晶：《"捕诉合一"办案模式对刑事案件办理的促进——以雨花区人民检察院"捕诉合一"机制试点为视角》，载马贤兴主编：《捕诉合一思索与实践》，中国检察出版社2018年版，第109页。

② 张卓：《问号变成叹号，将捕诉合一的道路走得更好》，载微信公众号"留坝检察"，2018年8月28日。

③ 郑赫南、梁高峰：《"捕诉合一"在这里已实行一年多——走进山西省太原市小店区检察院》，载《检察日报》2018年7月27日，第2版。

④ 鼓检新媒体：《鼓楼区检察院推出"捕诉合一"鼓检样本》，载微信公众号"福州鼓楼检察"，2018年11月14日。

一方面，为了尽量减少"捕诉合一"带来的"强迫式"控辩协商效应，最大限度确保认罪认罚的自愿性与真实性，有必要建立本院刑事执行检察部门与案件管理部门的实时巡查机制，制定"捕诉合一"机制下的执法办案规范程序。[1] 如批捕环节不能以"以后起诉你也是我，如果认罪就少建议量刑4个月，否则就会增加4个月，认不认罪你看着办吧"之类的语言"动员"犯罪嫌疑人认罪，如公诉阶段不能以"在批捕阶段你就向我表示认罪，为什么现在不认罪""我批捕提讯时你不认罪，我还不是照样批捕你了，现在公诉提讯你认不认罪、自己看着办"之类的语言"劝导"犯罪嫌疑人认罪，这种以"告知认罪认罚法律规定"为名的问话方式，极易演变成变相、隐性逼迫认罪。鉴于规范化建设标准下的看守所讯问室都安装了全程同步录音录像设备，本院或其他检察院派驻在看守所检察室的刑事执行检察人员有必要以实时抽查与事后抽查相结合的方式，对本院检察人员的提讯情况进行监督，并利用监所巡视的机会主动听取在押人员的相关意见，及时回应在押人员的相关投诉。[2] 对于批捕案件、公诉案件的质量问题，承办检察官更要以正确心态面对、用正确方式处理，自觉接受分管领导、刑事执行检察部门、案件管

---

[1] 根据《上海市检察机关案件质量评查工作实施细则（试行）》第二条、第十四条，"捕诉合一"案件应当在一审公诉案件办结后启动评查，纳入重点评查的案件范畴范围如下：（一）做出绝对不批准逮捕决定的案件；（二）犯罪嫌疑人被批准逮捕后，做不起诉处理的案件；（三）犯罪嫌疑人被批准逮捕后，审查起诉阶段移送机关撤回的案件；（四）不批准逮捕的犯罪嫌疑人移送审查起诉后，又作出不起诉决定的案件；（五）不捕复议、复核或不诉复议、复核后，改变原审查决定的案件；（六）提起公诉后，撤回起诉的案件；（七）提起公诉后，被告人被宣告无罪或免予刑事处罚的案件；（八）提起公诉后，诉、判不一改变定性或跨幅度量刑的案件；（九）二审上诉阶段检察员出庭意见与法院判决不一，改变定性或跨幅度量刑的案件；（十）二审抗诉阶段撤回抗诉或法院驳回抗诉的案件；（十一）按照审判监督程序提出抗诉的案件；（十二）在流程监控等管理活动中发现存在严重程序违规、不当干预、缺少制约程序等问题的案件；（十三）案件质量评查智能辅助系统提示可能存在重大问题或者与类案偏离度较大的案件；（十四）检察长决定重点评查的其他案件。

[2] 看守所隶属公安机关管辖，每次讯问的全程同步录音录像也由公安机关管理存档，以供备查，检察机关并不经手，这在客观上对前往看守所提讯的检察人员产生了监督制约效果。相比律师在看守所内会见当事人依法不被监听只被监视，办案人员在看守所的讯问既被监听也被监视，因此，检察人员在看守所的讯问是文明规范还是指供诱供甚至言语逼供（看守所讯问室都装有铁栅隔离讯问人与被讯问人，客观上无法刑讯逼供），看守所自动存档的讯问同步录音录像是最好的证明。

理部门、检察委员会等内部监督。①

另一方面,重点针对内部监督的可能弱化之处,健全"捕诉合一"下的检察机关内部考核机制。捕诉关系调整的合法性毋庸置疑,关键在于合理性,在"考核指标是'小刑事诉讼法'"的潜规则下,"症结不在于捕诉合一办案机制本身,而在于逮捕工作考核机制对检察官在审查起诉阶段发现逮捕与起诉之间出现冲突时如进行纠错会造成的后果与影响"。② 以此看来,"捕诉合一会导致承办人为控制逮捕标准,破坏逮捕中立性的观点是个伪命题。考核导向的科学与否才是刑事诉讼各阶段能否贯彻其本来诉讼精神的关键"。③ 因此,应当有针对性地设计考核指标体系,督促检察官更好地履行法律监督职能,重点发挥省级检察机关的统筹作用,统一制定本辖区地市级、基层级检察院的绩效考核办法,增加立案监督、侦查活动监督、审判监督等诉讼监督事项的考核加分比重,④ 增加批捕后判处轻缓刑罚的考核扣分比重,⑤ 增加公诉阶段

---

① 有学者认为,在"捕诉一体"模式改革背景下,部分办案检察官实现了捕诉权力的叠加,为防止权力空间过大被滥用,应当在原有监督的基础上,创新监督方式,强化内外部监督。"建立捕诉巡回检察"则为其中之一。"将捕诉人员纳入巡回检察的范围之内,建立捕诉巡回检察,通过巡回检察中监督人员与被监督人员均不固定的工作方式,既节约了司法资源,也有助于克服同体监督刚性不足的问题。需要注意的是仅就捕诉巡回检察而言,应当是上级对下级的监督,县一级检察院不应设置捕诉巡回检察。"参见王洪宇、林静、陈春江:《"捕诉一体"模式运行机制研究》,2019 年中国刑事诉讼法学研究会年会论文。

② 董靓:《检察机关捕诉合一办案机制探析》,江西财经大学 2018 年硕士学位论文,第 17 页。

③ 江朋:《"捕诉合一":符合刑事司法运行规律的正确选择》,载微信公众号"法学学术前沿",2018 年 7 月 8 日。

④ 2003 年,有调研从"某直辖市 40 个基层院侦查监督工作的考评情况(包括审查办案数量及效率、立案监督、侦查活动监督三个方面的总评分),实行捕诉合一的 7 个基层院总评分下滑的有 6 家,上升的仅有 1 家"出发,指出"捕诉合一最大的问题、最严重的后果就是会导致侦查监督的削弱、案件质量的下降"。参见元明:《"捕诉合一"解决不了案多人少矛盾》,载《检察日报》2005 年 4 月 13 日,第 3 版。

⑤ 为了最大限度减少"构罪即捕"的普遍羁押现象发生,坚守批捕权的独立价值,必须从内部考核机制入手,鉴于"捕诉合一"体制下对批捕之后新增证据(如退赃退赔、被害人谅解、刑事和解、立功、预缴罚金等)导致量刑轻缓化可能性增大的因素预判性更大,有必要加大对侦查监督条线捕后判处轻刑率的考核比重,增大对捕后判处拘役、单处罚金、免予刑事处罚和量刑证据无变化情况下宣告缓刑的考核扣分比重,尤其是判轻刑中是否有外来人员、无前科人员等,并在检察机关年度工作报告中主动公开本年度无逮捕必要不批捕的人数。

退查率的评查,① 并加强对微罪不诉、捕后存疑不诉、撤回起诉、判决无罪案件的评查,加强对司法责任制改革落实情况如入额领导办案、员额检察官亲历性办案等关键节点的评查。② 正如2019年检察工作重点任务之做优刑事检察工作,"从一开始就要防止可能出现的弊端,通过业务管理指标体系建设,避免该捕不捕、不该捕而捕、不当诉勉强诉"。③ 同时,"捕诉一体"的背景下,同一名检察官在两个角色之间、在主观心态的把握上实现顺利切换,最关键的问题就是重新界定什么是"错捕"。总体上应当把握的原则是,"不起诉"不等于"错捕"。如前所述,判断构成逮捕条件并不是构罪与否以及构罪证据的证明标准问题而是社会危险性的判断。因为虽然针对的是同一案件,但审查内容的差异性决定了是否逮捕和是否起诉应当采取完全不同的评价标准和尺度。以不起诉终结一个自己批准逮捕的案件,并不是自我"打脸",也并非工作失误,而是极为正常的现象。否则以前期被羁押为考虑前提而强行起诉,会使案件陷入更加骑虎难下的局面。

(三) 创新特殊情况下的更换检察官制度

"捕诉合一"改革是大趋势、大原则,但并非一刀切、不变通。为了让人民群众在每一个司法案件中都感受到公平正义,对于非直接移送审查起诉的案件,由于在审查逮捕环节承办检察官已经办理过一次,当出现审查起诉阶段形式审查"走过场"、发现有冤假错案可能、案件重大复杂等特殊情况,可以主动依职权或被动依申请更换承办检察官,作为"捕诉合一"办案模式

---

① "捕诉合一"后,批捕检察官与公诉检察官合二为一,"公诉引导侦查"的检察机关提前介入机制得以建立。公诉检察官对于审判中心主义、证据裁判原则更为熟悉,以起诉标准直接介入引导侦查,在批捕环节检验侦查机关取证是否达到逮捕标准。据观察,"捕诉合一"后,检察官在批捕同时,不管大小案件,往往都以公诉证据为标准、向侦查机关发出《逮捕案件继续侦查取证意见书》,向侦查人员说明"现在改革了,公诉也是我负责,这些证据早补晚补都需要补",以要求尽早收集、固定证据。这也在很大程度上减少了公诉阶段退回补充侦查的可能,案件证据存在问题的情况除外。

② 以2015年实施"捕诉合一"改革的吉林省检察机关为例,"敦化检察院实行捕诉合一运行机制后,虽然相对减少了内部制约,但由于同步落实了主任检察官办案责任制,进而形成以责任倒逼主任检察官注重案件质量效果的大好局面,滥用职权问题迎刃而解"。参见蔡长春、张淑秋:《捕诉合一谋求"精装修"》,载《法制日报》2015年12月16日,第2版。

③ 张伯晋:《精华版来啦!2019检察工作三大块16项任务!》,载微信公众号"最高人民检察院",2019年1月17日。

的合理补充。正如《检察日报》微信曾经转发文章,"捕诉合一和捕诉分离也并非势不两立,对于某些类型的案件或者某些区域的案件,进行混合适用、同时适用、'捕诉合一'为主'捕诉分离'为辅,也不失为一种可以参考的选择"。① 北京市人民检察院微信也指出:"社会关注度高、重大疑难复杂的刑事犯罪案件和职务犯罪案件实行捕诉分离,审查逮捕工作由审查逮捕部门负责,有利于避免因前期介入导致的先入为主。"② 笔者以为,"捕诉合一"是原则,而非100%的绝对。如《上海市检察机关捕诉合一办案规程(试行)》规定,"捕诉合一"原则上由同一办案部门的同一承办人办理,另有规定的除外。而吉林省检察机关的调研报告显示,在吉林省内不同的地方检察机关在试行"捕诉合一"过程中存在"捕诉密契"(一个承办人负责同一案件的审查批捕和审查起诉)和"捕诉交叉"(同一部门内部,承办人不负责自己批捕案件的起诉工作,但同时办理其他案件的批捕工作)。因此,建议应区分认罪、案件难易复杂程度决定是交由同一个承办检察官审查还是同一刑事检察部门内部不同检察官审查,当"捕诉合一"机制逐渐成熟后,可以试点以"捕诉合一"为原则、"捕诉分离"为例外的更换承办检察官制度。

一方面,构建审查起诉阶段的检察官主动更换机制。集批捕权与公诉权为一身的检察官要转变意识,不因手中权力的扩大而自以为在办案中可以发现所有真相、可以自觉公正执法履行客观义务。③ 站在"事"的角度,在检察权配置模式上,可参照繁简分流、难易分流的原则,检察机关办案中对一些案情简单、事实清楚,证据较充分的案件开展"捕诉合一",对疑难复杂,认定事实和法律适用争议较大案件仍然适用"捕诉分离"机制,来加强内部制约监督。④ 站在"人"的角度,若犯罪嫌疑人在批捕时不认罪、被批捕,在起诉时仍不认罪的,当然可能是拒不认罪、百般抵赖(站在惩罚犯罪的角

---

① LCC:《我眼中的"捕诉合一"》,载微信公众号"办案人",2018 年 5 月 31 日。
② 北京市检察院审查逮捕部:《检察新产品系列(9):强制措施检察工作体系》,载微信公众号"京检在线",2018 年 7 月 22 日。
③ 龙宗智教授指出:"过高估计检察官承担客观义务的能力以及客观义务论的价值不符合刑事诉讼现实。"参见龙宗智:《检察官客观义务论》,法律出版社 2014 年版,第 157 页。
④ 这种"捕诉合一"为原则、"捕诉分离"为例外的模式,也被称为"准捕诉合一"。参见丁浩勇:《"捕诉衔接"机制研究》,载《中国检察官》2016 年第 6 期。

度来看），但也可能是确实无罪、可能错案（站在保障人权的角度来看），可试行主动更换公诉检察官的机制。

另一方面，借鉴回避制度的规定，赋予被追诉人及其辩护人对审查起诉阶段承办检察官的更换申请权。最高人民检察院检察长张军在担任司法部部长时，曾经指出"律师是法官的朋友，同时也是检察官、警察的朋友"，① 赢得了法律职业共同体的一致好评。检察官与律师都是法律职业共同体的一员，在个案中通过不同角度实现社会公平正义，"捕诉合一"改革后，集批捕权与公诉权于一身的检察官更应该主动接纳、信任律师。具体而言，在确定公诉阶段一般不更换检察官的原则上，若公诉阶段检察官以"你已经被我逮捕了，我肯定要起诉你"等言语明示或暗示威胁的，或在公诉阶段存在未及时告知诉讼权利义务、未按规定安排值班律师、未亲自提讯等严重违反诉讼程序、可能影响案件公正处理的，犯罪嫌疑人及其辩护人有权以可能先入为主、影响司法公正为由，申请其回避，由检察长或检察委员会依法决定。

五、小结

自我管理、自我监督从来不是一件易事，"吾日三省吾身"的高度自律说起来容易做起来难，金庸小说里"老顽童"周伯通练就的"左右手互搏术"更不是一般人可学、可练、可为。但改革就是要迎难而上，改革就是要直面问题，改革就是要解决问题，正如谢鹏程研究员所言："在当前以精简机构、重视效能为改革潮流的大背景下，采取捕诉合一是情理之中的事。"② "捕诉合一"是检察机关内设机构改革的核心内容，是深化司法责任制改革的潮流与方向，只有迎难而上、直面内部制约可能减弱的担忧，完善"捕诉合一"模式下的检察机关内部监督机制，尽最大努力使批捕"左手"与公诉"右手"互相制约，才能扬长避短、兴利除弊，防范和纠正冤假错案，确保案件质量的检察机关工作生命线，在执法办案中提供更为优质的法治产品、

---

① 周斌：《张军在全国两会"部长通道"接受采访时表示"律师是法官检察官警察的朋友"》，载《法制日报》2017年3月13日，第1版。

② 谢鹏程：《动态平衡诉讼观与检察工作》，载《中国检察官》2018年第7期，第18页。

检察产品。这一点，与北京市人民检察院检察长敬大力所言"围绕司法办案与检察监督合理分工，探索'捕诉合一'与强制措施检察等职能优化配置，合理设置工作机构"，① 具有异曲同工之处。

　　问题总是有的，关键在于承认问题、直面问题、解决问题、反思问题的正确态度。诚然，"捕诉分离"模式下否定同事相对容易，"捕诉合一"模式下否定自己相对困难，尤其是办案人员的合二为一导致自我监督人性之困、批捕环节的控辩协商导致自我监督意识减弱、微罪不诉的内部消化导致自我监督效果降低，都给"捕诉合一"模式下的检察机关内部监督机制提出了挑战。只要对症下药，构建检察官办案组内监督制约机制，健全检察机关内部监督考核机制，确立特殊情况下的更换检察官制度，相信"捕诉合一"改革后的检察机关内部监督不仅不会弱化，反而会有所强化，"捕诉合一"模式下的检察官会成为提供优质法治产品、检察产品的"能工巧匠"乃至"大师"。正如张建伟教授指出："'捕诉合一'属于检察机关内部机构和职能方面的调整，有一定的积极意义，对于刑事司法案件办理质量的影响虽非没有，但也未必若某些论者夸大的那样巨大。"②

---

① 敬大力：《把握深化检察改革的着力点》，载《人民日报》2018年7月25日，第7版。
② 张建伟：《"捕诉合一"的改革是一项危险的抉择？——检察机关"捕诉合一"之利弊分析》，载《中国刑事法杂志》2018年第4期，第12页。

| 下 编 |

"捕诉一体"模式之前景展望

| 第十章 |

批捕权改良的正面样本：诉讼化审查逮捕机制

一、问题的提出

从将批捕权赋予我国检察机关的制度设计之初，学界就以西方各国是法院决定审前羁押、检察院处于不中立的控告地位、刑事诉讼未决羁押率高达90%以上等理由，提出将批捕权从检察院转隶到法院的思路。相比而言，2001年修订的《俄罗斯刑事诉讼法》取消了检察长批准羁押的权力，规定只有法院有权决定羁押、羁押前的拘捕不得超过48小时，更对效仿苏联检察制度、扎根于列宁法律监督理论中所生的我国检察制度产生了冲击。我国2012年《刑事诉讼法》将逮捕分为社会危险性逮捕、径行逮捕、违规转捕三种类型，并细化了社会危险性的五种情形，但在审查逮捕的办案模式上，依旧坚持书面审查为主的三级审批制，"审查批捕工作不具有诉讼形态，存在着行政化、追诉化、救济虚无化等非诉讼化缺陷"。[①]

从大框架说，批捕权属于检察权，检察权的改革方向是从行政权向司法权的转化，但相比2000年起官方就正式提出可以公开审查方式行使的控告申诉权、不起诉权、民事诉讼监督权[②]，司法属性最强的批捕权在相当长时间

[①] 陈国兴：《对审查批捕进行诉讼化改造》，载《检察日报》2013年2月6日，第3版。
[②] 2000年5月最高人民检察院印发《人民检察院刑事申诉案件公开审查程序规定（试行）》，2001年3月最高人民检察院公诉厅印发《人民检察院办理不起诉案件公开审查规则（试行）》，最先规定公开审查的两项检察权能。2013年9月最高人民检察院《民事诉讼监督规则》第57条规定："人民检察院审查民事诉讼监督案件，认为确有必要的，可以组织有关当事人听证。"

内并未提及。直至 2009 年最高人民检察院发布《关于深化检察改革 2009—2012 年工作规划》，提出"有条件的地方检察机关，还可对争议较大的案件，试行当面听取侦查人员和犯罪嫌疑人及其律师意见的类似于听证程序的审查批捕机制"，首次提及"批捕案件中的听证程序"。2012 年最高人民检察院侦查监督厅开始在上海等部分省市进行"审查逮捕诉讼化"的理论研究和实践探索，直击书面化审查逮捕的行政治罪模式①。2016 年 9 月，最高人民检察院发布《"十三五"时期检察工作发展规划纲要》，提出"围绕审查逮捕向司法审查转型，探索建立诉讼式审查机制"，正式从官方层面回应学界"逮捕案件司法审查"的呼声，使用了"诉讼式审查"一词，将逮捕公开审查作为侦查监督厅 2016 年度工作要点之一。

近年来，以公开听证、公开听审、公开审查等模式为代表，诉讼化审查逮捕模式逐步推广，起到了良好的法律效果与社会效果，也引起了一定的争议。早在 2008 年，郭松副教授就从"司法资源有限、我国逮捕条件不适合听证式审查、听证式审查可能不利于侦查监督职能实现、双方程序抗辩不平衡"四个方面，指出"听证式审查逮捕方式在当下不具有可行性"②。2017 年 8 月 4 日，李翔教授在微信公众号"刑事实务"上发布了《十问审查逮捕诉讼化——以刑事实体法的视角》一文，从对等原则、释法说理、实质化、被害人参与、公开范围、救济途径、社会危险性条件、效率考察、共同犯罪案件、犯罪嫌疑人到场 10 个方面，对诉讼化审查逮捕机制提出了疑问。一石激起千层浪，诉讼化审查逮捕争议再起。

某种程度上，"诉讼式审查机制"在 2016 年 9 月的首次提出，是在新一轮司法改革的大背景下，面对多年以来批捕权转隶法院的学界呼声，官方层面所做的一种回应，是检察权的自我完善。站在新的历史起点，不得不深入思考：目前我国诉讼化审查逮捕试点中，"侦查人员与犯罪嫌疑人及其辩护人两造对抗、批捕检察官居中裁决"的听证（听审、公开审查）模式，与西方国家法院

---

① 所谓行政治罪模式，主要是针对现行审前程序中对于犯罪嫌疑人的处理方式而言，不是以诉讼的方式而是通过行政化的审批程序进行。

② 参见郭松：《质疑"听证式审查逮捕论"——兼论审查逮捕方式的改革》，载《中国刑事法杂志》2008 年第 5 期，第 69 页。

决定羁押"检控官与犯罪嫌疑人及其辩护人两造对抗、侦查法官居中裁判"的侦查法庭（羁押法庭）模式，究竟有何异同？提升逮捕质量的检察机关内部改良模式，是不是走到了尽头？诉讼化审查逮捕模式的设计初衷是什么？实践中审查逮捕诉讼化模式的运转情况如何？这种创新的审查机制前景面向何方？参照国际标准，以未决羁押的正当程序为准则，通过对审查逮捕案件诉讼化审查机制的实践审视，以局内人的角度，对机制缘起、运转情况、实践争议等各方面进行分析，提出破解诉讼化批捕审查模式误区的若干举措。

二、实践之考：诉讼化审查的三种样态

2012 年《刑事诉讼法》施行以来，从基层院到省级院，上海、北京、吉林、陕西、山东、河北、河南、浙江、四川、重庆、黑龙江等地都相继进行了审查逮捕听证的尝试，取得了良好的法律效果和社会效果。实践中，诉讼化审查逮捕机制的称谓不同，以公开听证、公开听审、公开审查三种为主。基层院层面上，各地检察院以规范性文件先行先试，如 2011 年 5 月浙江省嘉兴市南湖区检察院制定《审查逮捕阶段听证暂行办法》，2011 年江苏省宿迁市宿城区检察院制定《审查逮捕听证制度实施细则》，2012 年上海市嘉定区检察院制定《未成年人案件审查逮捕听证办法》；省级院层面上，对辖区基层院探索中行之有效的做法予以肯定，如重庆市检察院 2014 年 4 月发布《关于侦查监督案件公开审查的指导意见》，黑龙江省检察院 2014 年 6 月发布《黑龙江省检察机关普通刑事案件逮捕前公开审查工作指导意见（试行）》，广西壮族自治区检察院 2017 年 3 月发布《广西检察机关审查逮捕案件"诉讼式审查"试点工作指导意见》，体现了规范改革的探索。

（一）公开听证

早在 2009 年，就有基层院副检察长"根据批捕程序应当具有诉讼形态的程序要求"，"建议批捕听证程序"。[①] 以最早实行公开听证的 S 市为例，相关

[①] 李志雄、张兆松：《检察机关逮捕权制约机制的反思与重构》，载《河北法学》2009 年第 12 期，第 171 页。

数据显示，2016年S市侦监部门组织逮捕公开审查300余件300余人，同比人数上升54.2%，律师主动申请占58.9%，经审查不批准逮捕200余人，占70.9%。

公开听证是检察机关适用最多的诉讼化审查逮捕模式。例如，天津市检察机关侦查监督部门积极探索公开听证审查机制，将审查范围限定在事实清楚、证据充分之上的社会危险性要件，将公开范围限定在不涉及国家秘密和商业秘密、个人隐私、不影响侦查的案件；广东省深圳市检察机关坚持"客观中立、有利于侦查、检察公开"三原则，发布诉讼式审查逮捕的指导意见，明确适用范围和程序，尤其是执法监督员旁听公开听证并发表意见，引入了第三方机制；四川省南充、巴中等市级检察院，长宁、通江等县级检察院建立审查逮捕听证制度，对听取控辩双方意见的程序加以规范；贵州省遵义市检察院侦查监督处制定《关于开展以听证方式审查提请批准逮捕案件试点工作的通知》，针对社会危险性要件内容展开抗辩式直接审查。

（二）公开听审

"听审"与"听证"一字之差，突出了"审"的含义，更加体现了批捕检察官居中判断的审查理念。例如，广东省东莞、梅州等地检察机关推行的多方听审模式，以阳光审查为抓手，多方听取意见、增加办案透明度，构建多方听审的诉讼化审查逮捕新格局；江苏省苏州市检察院试点公开听审制度，在审查逮捕期间引入社会评议员、人民监督员等第三方，对争议较大、社会关注度大的案件进行公开听审，提升办案透明度和司法公信力；重庆市铁路运输检察院2015年4月制定了《重庆铁路运输检察院审查逮捕案件公开审查实施办法（试行）》，将公开审查案件的范围限定为"案件事实清楚、证据收集完整，在是否具有社会危险性、是否构成犯罪上争议较大或者社会影响较大的审查逮捕案件"，规定"案件审查以听审会的方式进行。听审会应当根据案件具体情况，邀请与案件无利害关系的人大代表、政协委员、人民监督员、特约检察员、政法委员会执法监督员、或者犯罪嫌疑人所在单位人员、住所地的居委会、村委会人员参与，组成听审团"，有一定改革探索的色彩。

（三）公开审查

试点工作中，出于对司法审查逮捕案件的称谓争议，部分检察机关对"听证""听审"的用词存在一定分歧，冠以"公开审查"的总体名称。例如，北京市检察院2014年8月在辖区若干检察机关试点逮捕案件公开审查，基层院与分院相结合；福建省检察院在全省范围内试点逮捕案件公开审查，多方听取各方当事人及其代理人的意见，邀请人大代表、政协委员和社区代表等第三方参与，新闻媒体介入报道，提升审查逮捕亲和力；重庆将逮捕案件公开审查纳入侦查监督案件公开审查中，将诉讼化审查拓展到立案监督、审查逮捕、羁押必要性审查等侦查监督的各个环节；浙江省检察机关通过公开审查，新增侦辩双方对社会危险性证据的举证、质证和逮捕必要性的辩论，程序性抗辩色彩凸显。

三、问题之思：诉讼化审查的双重效应

（一）先定后听：诉讼化审查的作秀之嫌

"就审查逮捕的听证运行现状而言，由于没有统一标准，各地检察院启动听证程序显得有些随意，甚至有为了听证而听证的'作秀'嫌疑。"[①] 实践中，存在试点地区片面追求听证审查的形式化倾向，在审查之前已经决定"拟批捕"或"拟不捕"，只是出于检务公开之目的，选取案发地、相关社区等地点进行公开。这种人为选择案件的方式，要求承办检察官在公开审查之前做好、做足实质审查，以便于公开审查时把握全局，但也导致公开审查程序的独立性存疑。如某检察院在有关公开审查逮捕案件的检察信息中写道："以提升司法公信力为核心目标，精心选择公开审查的案件，以社会关注度高、有明显的争议或者对地方矛盾的化解有一定影响的案件为重点。"只要

---

① 高越：《审查逮捕程序运行的诉讼化改造研究》，华东政法大学2015年硕士学位论文，第50页。

是有选择，就容易避重就轻，走向形式化的边缘。对此，已经有检察官对其公开审查逮捕的一件故意毁坏财物案，直言"其实拿到案卷看了两分钟我就知道这是一个明显不捕的案子"，"审查活动如计划一般顺利，但是结束之后我也在思考逮捕公开审查的意义所在"。[1]

　　站在被追诉人的角度，在隶属于侦查阶段的审查逮捕程序中，要完全实现类似审判阶段的控辩对等，在侦查机关提捕证据并不开示的情况下，尚不现实。在诉讼化审查逮捕机制中，律师只能通过会见犯罪嫌疑人获取单方有限案情、从侦查人员处了解到涉嫌罪名，在此基础上，有关案件事实与证据问题的辩护意见针对性不强，只能更多提交有关社会危险性、逮捕必要性、羁押必要性的证据（如居委会或村委会出具的表现情况、家庭困难证明等，被害人退赔收条、谅解书等，本地有住处、愿意作保等），起到事实已经认定基础上的锦上添花作用，除了审查逮捕阶段才达成的退赔谅解协议，其余作用不大。

　　对于个案而言，如果现有机制完全能够达到同样的处理结果，为何要耗费人力物力财力，在原本就紧张的七天审查逮捕期限，再挤出至少一天的时间来公开审查？不少检察院在案件选择上往往存在将事实清楚、证据确实充分，或者犯罪情节较轻、拟作不批准逮捕，或者犯罪情节恶劣、拟作批准逮捕的案件作为公开审查案件的范围，呈现出先定后听、或捕或不捕的两极分化现象。同样为社会危险性审查，2003年就曾有法院探索缓刑听证程序，当时陈兴良教授就认为没有必要，"是否再危害社会的主观随意性问题，完全可以用现有制度解决。法官听被告律师和检方在这方面进行举证，法官居中裁判就行了。法官所做的缓刑调查，实际上是辩护律师和检方应做的工作。如果把这项程序推广出来，只会增加法官负担和司法成本"。[2] 十余年后以同样理由审视批捕听证程序，依旧值得思考。

---

[1] 参见LCC：《我眼中的审查逮捕诉讼化（十答李翔老师）》，载微信公众号"办案人"，2017年8月7日。

[2] 傅剑锋：《全国首例缓刑听证案调查："本质不坏"犯法被缓刑》，载《南方都市报》2003年6月26日，第3版。

（二）过度公开：诉讼化审查的公审之嫌

逮捕案件诉讼化审查是否对外公开，存在一定争议。若公开，可能加剧逮捕定罪的色彩，甚至导致媒体公审、人民公审，有违无罪推定原则，不利于被害人隐私和侦查秘密的保护；若不公开，闭门造车的行政化审查逮捕机制不作改变，则难以相信检察官的客观义务，"过高估计检察官承担客观义务的能力以及客观义务论的价值不符合刑事诉讼现实"。① 有基层院副检察长提出了实现对逮捕案件的主动开放，"检察承办人员是在有控、辩双方参与及社会公众公开监督下审查案件，从而有利于增强司法的透明度、公开性，保证权力在阳光下运行"。② 闵春雷教授指出："由于处在侦查初期，逮捕亦不具有惩罚的性质，逮捕听证原则上不必向社会公开，必要时可邀请人民监督员参与。涉及和解、赔偿等影响刑罚及社会危险性评价的案件，被害人及其诉讼代理人可以到场并就相关事项发表意见。"③ 高一飞教授也提出了公开的限度，"当案件公开会对后续侦查行为造成障碍，或案件存在多个被告人，且其他被告人尚未被抓捕时，为保障程序的进行，不公开或延迟公开案件的相关信息"。④ 可见，审查逮捕案件的公开必须适度。

2016年12月6日，重庆市巴南区检察院在当地一个乡镇的院坝内，对一起盗窃案是否符合逮捕的事实条件、刑罚条件、社会危险性条件进行公开审查，由侦查人员、辩护律师、犯罪嫌疑人亲属、被害人代理律师、被害人亲属参与，邀请村委会工作人员、村民代表、人民监督员列席发表意见，对外开放旁听，进行了同步网络视频直播，次日在官方微信公布处理结果。在直播网站网友的即时评论中，有网友问道"这是干吗"，另有网友回答"公审吧"，显示了一定的误解。无独有偶，在个别媒体对相关事实的报道中，基于节约字数的标题效应，对公开审查逮捕的新闻标题简化为"逮捕公审"，

---

① 龙宗智：《检察官客观义务论》，法律出版社2014年版，第157页。
② 柯志欣、刘宪章：《审查逮捕程序诉讼化改革之思考》，载《中国检察官》2014年第6期，第58页。
③ 闵春雷：《论审查逮捕程序的诉讼化》，载《法制与社会发展》2016年第3期，第66页。
④ 高一飞：《美国刑事审前听证程序公开及对我国的借鉴意义》，载《比较法研究》2017年第1期，第62页。

起到了混淆视听的效果，有违公开本意。广西百色市右江区检察院甚至将公开审查称为"诉讼式审查"逮捕现场会，殊不知"逮捕现场会"的称谓可能会使公众产生"现场逮捕会"的错感。

不同于西方国家只审查犯罪嫌疑人的羁押必要性、不涉及案件定罪量刑的实质审查，我国批捕权是建立在实体审查构成犯罪之上的程序性裁判。目前我国逮捕案件的公开审查中，只要所选案件限定在"事实清楚、证据充分，只是社会危险性条件有争议"，就已经注定了公开审查的案件都是检察院认定"有证据证明有犯罪事实"的有罪案件——在无罪判决率极低的现状下，基于"未经法院判决不得对任何人定罪"的规定不可能正式宣告有罪，但极其接近甚至无限接近有罪的价值判断毋庸置疑。因此，以公开促公正的道理浅显易懂，但侦查阶段的公开需要极其谨慎。审查逮捕环节隶属于侦查程序，对社会公开就会产生一定的定罪效应——如果当场宣布决定批准逮捕，甚至会有"公捕"效应。

此外，公安机关的侦查人员并无参与逮捕案件公开审查的法定义务，目前由承办民警或法制民警参加公开审查、发表意见的模式，更多是建立在公检法三机关互相配合的基本原则之上，辖区兄弟单位对己方机制创新的一种支持。正是由于法无明文规定，不少公安民警对参会时的发言小心谨慎，以免过度公开案件事实证据，有违侦查保密原则，导致有罪推定后果。侦查秘密包括侦查机关在侦查过程中采取的各种侦查手段、措施，证明犯罪事实的主要证据收集、认定情况等不宜在侦查阶段对案件当事人、辩护律师、诉讼代理人公开的案件信息。侦查秘密属于国家秘密，一旦因为言行不当对外泄露，轻则过失泄密，重则故意泄密，若造成不良影响，甚至可能达到犯罪程度。因此，在目前的公开审查模式下，为了避免泄密风险，不少检察机关将公开审查的范围限定在社会危险性评估方面，批捕检察官往往选择在审查之前与侦查民警、辩护律师、犯罪嫌疑人、被害人等参与人沟通，阐明社会危险性含义、公开审查的范围，做出决定后通常也不对外说明原因。但即便如此，也可能涉及小部分案件事实证据。以上海为例，在一件故意伤害案中，被害人在公开审查时提出受伤新证据，检察官不得不在公开审查后调查核实；也有法律适用问题，如盗窃同居女友的财物，是否应作为犯罪处理等。事实上，将职务犯罪案件的审查逮捕排除在公开审查的范围之外，就可见检察机关对审查逮捕案件证据要件公开与否的审慎考量。

四、价值之求：诉讼化审查的机制完善

（一）合理行权：诉讼化批捕的国际标准

正如公安机关亟于证明自己对看守所管理权行使的正当性、法院亟于证明自己对民事案件执行权行使的正当性那样，符合国际人权标准的诉讼化审查逮捕模式，正是检察机关证明自己对批捕权行使正当性的突破口。以孙长永教授曾经提及、欧洲人权法院 1998 年 10 月 28 日判决的 Assenov and others v. Bulgaria 案为例，批捕检察官要想被认定为《公民权利与政治权利国际公约》第 9 条第 3 款"其他经法律授权行使司法权力的官员"，符合《欧洲人权公约》第 5 条第 3 款所要求的独立性和中立性，[①] 必须满足三个条件：一是坚持未决羁押决定权与国家犯罪指控权的互相制约，尤其是未决羁押决定者的中立性；二是取消追捕、未到案直接批捕、委托同事讯问等与亲历性相悖的做法，坚持每案必讯、每人必讯，落实司法责任制，由承办检察官亲自讯问、审查，在检察官权力清单的授权范围内独立做出决定；三是满足犯罪嫌疑人对处理决定的知情权，告知其批捕理由、不批捕的类型及理由，赋予其不服处理决定向法院提起诉讼的救济权，"被逮捕的犯罪嫌疑人及其法定代理人不服逮捕决定时，可以申请当地基层法院予以撤销或者变更；不服基层法院维持逮捕决定的裁判时，申请人可以提出上诉"[②]。

[①] 《公民权利与政治权利国际公约》第 9 条第 3 款规定："任何因刑事指控被逮捕或者拘禁的人，应当被迅速带见审判官或者其他经法律授权行使司法权力的官员，并有权在合理的时间内受审判或者被释放。"《欧洲人权公约》第 5 条第 3 款也规定："被逮捕或拘禁的任何人，应立即送交法官或其他经法律授权行使司法权力的官员，并有权在合理的时间内受审或在审判前释放。"

[②] 孙长永：《检察机关批捕权问题管见》，载《国家检察官学院学报》2009 年第 2 期，第 62 页。

逮捕是最严厉的强制措施，批捕权实质上是一种程序性裁判[①]权力，属于司法权，理应纳入诉讼化审查的轨道。闵春雷教授指出："刑事程序的诉讼化（亦称司法化），主要是依照诉讼的特有规律实现对程序的设计，表现为控辩双方充分平等的参与以及裁判者的中立性，以区别于行政化的决定模式。"[②] 出于时间紧、任务重、人员少的客观考虑，逮捕案件的公开审查可以常态化，但不可能主导化；有必要借鉴刑事案件二审的做法，将书面审查与开庭审查相结合，建立诉讼化审查逮捕分流机制，以带有诉讼化色彩的听取各方意见为主，以针对特定案件的司法听证为辅。正如有检察长指出："针对目前检察机关普遍存在的办案人员少、案件多、法律规定的审查逮捕时限较短的现状，不可能对所有的案件都进行公开听证审查，因此应当探索案件分流制度，实现重大案件的公开审查机制。"[③]

（二）以听取意见为主，构建诉讼化批捕的常态机制

一是将传统的书面审查模式转为有诉讼特征的听取意见机制。早在2011年，就有基层副检察长提出："修改现行刑事诉讼法关于我国检察机关审查批准逮捕程序的规定，由行政审批的方式改为庭审式与'书面审查'相结合的方式。"[④] 称谓上，受到侦查中心主义影响的"书面审查"一词不妥，容易使人产生封闭性、行政化的怀疑，应当顺应以审判为中心的诉讼制度，改为听取意见式的诉讼化审查模式，增加每一个审查逮捕案件的诉讼化色彩。"有权批准逮捕的机关在裁决是否批准逮捕时，应当同时审查侦查机关适用逮捕的理由以及犯罪嫌疑人、辩护人的辩护意见，以便在决定机关、侦查机关和犯罪嫌疑人、被告人之间形成基本的诉讼结构，侦查机关与犯罪嫌疑人、

---

① 程序性裁判则是司法机关就所涉事项是否合乎程序所进行的裁判活动，这种裁判可以发生在审前阶段、庭审阶段甚至判决执行阶段，且除了有辩护一方以外，更多的是行使国家追诉权的警察、检察官。参见胡婧：《审查批准逮捕权的属性探讨》，载《西部法学评论》2016年第6期，第108页。
② 闵春雷：《〈刑事诉讼法修正案（草案）〉完善的基本方向——以人权保障为重心》，载《政法论坛》2012年第1期，第27页。
③ 李慧英、徐志涛：《审查逮捕程序诉讼化模式的构建》，载《人民检察》2014年第19期，第35页。
④ 顾华：《我国检察机关审查逮捕程序的诉讼化研究——以公安机关提请批准逮捕为视角》，载《公民与法》2011年第10期，第35页。

被告人在审查决定机关审查时形成诉讼制衡,保证所作出的批准逮捕或者不批准逮捕决定的公正性。"[1] 实践证明,在审查逮捕期限 7 日极其紧张的情况下,只要逮捕条件依旧包括构成犯罪的事实要件,以公开听证的方式审查逮捕就不可能成为常态,这既是案多人少的司法资源短缺所致,更是多数案件事实明了、单独对逮捕必要性问题没有听证必要的案发情况所致。

二是取消批捕检察官承担的提前介入、引导侦查职能,改为公诉检察官提前介入,或借鉴北京、湖北等地侦查监督部门与审查逮捕部门分设的模式。正如法官不能提前介入侦查、起诉活动,为了进一步解决批捕检察官地位不中立的诟病,在检察机关的内部职能配置上,有必要遵循不告不理的司法属性,秉持批捕检察官居中裁判的消极性,规定承办案件的批捕检察官不能承担明显偏向打击犯罪的提前介入、引导侦查和追捕等职能,改为具有控诉职能的公诉检察官行使。换言之,侦查与批捕的侦捕关系应当定位于类似"控审关系",侦查监督职能与审查逮捕职能属性不同,不可混同。

三是坚持每人必讯,发挥亲历性。据不完全统计,目前审查逮捕每案必讯的有天津、重庆,基本实施的有福建、北京(除犯罪嫌疑人因患有严重疾病不具备接受讯问能力或者因极端气候导致无法提讯原因外)。让犯罪嫌疑人在批捕检察官面前有一个充分的说理机会,有助于进一步查明案件事实、核实逮捕必要性与侦查合法性,既是逮捕诉讼化的最基本要求,更是决定羁押与否的国际通行标准。因此,必须发挥承办检察官的亲历性,杜绝委托同事(如下级检察院批捕人员、驻所检察人员等)代为讯问、指派助理(如保留法律上助理检察员资格的检察官助理、书记员、司法行政人员等)单独讯问、与非检察人员(如实习生、保安、司机、文员、公安民警等)一同讯问等"事不躬亲"的做法,至少一位讯问人是承办检察官(可以带一位检察官助理),可以采用远程视频讯问的方式,并做好远程视频讯问的全程同步录音录像工作。同时,鉴于在逃或未到案人员无法讯问,不符合诉讼化审查逮捕的亲历性要求,应当取消追捕、未到案直接批捕等偏向惩罚犯罪的做法,

---

[1] 万春、高景峰:《刑事强制措施及其监督制度的立法完善(上)》,载《检察日报》2006 年 2 月 14 日。

改为公安机关刑事拘留后网上追逃,待人到案后再审查逮捕。

四是扩大听取辩护人意见的范围,构建诉讼化的两造格局。现行制度下,律师在审查逮捕环节无阅卷权,介入数量极低,在案件事实与证据的方面作用不大,对逮捕必要性证据的提交也较为有限。在新型检律关系之下,律师既是检察官的朋友,也是警察的朋友。在侦查程序律师阅卷权尚无法突破的情况下,有必要通过刚性措施扩大律师介入范围:如值班律师在认罪认罚案件侦查阶段就介入;又如法律援助律师在可能判处无期、死刑及未成年人犯罪等必须提供法律援助的案件,侦查机关第一次讯问或采取强制措施后就介入;再如批捕检察官主动联系律师、听取意见、告知结果并解答疑问。

五是加强询问被害人及证人的力度,促进逮捕案件实质化审查。对是否赔偿、是否谅解、公安机关询问是否规范等问题,以电话询问为主;对案件事实证据问题,以正式询问为主。据笔者实践,在审查逮捕环节,对于强奸案被害人一般均通知到检察院询问室正式询问,对故意伤害致轻伤的被害人都要电话询问"是否追究对方刑事责任",对卷宗有被害人领条、谅解书的一般电话询问其真实性。询问对查明案情有关键作用的证人也是如此。

六是适当开示逮捕理由,做好释法说理工作。正如所有审判案件都应当公开宣判,所有审查逮捕案件都应当公开结果。"逮捕的理由开示就是将逮捕的理由、事实依据及逮捕的罪名记载在逮捕证上或者在逮捕提讯中告知嫌疑人。"[①] 以对等为原则,有必要借鉴不批准逮捕向公安机关发出《不批准逮捕理由说明书》的方式,对批准逮捕的案件向犯罪嫌疑人及其辩护人发出《批准逮捕理由说明书》,鉴于侦查保密的原则,只列明涉嫌的罪名,主要侧重对逮捕必要性的说理,列明有逮捕必要性的具体条文,如社会危险性的适用情形、径行逮捕、转捕等适用条文,并对提讯时犯罪嫌疑人提出的非法取证等控诉予以回应。同时,对不批准逮捕的案件,在看守所出具的《释放证明》上,载明对犯罪嫌疑人不批准逮捕的具体类型,如证据不足、无逮捕必要或不构成犯罪。尤其要以《最高人民检察院关于加强检察法律文书说理工

[①] 贾俊玲、林强:《四个方面推进审查逮捕程序诉讼化改革》,载《人民检察》2014年第12期,第75页。

作的意见》为抓手，对不批捕案件做好公安机关和被害人的释法说理工作，对批捕案件做好犯罪嫌疑人及其近亲属、辩护人的释法说理工作，有效预防和化解社会矛盾。

（三）以司法听证为辅，发挥诉讼化批捕的特殊价值

一是妥善选择诉讼审查称谓，杜绝不当公开效应。叶青教授指出："就审前程序而言，建立一套完整的司法听证机制，将各项追诉活动纳入诉讼化的轨道，不仅有利于实现审前程序与审判程序的良好衔接，也有利于审前司法听证彻底的诉讼化。"[①] 鉴于公开在侦查阶段需要极其谨慎，"公开听证""公开听审""公开审查"等过度强调公开的称谓略有不妥，容易造成不良的"公捕"效应，而诉讼化审查逮捕目的在于提高检察权的司法属性，为了去除行政听证的色彩，确立为"司法听证"的称谓较为适当。

二是以申请的疑难案件为主，合理确定听证案件范围。疑难案件往往不能在受案之后第一时间就做出判断，而必须充分利用审查逮捕的七天办案期限，发挥司法审查亲历性与能动性。最高人民检察院侦查监督厅副厅长黄卫平指出："逮捕案件公开审查的范围应该是针对疑难案件，有争议、比较复杂的案件，介于逮捕或者不逮捕之间的案件等。"[②] 诉讼的本质在于对利益冲突干预和解决，因此，要禁止先入为主，对拟逮捕的案件或拟不捕的案件为了听证而听证，应当以犯罪嫌疑人及其辩护人的申请为主，以检察机关依职权启动为辅（在试点阶段可以由检察机关启动为主，以便扩大影响力），由批捕检察官在提讯犯罪嫌疑人时告知其有申请司法听证的权利，并及时做出回应。[③] 也只有选择有抗辩空间的疑难案件进行诉讼化审查，才不至于

[①] 叶青、周登谅：《刑事审前司法听证制度的透析与前瞻》，载《法律科学》2004年第4期，第77页。

[②] 关仕新：《厘清疑难问题：在规范中强化侦查监督》，载《检察日报》2014年8月11日。

[③] 诉讼化审查逮捕机制如何启动，是机制完善的首要内容。长远来看，有必要完善法律，将"犯罪嫌疑人有权申请诉讼化审查逮捕"写入侦查机关首次讯问的《犯罪嫌疑人权利义务告知书》中，且规定"侦查机关应当在提请批准逮捕后24小时内告知犯罪嫌疑人及其辩护人已经提捕"；短期来看，由于该机制主要是检察机关内部改革，可以由批捕检察官在提讯时一并告知，并考虑到可能的准备时间，批捕检察官应当在审查逮捕期限届满的至少前一天提讯。

走形式化审查的老路,才能体现诉讼化审查逮捕的实质意义和真实价值。

三是合理确定参与人员,明确犯罪嫌疑人必须参加司法听证。参与人员以批捕检察官居中裁判,侦查人员、犯罪嫌疑人及其辩护人、被害人及其代理人为主,谨慎选择社区代表、基层群众等与案件无关的第三方参与,可以邀请人民监督员、人大代表、政协委员等对检察机关办案有监督职责的第三方参与。对未被羁押的犯罪嫌疑人,听证地点选择在检察院参照法庭布置的司法听证室,没有独立听证室的,可以有中立色彩的会议室代替,严禁使用办案区作为听证室;对被羁押的犯罪嫌疑人,短期内可以在看守所内进行逮捕听证,长期而言,鉴于看守所隶属公安机关管理,并不中立,可以采用远程视频方式由犯罪嫌疑人远程参见听证,有条件的检察机关可与辖区公安机关签订"逮捕听证提解犯罪嫌疑人"的规定,由犯罪嫌疑人身着便服前往检察机关听证室参与逮捕听证。

四是引入言辞辩论,增加对抗色彩。听证与听取意见最大的区别,在于参与人之间的互动性,侦查人员、犯罪嫌疑人及其辩护人、被害人等各方可以在充分表达自己意见的同时,听取对方意见,并予以反驳、辩论。以上海地区规定为例,"检察官可根据公开审查情况,对侦、辩双方有针对性发问,也可询问其他参与人意见;并根据第一轮意见情况,决定是否让侦、辩双方发表第二轮意见",有一定的侦辩交锋色彩,值得借鉴。同时,借鉴当庭宣判的机制,主持听证的批捕检察官应当以当场宣布决定为主、听证后再做出处理为辅。

五是对社会影响较为强烈的案件,适当举行公开听证。如何破解侦查保密原则与批捕公开进行的理论难题,需要对检务公开进行尺度拿捏。虽然审查逮捕环节是检察机关的办案环节,但隶属于侦查阶段;检察机关在审查逮捕时不仅要遵循批捕权行使的司法性,还要遵循侦查权行使的保密性。以2016年8月3日重庆市万州区举行的一件公开审查逮捕案件为例,该案系重庆市首例故意毁坏骨灰案,犯罪嫌疑人系死者之子,因遗产纠纷将置于灵堂的母亲骨灰盒砸烂,社会反响强烈。参加该案公开审查的"市人大代表表示本案的社会影响相当恶劣,同时应结合该案对社会公众进行普法宣传;区人大代表表示要建立和弘扬社会主义核心价值观,从做人最基本的良知来讲,发生这样的事是不应该的；居委会代表表示两名犯罪嫌疑人的行为违背道德、违反法律，对当地社区造成恶劣影响，造成了严重不良后果"。可见，对个别社会影响极其恶劣的案件，通过司法听证的公开进行，既对相关当事人公开，又通过邀请社会人员参与，更能加强社会大众的教育效果和提高公民参与的积极性。

六是以完善羁押必要性审查制度为抓手，明确批捕后的救济途径。无救济则无权利，司法属性的一大特征就是可救济，而犯罪嫌疑人无法对批捕决定进行救济，是审查逮捕体制中的最大诟病。为此，2012年《刑事诉讼法》新创设了羁押必要性审查制度，但这种制度也仅限于检察机关内部的救济，与法院审查的司法救济比，可谓迈出了一小步。与侦查机关对不捕决定不服的复议、复核相比，犯罪嫌疑人对批捕决定的救济更多停留在是否羁押的程序方面，由与做出批捕决定的侦查监督部门同级的刑事执行检察部门进行，独立性不强，建议赋予犯罪嫌疑人与侦查机关同等的复议、复核权，先由同级刑事执行检察部门复议，依旧不服的再由上一级刑事执行检察部门复核，复议、复核范围系全案审查，不限于羁押必要性。[①]

五、小结

联合国经社理事会"关于任意羁押的专家工作组"曾于1997年10月6—16日和2004年9月18—30日两次派人到我国考察未决羁押制度的实践情况，在一定程度上促进了我国法治进程的现代化。时不我待，在职务犯罪侦查权已经转隶监察委员会、学者对批捕权转隶法院的持续呼声之中，检察机关对批捕权的完善正处于机制创新的关键时刻，在"捕诉一体"办案模式下，选择一条有中国特色的诉讼式审查逮捕之路，以听取意见和听证程序相结合，进一步提升逮捕案件质量、降低逮捕率与羁押率，不失为在现行制度之下的机制改良之策。笔者设想，待我国批捕率降低到70%以下、未决羁押

[①] 这种增加检察机关内部制约、层级制约的救济方式，是我国批捕权隶属检察机关的制度之下，较为可行的相对合理之策。只要"刑事强制措施不可诉、不可由法院进行司法审查"的壁垒不破，由法院直接审查或救济审查羁押与否的制度设计就注定无法实施。

率降低到50%以下之后，官方可以在适当时机再次邀请联合国、欧洲人权法院等专家学者，对我国未决羁押制度尤其是审查逮捕的诉讼化改革进行考察，再次出具相关报告，以兼容并蓄的包容态度表明大刀阔斧的改革决心。毕竟，从语义解释的角度，公约原文中"法官或其他经法律授权行使司法权力的官员"之用词表明，法官并非有权决定羁押的唯一人选，否则就不会重复列举。面对批捕权应当由法院行使的学界呼声，检察机关要做的不是自怨自艾、踟蹰不前，而应以2017年9月《检察院组织法》修正后依旧规定"批捕权由检察机关行使"的契机，直面争议、就事论事，立足本国国情，向国际人权法的通行标准靠拢，以实践来检验真理，用事实说话、用数据说话，进一步完善诉讼化审查逮捕机制。

第十一章

批捕权改良的负面教训：附条件逮捕制度

一、问题的提出

从 2006 年 8 月 17 日最高人民检察院检察委员会通过《人民检察院审查逮捕质量标准（试行）》正式规定附条件逮捕制度，到 2017 年 4 月 27 日最高人民检察院侦查监督厅发布《关于在审查逮捕工作中不再适用"附条件逮捕"的通知》，11 年弹指一挥间，附条件逮捕制度在我国法制史上留下了短暂的印记。正如 2006 年形成于侦查需要的附条件逮捕制度是"悄悄地来"，2017 年消亡于备案审查的附条件逮捕制度也是"悄悄地走"，迄今未见实务界与理论界展开反思，仿佛附条件逮捕制度从未存在过，而媒体也仅从备案审查制度的角度加以报道。在全面推进依法治国的今天，制度建设固然可贵，更加可贵的是从废止的历史制度中寻找原因。附条件逮捕制度的废止，对于检察机关"捕诉一体"办案模式的推进与完善，具有批捕权改良合理性之反面教材的重要意义。

"我们评价一个制度，无论如何不能仅仅以个别事件的实质性对错为标准，而是要对一个制度作出总体上的利害权衡，而这种权衡是公众在历史中选择的产物。"[①] 作为法律无明文规定、由最高人民检察院通过司法解释自我授权的一项工作制度，附条件逮捕制度不是公众通过民意代表机关——全国

---

① 朱苏力：《制度是如何形成的？——关于马歇尔诉麦迪逊案的故事》，载《比较法研究》1998 年第 1 期，第 71 页。

人大而依法选择,却通过公民个体上书建言的方式,最终被民意代表机关的常设机构——全国人大常委会而督促废止,这无疑体现了"以人民为中心"的法治理念。如果说当初附条件逮捕制度的设立突破了法律框架,那如今附条件逮捕制度的废止无疑守住了法治底线,羁押性强制措施的法治笼子越扎越紧。回首存在11年的附条件逮捕制度,从诞生初的悄然而至,到运行中的轩然大波,再到维持下的孑然独行,后到废止时的轰然倒塌,附条件逮捕制度的历史沿革及经验、教训等亟待梳理、研究。只有尊重人民对制度的选择,以让人民群众在每一个司法案件中都感受到公平正义为制度设计的出发点和落脚点,才能对附条件逮捕制度进行全方位的"回头看",找准消亡之因,为逮捕制度和备案审查制度的完善提出可行性建议。

二、悄然而至:附条件逮捕制度的诞生

(一)理论基础:对逮捕证据条件的细化

建立在上海、北京2002—2005年地域探索基础上的附条件逮捕制度,是实践反作用理论的产物,是基于当时对逮捕证据条件的理解,以解决"捕后无罪处理案件快速上升"的问题。如果说上海2002年开始的探索只是部门性、地区性,[①]那么北京2004年开始的探索就将地区性举措上报至最高人民检察院。[②] 在此认识下,最高人民检察院2005年5月在全国检察机关第二次

---

① 上海市人民检察院侦查监督处2002年7月制定了《关于相对批捕、相对不捕和绝对不捕适用条件的规定》,以地区规范性文件的形式首提"相对批捕";上海市人民检察院、上海市公安局2003年1月联合制定了《关于绝对不捕、相对不捕、存疑不捕和有条件批捕的适用条件的规定》,以地区性会议纪要的方式首提"有条件批捕";上海市人民检察院、上海市公安局2005年11月联合制定了《关于有条件批准逮捕的实施细则》,进一步细化了有条件逮捕的适用范围、条件、程序、跟踪审查等环节规定。

② 北京市人民检察院2003年年底在案件质量专项复查中,发现了"捕后无罪处理案件上升较快"的趋势,研究后发现重大刑事案件的侦查受到批捕与否的影响,遂于2004年10月向北京市政法委汇报,提出"重大案件已经收集到主要证据的,认为经过继续侦查取证可能收集到定罪所必需的证据的情况下,经过上一级人民检察院的同意,可批捕"的解决方案。进一步研究后,北京市人民检察院2005年1月向最高人民检察院提交了《关于当前审查逮捕案件质量存在的主要问题及对策报告》,将有条件逮捕作为解决审查逮捕工作中主要问题的重大举措之一。

侦查监督工作会议上，将"有证据证明有犯罪事实"的法定逮捕证据条件，细化为以"证据所证明的事实构成犯罪"为原则、以"证据所证明的事实基本构成犯罪"为例外，"基本构成犯罪确需逮捕的，一是现有证据所证明的事实必须基本构成犯罪，即要达到'八九不离十'的程度；二是根据现有证据综合分析，案件经过进一步侦查能够取到定罪所必需的证据"。① 最高人民检察院2006年8月17日第十届检察委员会第五十九次会议通过《人民检察院审查逮捕质量标准（试行）》，第一章"逮捕条件"的第四条虽然未直接确定"附条件逮捕制度"的名称，但在适用条件、范围、程序、后续等方面明确了其内涵。至此，通过检察委员会决定的司法解释制定程序，以工作制度创新为由的附条件逮捕制度，在全国检察系统开始推广，不少地区也制定了本辖区的实施细则。② 最高人民检察院2010年8月25日第十一届检察委员会第四十一次会议通过《人民检察院审查逮捕质量标准》，第二章"审查逮捕程序要求"第十三条对附条件逮捕制度从适用条件、程序、后续措施三方面做出修改，将"证据有所欠缺"的表述改为"现有证据所证明的事实已经基本构成犯罪"，把决定主体从检察委员会扩展到检察长，并明确捕后2个月的后续审查期限。可见，从2006年的试行规定到2010年的正式规定，最高人民检察院对附条件逮捕制度的认识是不断调整、深化和完善的。

（二）理论探讨：支持者理由不尽相同

2006—2012年，是附条件逮捕制度理论研究的热点7年。扎根实践的附条件逮捕制度一经问世，就受到检察机关、公安机关的高度关注。2006—2007年，即使司法解释已经公布，但理论界并无相关论文呈现，依旧处于实践先行的状态，直至2008年8月29—30日，北京市人民检察院、中国社会科学院法学研究所、北京市人民检察院第二分院在北京联合举办"逮捕制度的深化与发展专题研讨会"，理论界与实务界共130余人与会，围绕附条件逮捕的提出背景与制度概况、价值与正当性、适用条件与证明标准、定期审查

---

① 朱孝清：《强化侦查监督维护公平正义》，载《人民检察》2005年第12期，第7页。
② 以重庆市为例，就有2007年8月重庆市渝北区人民检察院《附条件批准逮捕实施办法（试行）》、2008年2月重庆市南岸区人民检察院《附条件批准逮捕实施办法（试行）》、2008年9月重庆市人民检察院《附条件批准逮捕实施办法（试行）》等。

与检警关系、制度构建与展望五个主题进行了深入研讨。此后几年，有关附条件逮捕制度的研究如雨后春笋般层出不穷，[①] 多数学者、几乎所有检察干警持支持观点，[②] 只有一个基层检察长2012年在内部调研报告中提出"废止"的观点[③]（见表11-1）。

表11-1　2010—2012年对附条件逮捕制度的理论界研讨

观点	姓名	对附条件逮捕制度的观点
支持	陈光中	不附条件逮捕实质是要求证据确实充分，附条件逮捕因此合法[④]
	樊崇义	工作机制创新，赋予自由裁量权，所附条件不能突破解释底线[⑤]
	卞建林	证据有欠缺、有逮捕必要的可批捕，但"可捕可不捕的不捕"[⑥]
	汪建成	是限制规范权力，必然结果，大量案件处于中间状态，有逮捕必要[⑦]
	冀祥德	可系统建立包括附条件逮捕、不附条件逮捕等司法审查制度[⑧]
	徐鹤喃	是对羁押必要性慎重考量而创新，定期审查是羁押必要性审查[⑨]
	高维俭	实践中严格，附条件批捕尺度不逾矩，是刑诉法批捕条件回归[⑩]
	朱丰雅	虽违法，但完全排斥审查逮捕的自由裁量权是机械、偏执的[⑪]

---

① 截至2018年8月11日，在中国知网上，以"附条件逮捕""有条件逮捕""风险逮捕"为主题分别搜索，共有相关文章129篇：2008年20篇，2009年16篇，2010年14篇，2011年23篇，2012年19篇，2013年18篇，2014年6篇，2015年9篇，2016年1篇，2017年1篇，2018年2篇。其中，2006—2007年无论文；2008—2012年有92篇，占71.32%；2013—2018年逐年下滑。

② 据笔者统计，2008—2012年共有34位检察干警公开撰文支持附条件逮捕。以单位区分，最高检3人，北京检察机关19人，天津、重庆检察机关各2人，上海、辽宁、河南、山东、福建、广东、湖北、安徽检察机关各1人。多数观点，参见伦朝平、贾贞主编：《附条件逮捕制度研究》，法律出版社2008年版。

③ 时任重庆市开县检察长在内部刊物中，指出附条件逮捕制度把证据标准降低到疑罪程度，捕后对所附证据继续审查本身就证实可能错捕，且制度设计突破法律框架，应当废止。参见陈康、张一薇：《附条件逮捕制度的存废探讨》，载《开县人民检察院检察调研》第34期，2012年8月14日。

④ 参见《控制犯罪与保障人权的平衡》，载《国家检察官学院学报》2008年第6期，第24页。

⑤ 参见《控制犯罪与保障人权的平衡》，载《国家检察官学院学报》2008年第6期，第24页。

⑥ 参见《控制犯罪与保障人权的平衡》，载《国家检察官学院学报》2008年第6期，第24页。

⑦ 参见汪建成：《附条件逮捕改革述评》，载《烟台大学学报（哲学社会科学版）》2009年第4期，第18页。

⑧ 参见冀祥德、张文秀：《附条件逮捕：肯定抑或否定——一种基于诉讼形态的考察》，载伦朝平、贾贞主编：《附条件逮捕制度研究》，法律出版社2008年版，第28页。

⑨ 参见徐鹤喃：《中国的羁押必要性审查》，载《比较法研究》2012年第6期，第88页。

⑩ 参见刘金林：《附条件逮捕：人权保障背景下的探索》，载《检察日报》2008年9月5日，第3版。

⑪ 参见朱丰雅：《对有条件逮捕的三点思考》，载伦朝平、贾贞主编：《附条件逮捕制度研究》，法律出版社2008年版，第153页。

续表

观点	姓名	对附条件逮捕制度的观点
反对	李贵方	最大积极意义在确立了定期审查，应推广到全部逮捕案件[①]
	陈卫东	违法降低要求，违反少捕政策，本质以捕代侦，授权突破正当[②]
	张兆松	违反刑诉法、司法解释原则，背离价值，会扩大化、超期羁押[③]
	郭明文	检察院秘密探索，人为降低条件，游离于逮捕制度外，不利人权[④]
	张建峰	2010年60%被判3年以下或撤案，严重侵犯嫌疑人合法权利[⑤]

总体而言，支持者的理由主要有以下六个方面。

一是设置初衷符合立法本意。针对司法实践中被人为拔高的"逮捕证据条件几乎等于事实清楚、证据确实充分"的有罪判决标准，强调附条件逮捕是对刑诉法"有证据证明有犯罪事实"的逮捕法定证据条件回归。[⑥]"有条件逮捕制度可以使实践中过于严苛的逮捕条件得以矫正，实现逮捕制度设计的应有作用，因而具有其合理性。"[⑦]

二是逮捕条件可以分层细化。以比例原则为理论基础，发挥司法能动性，将逮捕的证据条件做分层次理解，分为普通刑事案件的一般与重大刑事案件的例外，重大案件中的价值取向应当以惩罚犯罪大于保障人权（社会公共利益远大于个人利益），因此只要求"两个基本"的证据标准，以便在重大案件的捕与不捕之间进行缓冲、找到第三条道路，解决重案不捕对进一步侦查造成的实体障碍。根据逮捕制度的多元化价值取向，重塑逮捕制度的基础体系。"检察机关办理审查逮捕案件只能作出捕与不捕的规定，附条件逮捕应作为逮捕案件的一种例外形式，不能成为检察机关适用逮捕决定的常态

---

① 参见《控制犯罪与保障人权的平衡》，载《国家检察官学院学报》2008年第6期，第24页。
② 参见李继华：《附条件逮捕：控制犯罪与保障人权的权衡选择——逮捕制度的深化与发展专题研讨会综述》，载《人民检察》2008年第20期，第17页。
③ 参见张兆松：《附条件逮捕制度批判》，载《现代法学》2009年第5期，第157页。
④ 参见郭明文：《附条件逮捕质疑》，载《求索》2011年第8期，第148页。
⑤ 参见张建峰：《逮捕制度新论》，中国社会科学出版社2016年版，第82页。
⑥ 赵运恒：《逮捕证明标准的异化及其重构》，载《人民检察》2012年第3期，第65页。
⑦ 邓思清、盛宏文：《有条件逮捕的法理基础及制度建设》，载《人民检察》2009年第2期，第14页。

行为。"①

三是重罪案件应当特殊考虑。在支持者看来，重罪案件"构罪才捕"反而成了问题。②"附条件逮捕绝不是放宽逮捕的条件，而是体现在部分重大案件中暂时无法达到逮捕的证据标准，但又必须采取羁押措施的案件的过渡措施，其严格的适用条件、报备程序、决定主体、后续的跟踪监督，能够保证正确适用逮捕措施，在打击犯罪和保护人权中寻求平衡。"③

四是制度内涵呈现多元理解。设置初期，官方并未明确附条件逮捕制度的正式名称，有条件逮捕、风险逮捕、相对逮捕等词也常有使用。众多支持观点中，对制度内涵理解不尽相同，容易导致附条件逮捕制度处于"支持者各表各态、各说各话"的境地。既有时任最高检侦监厅某领导认为，将附条件逮捕制度改称为"重罪案件逮捕定期审查制度"更为妥当，并将这一定期审查制度逐步适用于全部审查逮捕案件，④也有学者如冀祥德教授提出构建附定罪条件逮捕制度，"在对提请或者移送批准逮捕案件作分流处理的前提下，以证明标准的层次性理论为正当性基础，以附定罪条件为实质，以特殊犯罪控制与一般人权保障为诉讼价值追求，以国际公约与国际刑事司法准则为设计坐标，立足中国刑事司法现状，对我国强制措施制度予以诉讼化改造"。⑤

五是制度运行解决不捕漏洞。这是彼时侦查机关对附条件逮捕制度的最大期待。由于 1996 年刑事诉讼法在强制措施的规定上存在不明之处，对于需要补充侦查但不符合取保候审、监视居住条件的案件，检察机关如果不批准

---

① 邢维忠、王剑：《从三个方面提高附条件逮捕质量》，载《人民检察》2011 年第 24 期，第 65 页。

② 2009 年，湖南省永州市检察院制定《关于附条件批准（决定）逮捕案件实施意见（试行）》，建立风险批捕机制，解决"构罪才捕"问题。当年附条件逮捕重大案件 5 件 7 人，批捕风险得到控制，案件质量得到保证。参见于文辉：《湖南永州：建立风险批捕机制》，载《检察日报》2009 年 8 月 17 日，第 2 版。

③ 顾：《毒品犯罪案件中附条件逮捕决定的适用》，载《中国检察官》2012 年第 9 期，第 44 页。

④ 刘慧玲：《职务犯罪案件审查逮捕程序的改革》，载《国家检察官学院学报》2010 年第 1 期，第 158 页。

⑤ 冀祥德：《附定罪条件逮捕制度论——兼评〈人民检察院审查逮捕质量标准（试行）〉第 4 条》，载《法学家》2009 年第 4 期，第 39 页。

逮捕后，公安机关如何执行则没有相应规定，容易导致证据灭失、串供、逃跑等妨害诉讼行为的发生。"附条件逮捕是在司法实践中破解不批准逮捕执行难题的必要选择：解决了部分案件不批准无法执行的实际问题，又弥补了刑事诉讼法立法上的缺憾。"①

六是定期审查机制应运而生。这是附条件逮捕制度对完善羁押性强制措施的最大贡献，对批捕之后、起诉之前侦查活动的法律监督得以加强。"以前批捕后检察机关通常不会关注到逮捕后直到起诉前的侦查工作，但附条件逮捕后检察机关可以更好地指导逮捕后的侦查工作。"②北京市检察机关在附条件逮捕制度实施后，羁押率下降，也在一定程度上归因于附条件逮捕后的定期审查制度。③

（三）实践分析：附条件逮捕的公开样本

对外公开的附条件逮捕数据较少，主要分为两部分：一是检察干警对本单位办案情况数据统计的概括发布，如适用比例、适用主体、决定程序、最终结果等；二是附条件逮捕制度的实践个案，如以命案为主的重案、特殊时期的敏感案件等。

对外数据的 8 个样本中，显示了各地不均衡的特点。一是附条件逮捕案件占总逮捕案件的比例波动，最少不到 1%，最多仅有 10%；二是决定主体各地不同，案件相对较多的北京地区通常由检察长决定，案件相对较少的重庆地区几乎都由检察委员会决定；三是撤销比例普遍恒定，通常为 10% ~ 20%；四是部分地区超范围适用，如北京市朝阳区 2010—2012 年的附条件逮捕案件中，近八成是本地无固定住所、无固定工作的外来人员，近 1/3 是共同犯罪，近一半被判处 3 年以下有期徒刑、拘役，超 1/3 被判处 3 ~ 10 年有期徒刑，反映出为防止逃跑、串供而在轻罪案件中也适用附条件逮捕的价值取向（见表 11 - 2）。

---

① 高景峰：《附条件逮捕的法律与现实价值》，载《人民检察》2008 年第 20 期，第 8 页。
② 许永俊、程晓璐：《海淀区〈检警关系指导规则（试行）〉解读》，载《国家检察官学院学报》2008 年第 1 期，第 108 页。
③ 参见倪爱静：《附条件逮捕步入公众视野》，载《人民检察》2009 年第 2 期，第 48 页。

表11-2 附条件逮捕案件的对外数据

检察院	时间	附条件批捕数	特点
全国[①]	2010	占捕总人数0.29%，撤销4.9%	被判3年以下占54.9%
全国[②]	2010—2012	1993件2699人，占比逐年上升	未处理594件，占29.8%
某分院[③]	2008—2012	272人，占批总人数10.36%	年均人数占比均上升
湖北省[④]	2013—2015	376人，占批捕总人数0.47%	
北京市人民检察院第二分院[⑤]	2006—2007	分别为38人、64人；分别占6.6%、10.7%	撤销7人，占9.5%
北京市朝阳区[⑥]	2006—2007	67件94人，人数增长29.26%	撤销5件10人，占10%
北京市朝阳区[⑦]	2010—2012	699人，只有1件由检委会决定；无住所556人、无职业551人；撤销案件数量分别为25件、12件、47件；第一次延长羁押45人；第二次延长羁押22人；第三次延长羁押6人	共犯212件，在逃76件；2010—2011年，被判3年以下有期徒刑96人，占41.74%，3～10年有期徒刑76人，占33.04%
北京市海淀区[⑧]	2006—2007	142件、140件，分别占4.37%、3.86%	撤销49件、38件
重庆市[⑨]	2007—2008	147人，125人由检委会决定	撤销8人，变更3人
我国中部地区某市[⑩]	2011—2012	86件119人，占0.83%；撤销24人，公安撤案17人	微罪17人，存疑不诉14人，被判3年以下有期徒刑40人，3～10年有期徒刑21人

[①] 参见张建峰：《逮捕制度新论》，中国社会科学出版社2016年版，第82页。

[②] 参见刘福谦：《附条件逮捕制度实证分析》，载《国家检察官学院学报》2014年第1期，第139页。

[③] 参见孙雪丽、彭慧：《附条件逮捕案件适用调查报告——以某分院近五年适用附条件逮捕案件为样本文》，载《中国检察官》2014年第7期，第52页。

[④] 参见洪缅：《附条件逮捕制度研究》，广东财经大学2016年硕士学位论文，第5页。

[⑤] 参见宋毅、余浩：《北京市人民检察院第二分院附条件逮捕案件分析》，载《国家检察官学院学报》2008年第6期，第3页。

[⑥] 参见王欢：《北京市朝阳区人民检察院附条件逮捕实证研究报告》，载《国家检察官学院学报》2008年第6期，第10页。

[⑦] 参见刘福谦、于萌、张恺、张宁：《朝阳院适用附条件逮捕存在的问题及完善建议》，载《法制与社会》2013年第12期，第116页。

[⑧] 参见刘捷扬、徐云：《北京市海淀区人民检察院附条件逮捕程序运行现状》，载《国家检察官学院学报》2008年第6期，第17页。

[⑨] 参见张德江、黄春玲、陈久红：《附条件批准逮捕制度的实证分析——以重庆市实施附条件批准逮捕制度为例》，载《西部法学评论》2008年第5期，第65页。

[⑩] 参见卢存江：《检察机关附条件逮捕制度运行现状及完善建议——以某市检察机关为例的实证分析》，南昌大学2013年硕士学位论文，第11页。

对外案例的 9 个样本中，反映出各地的一定共性。一是重罪案件尤其命案，普遍是批捕前不认罪、批捕后就认罪，附条件逮捕既利用继续羁押的效果为侦查赢得时间，也利用逮捕定罪的效应为侦查打开突破；二是轻罪案件中，有的检察机关为了当地维稳、专项行动，以"灵活执行""案情特殊""防止信访""时机敏感"等为由做出附条件逮捕决定，在相关事件过后又撤销或不起诉，而撤销的附条件逮捕不是错捕，甚至附条件逮捕后的不起诉也不是错案。如四川省巴中市检察院在办理杨某涉嫌非法转让土地使用权案时，有迹象表明可能涉嫌犯罪，为了配合当地党委、政府集中整治非法占地建房，对杨某附条件逮捕，后撤销原逮捕决定。[①] 北京市石景山区检察院也有干警认为面对重罪追诉时，犯罪嫌疑人的个人利益应当让位于更高的社会和国家利益，[②] 在此理念指引下，该院对附条件逮捕后存疑不诉的个案不仅不认为有错，反而认为可以接受，[③] 具体案件见表 11-3。

表 11-3　9 件公开的附条件逮捕案件

检察机关	审查逮捕时的基本案情	捕后结果	案件经验
北京市二分院[④]	杀人案，虽认罪，未形成证据链	被判死缓	为侦查赢得时间

[①] 参见王章静：《惩罚与保障——论附条件逮捕制度的现状及完善建议》，载《法制与社会》2014 年第 26 期，第 54 页。

[②] 该观点认为：在有条件逮捕的情况下，司法人员在很大程度上是以犯罪嫌疑人应当被逮捕作为最初假设的，而后再通过补充侦查活动来确定该假设是否正确，这样的思维模式显然与"无罪推定"原则下的思维模式不符。刑事诉讼法律虽然具有保护犯罪嫌疑人、被告人等当事人和其他诉讼参与人合法权益的使命，但是同时肩负保护更高法益的职责，即对于社会和国家利益的保护，故而当出现极其严重的罪行需要追究时，当国家和社会的巨大利益面临危险时，对于犯罪嫌疑人、被告人个人的保护可能会有限度地让位于最高法益，以牺牲部分个案公正，来维护整体公正，这同时应当是司法公正的应有之义。参见李凯、谷荣：《有条件逮捕制度的正确适用》，载《中国检察官》2008 年第 10 期，第 50 页。

[③] 北京市石景山区检察院在办理王某等多人故意伤害致人重伤时，在王某不承认雇凶杀人的情况下，根据同案犯的供述、王某外地人的身份、案件的恶劣社会影响等因素，对王某做出附条件逮捕决定，后王某被存疑不诉。该案评析认为，对附条件逮捕适用范围掌握准确、捕后引导侦查的实效遭遇了"不可抗力"、对办案风险的评估准确，该案附条件逮捕承担的风险"是我们应当付出的代价"，"存疑不诉也在一定程度上证明了决定逮捕的适当性"。参见杨敏：《附条件逮捕的适用范围及风险评估——王某故意伤害案评析》，载张新宪主编：《捕后无罪处理案件解析》，中国检察出版社 2011 年版，第 461 页。

[④] 参见张立：《北京检察机关办案实践表明附条件逮捕可为案件继续侦查赢得时间》，载《检察日报》2008 年 8 月 31 日，第 1 版。

续表

检察机关	审查逮捕时的基本案情	捕后结果	案件经验
河南省禹州市①	杀人案、不认罪、未找到物证	捕后认罪	为侦查赢得时间
常州市武进区②	杀人案、不认罪、未形成证据链	捕后认罪	逮捕后心理崩溃
北海市银海区③	多次盗窃，批捕时未找到失主	找到失主	增强群众安全感
天津铁路运输④	货车上盗窃，同案犯未到案	抓获同案	避免串供、翻供
兰州市七里河⑤	故意伤害拟不捕，被害人上访	被判四年	避免生硬执法
某地⑥	诈骗，国庆60年，不捕或上访	未报道	消除不稳定因素
黑龙江萝北县⑦	不认罪的诈骗案、抢劫案	捕后认罪	合法性与正当性
江苏省昆山市⑧	侵犯著作权，客观证据未到位	有罪判决	捕后开联席会议

三、轩然大波：附条件逮捕制度的运行

与在"批捕权的归属之争"上全国检察干警旗帜鲜明地认定"检察机关有行使批捕权的合法性和必要性"不同，在"附条件逮捕的合法性之争"上，虽然不少检察干警进行正当性论证，但全国检察干警并非铁板一块，个别甚至提出了旗帜鲜明的反对意见。早在2008年，时任河北省冀州市检察长就表达了"慎重适用"的态度，指出"不应把获取证据的希望寄托在逮捕后犯罪嫌疑人的口供上"，且适用"风险逮捕"必须严格按照《人民检察院审查逮捕质量标准（试行）》第四条规定的程序进行。⑨ 2011年，时任北京市

---

① 参见甄炎龙：《对附条件逮捕制度的理解与把握》，载《中国检察官》2010年第8期，第13页。
② 参见魏娟：《常州武进：准确适用附条件逮捕提高办案质效》，载《检察日报》2015年9月6日，第2版。
③ 参见潘世芳：《浅谈"附条件逮捕"制度》，载《广西警官高等专科学校学报》2011年第1期，第66页。
④ 参见李治永、宋立刚：《"附条件逮捕制度"的利弊权衡》，载《天津市政法管理干部学院学报》2009年增刊，第199页。
⑤ 参见李睿昭：《试论附条件逮捕与执法公信》，载《法治建设》2011年第1期，第48页。
⑥ 参见陈蓉莉：《附条件逮捕制度之我见——以某检察院实践为例》，载《法制与社会》2012年第2期，第77页。
⑦ 参见王臻、潘云龙：《刍议附条件逮捕制度》，载《中国刑事法杂志》2010年第7期，第75页。
⑧ 参见沈检新：《窃取商业秘密法不容》，载《江苏法制报》2017年1月20日，第4版。
⑨ 参见杨金才：《审慎对待"风险逮捕"》，载《检察日报》2008年6月8日，第4版。

大兴区副检察长更明确指出了附条件逮捕制度在实践中的七种异化现象,可谓直言不讳。[①]

总体而言,对于附条件逮捕制度的争论,主要有以下四个方面。

一是偏向侦查,价值取向出现异化。逮捕是保障诉讼顺利进行的强制措施,应当在打击犯罪与保障人权之间保持最大限度的平衡。针对重大案件而生的附条件逮捕制度,通过所谓"细化"逮捕证据条件的方式,对居中裁判的价值取向做出了轻微调整,转为"坚持中立,倾向侦查"。实践中逮捕条件畸高是一个事实,但在国家赔偿制与司法责任制的双重压力下,在防范冤假错案的背景下,高标准要求逮捕条件是一个不争的事实;换言之,如果附条件逮捕制度是对法定逮捕条件的回归,为什么要附条件回归?直接叫逮捕即可。面对实践中重罪案件的侦查需要尤其是侦破瓶颈,以能动司法为由、以制度创新为名,套用比例原则、补充原则等基础性理论,加上自身职务犯罪侦查的所谓"客观需要",通过扩大解释,在司法解释中先行突破法治框架,在"依法改革"理念尚未深入人心的年代,由于缺少社会讨论、基于部门利益,可能导致具体制度创新的违法性凸显。曾担任某地市级检察院批捕处处长的张兆松教授,直言不讳对附条件逮捕制度的反对态度,不仅在 2009 年两次撰文,分别使用了"批判"和"质疑"的标题,而且在 2017 年出版的专著中再次详细阐述了附条件逮捕制度诞生的非法律原因。[②]

[①] 七种异化现象包括:运用状态的异化(普遍超过3%的适用比例,更有甚者将近10%);制度功能的异化(附条件逮捕制度逐渐成为承办人规避办案风险的工具、化解社会矛盾的手段);适用范围的异化(普通刑事案件成为适用附条件逮捕的主体);决定程序的异化(侦查监督部门成为事实上大多数附条件逮捕案件的决定机关);证据标准的异化(为防止不捕可能就此导致案件停滞或流失而在证据未达到"基本构成犯罪"的情况下也适用,以至于个别检察院附条件逮捕案件的撤捕率高达30%);所附期限的异化(所附期限的长短不尽统一,有的延长30日、40日甚至延长一次、二次羁押期限后仍未补充相关证据);侦查监督的弱化(承办人更关注侦查机关补充侦查的结果而非过程)。参见吴祥义、王宏平:《附条件逮捕制度的异化》,载《中国检察官》2011年第10期,第59页。

[②] 这些原因包括:一些重大疑难或社会影响大的案件,批捕不符合条件,而不捕公安机关不配合,相关部门不理解,当地党政领导不支持,检察机关左右为难。明知不符合逮捕条件,如果批捕,必然会带来刑事赔偿问题;而不捕,又面临重重压力。怎么办?附条件逮捕制度应运而生。这是检察机关在现有法制环境下做出的无奈选择,目的是减轻自身的办案责任和因严格执法带来的办案压力,但它背离了严格司法的要求,损害了法律的尊严和检察机关的公信力。参见张兆松:《逮捕权研究》,浙江大学出版社2017年版,第118页。

二是重罪特办，证明标准出现异化。法律之争是附条件逮捕制度正当性与否的探讨根本。附条件逮捕制度体现出"乱世必重典""重罪案件要特殊处理、灵活处理"的思维方式，以保护社会公众的整体人权为由，偏废犯罪嫌疑人的个体人权，在逮捕环节对重罪放宽证据要求。社会公众的人权一定大于犯罪嫌疑人的人权吗？这直接与对无罪推定的认识有关。彼时，以疑罪从无为核心的无罪推定理念尚未深入人心，附条件逮捕就是重大案件在批捕环节"疑罪从挂"的典型表现，充分体现了批捕程序是侦查实体的附庸，这种附庸以配合为主、制约为辅，正所谓"程序不能成为实体障碍"。在此认识下，逮捕标准出现了所谓的"层次性""两分法"，对逮捕法定证据条件表面细化、实则降低，把做出批捕决定时就应当满足的"有证据证明有犯罪事实"条件，降低到"先批捕，在批捕后继续侦查获取证明犯罪事实的有关证据"，即对批捕证据要件的"定然性"要求降低到"或然性"，出现了证据标准的异化。"证据有所欠缺但已基本构成犯罪"直接将逮捕的证据标准降低到"基本构成犯罪"的疑罪起点，而疑罪又从有、从挂，刑事诉讼规则核心的证明标准变相降低。

三是自我豁免，错捕标准出现异化。在制度设计之初，"附条件逮捕是权宜之计，之后的侦查引导工作就更为重要，在建立完善侦捕衔接机制、捕后跟踪制度等方面还有大量工作需要做，而如果连附条件逮捕的要求也达不到，那就应该果断地'踩刹车'了"。① 然而，"实践中侦查机关往往简单地将附条件逮捕视为一般逮捕，一旦完成了工作考核指标，补侦工作就失去了积极性；法定期限过后，侦查机关也疏于向审查逮捕部门汇报补充证据情况，径直向审查起诉部门移送案件"。② 以一件诈骗案为例，该案涉案金额特别巨大，可能被判处十年以上有期徒刑，"该案系市公安局交办案件，区公安机关负责人亲自督办，并在审查逮捕期间多次向区院表明侦查决心"，附条件逮捕后，关键证人做出了完全相反的陈述，而公安机关未及时进行有效驳斥，捕后有怠于侦查的迹象，该案后续补侦空间较小，后撤销原逮捕决定。可见，

---

① 金娜：《树立两个意识发挥两个作用》，载《西部法制报》2015 年 8 月 20 日，第 5 版。
② 谭刚：《附条件逮捕的体系性地位新论》，载《中国刑事法杂志》2011 年第 12 期，第 87 页。

在公安机关眼里，附条件逮捕就是逮捕，国家赔偿、错案责任等都"转嫁"到检察机关，二者没有本质不同。"捕后无罪处理案件增多"显然是批捕环节出了问题，应当从"为何批捕"中寻找答案，而不能自我设置"附条件逮捕后发现所附条件达不到时，撤销就不算错捕"的豁免条款，并以此为据，将可能有无罪处理风险的批捕案件改为附条件批捕，以避免之后可能的错案责任。这是一种典型的自我降低风险、自我授权豁免，既违背程序法定原则，也与《国家赔偿法》的有关规定相悖。

四是基层走样，制度实践出现异化。其一，实践中多数地区对"检察委员会决定附条件逮捕"的程序性规定采取了变通做法，有的以检委会再授权的模式、由检察长再授权给分管副检察长决定，有的则在事后"补充"一个检察委员会会议记录，以至于 2010 年正式规定采纳了实践中这种决策程序、改变了 2006 年试点规定的检委会决策程序。其二，对附条件逮捕制度内涵的理解不同，直接导致实践中把握的尺度不一。以附条件逮捕的适用比例为例，即使都承认附条件逮捕应具有谦抑性、非常态性，但具体比例的量化仍存在争议，既有时任北京市顺义区检察长认为控制在 5% 以内为宜，[①] 也有北京市东城区检察干警认为控制在 3% 内，[②] 更有对职务犯罪案件是否适用的争论——有北京检察干警以案件性质与社会危险性为由认为不能适用于自侦案件，[③] 也有杭州检察干警以特殊性为由认为职务犯罪适用比例应当达到 15%。[④] 其三，对外地人员、轻罪案件、敏感案件等制度设计之外的范围适用，将个案社会效果建立在法律效果之外，逾越了附条件逮捕制度设计的本意。试问，各地到底实践的是最高人民检察院提出的附条件逮捕制度，还是根据自身办案需要、假以附条件逮捕之名呢？所谓的个案"成功经验"，无

[①] 参见窦秀英、郭小锋：《附条件逮捕制度的法理与规则》，载伦朝平、贾贞主编：《附条件逮捕制度研究》，法律出版社 2008 年版，第 74 页。

[②] 参见林琳、张宝华、王伟：《附条件逮捕制度价值研究及制度完善》，载伦朝平、贾贞主编：《附条件逮捕制度研究》，法律出版社 2008 年版，第 127 页。

[③] 参见张少林、王延祥、张亮：《审查逮捕证据审查与判断要点》，中国检察出版社 2014 年版，第 400 页。

[④] 参见李雪蕾、陈伟龙：《职务犯罪案件适用附条件逮捕的实践与思考》，载《江西警察学院学报》2015 年第 6 期，第 103 页。

法从根本上说明问题——以个案为例的证明方式本来就欠妥，否则，为何不列举撤销附条件逮捕的案例，来反证呢？更何况，所谓的"成功个案"本质上是曲解了立法原意——试想，批捕了一个证据可能不足的犯罪嫌疑人，是保护了被害人权益，还是可能雪上加霜"找了个替罪羊"？其四，在信息不对称、理由不开示的制度缺位下，犯罪嫌疑人不知自己是被附条件逮捕，在"以为自己被正式逮捕"的"逮捕定罪"心理压力下，捕后防线崩溃随即认罪，这也印证了"附条件逮捕就是逮捕"的认识心理。

四、孑然独行：附条件逮捕制度的维持

（一）修法之时：附条件逮捕制度的入法未果

某种程度上，附条件逮捕制度的消亡在2011年、2012年未能抓住刑事诉讼法的修法机遇之际，就已埋下伏笔。2011年，有研究对两家地市级检察院、两家基层检察院的侦查监督、自侦检察官共发放80份调查问卷，赞成完善附条件逮捕制度继续适用的占93%，主张废除的只占7%，[①] 实务部门对于附条件逮捕制度的拥护程度可见一斑。时任安徽省肥东县副检察长提出："目前，附条件逮捕制度只是检察机关的一项工作制度，为了提高其法律地位和统一执法标准，《刑诉法》应当对其有明确的原则规定。"[②] 甚至有声音提出："附条件逮捕是当前形势下逮捕制度改革的产物。既然是改革，就应当允许在价值权衡的基础上，可以先突破原有的法律框架进行探索，然后再以新的法律规定予以确认，使之具有形式的合法性。"[③] 可见，附条件逮捕制度的正当与否，关键在于能否写入《刑事诉讼法》。

然而，即便存在较强呼声，2012年《刑事诉讼法》也未遂其意。"现实中，一方面，最高人民检察院对附条件逮捕的态度遮遮掩掩，暧昧不清，在

[①] 参见李站阳：《附条件逮捕制度研究》，西南政法大学2012年硕士学位论文，第25页。
[②] 倪修银、席庆堂：《对附条件逮捕制度实践的思考》，载《法制与社会》2011年第34期，第50页。
[③] 杨璐：《我国"附条件逮捕制度"研究》，西南财经大学2012年硕士学位论文，第11页。

实务中既不想放弃适用附条件逮捕。另一方面，在法律制度层面，立法者暂时又不愿给予其正当的法律地位。"[1] 其实，在学界召开的刑事诉讼法修改研讨会上，彭海青副教授呼吁要坚守附条件逮捕制度的正当性底线，"严格限制案件范围；建立附条件逮捕的听证程序；建立定期复查制度；设立救济机制；提供国家赔偿"，[2] 显然已是一种善意批评。实际上，即使未能入法，2012年《刑事诉讼法》也吸纳了附条件逮捕制度的良性内容——捕后定期审查机制，规定了羁押必要性审查制度，这表明了立法者兼容并蓄的法治态度。

即便附条件逮捕制度未能入法，最高人民检察院侦查监督厅有处长在2014年依旧表达了"制度优越性"的赞许："附条件逮捕经过六年的实践运行，体现出了有力打击刑事犯罪、保障刑事诉讼顺利进行的制度优性，同时也暴露出了适用标准不明确、配套机制不完善等不足之处。"[3] 更有观点认为："尽管附条件逮捕制度存在着一些弊端，且此次刑事诉讼法修改亦没有将其上升到法律的地位，但是其在实践中发挥的作用也是不容忽视的，在很大程度上保障着侦查机关的侦查活动不受妨碍，保障着整个刑事诉讼活动的顺利进行。"[4] 显然，在支持者看来，未能入法只是暂时挫折，只要对制度继续加以完善，就是法治发展的正确轨道。

（二）修法之后：附条件逮捕制度的持续争议

随着2012年《刑事诉讼法》的正式施行，2006年以司法解释规定的附条件逮捕制度何去何从，无疑引人关注。2013年4月19日，最高人民检察院侦查监督厅"经认真研究并报高检院领导同意"，发布了《关于人民检察院审查逮捕工作中适用"附条件逮捕"的意见（试行）》，正式规定"附条件逮捕"的名称、属性，即附条件逮捕不是检察机关自己创设的一项法律制度，而是在法律框架内的一项具体工作制度，并未降低逮捕的证据条件，

---

[1] 向春宇：《"附条件"逮捕制度研究》，西南大学2012年硕士学位论文，第43页。
[2] 庄春英：《广州大学人权研究中心〈刑事诉讼法〉再修改"国际研讨会综述》，载《中国司法》2009年第2期，第104页。
[3] 刘福谦：《附条件逮捕制度实证分析》，载《国家检察官学院学报》2014年第1期，第138页。
[4] 陈婧：《我国附条件逮捕制度研究》，安徽大学2012年硕士学位论文，第29页。

"在现行法律框架下，对基本构成犯罪的重大案件，经过进一步侦查能够收集到定罪所必需的证据所采取的保障诉讼活动顺利进行的强制措施，是一种工作机制而非逮捕制度的变通"。① 最高人民检察院侦监厅负责人表示："附条件逮捕目的是贯彻宽严相济刑事政策，严厉打击严重刑事犯罪，因此只能适用于确有逮捕必要但证据相对薄弱的重大案件。"② "正是由于存在可能撤捕这一刚性的法律后果，才能有力地促进侦查机关积极作为，及时继续侦查取证，最大限度地确保案件质量；也解决了逮捕工作中长期存在的'捕得了、放不了'的问题，有利于保障犯罪嫌疑人人权。"③

与此同时，不少检察机关的中高层领导纷纷发声，支持附条件逮捕制度。时任北京市、河南省郑州市、江苏省常州市的个别基层检察院检察长、副检察长指出，附条件逮捕制度规定，对涉嫌性质特别严重、情节特别恶劣的犯罪嫌疑人，即使需要进一步补充证据，也可以附条件逮捕，弥补了刑诉法的立法缺陷，更有利于打击犯罪。④ 时任四川省检察院副检察长甚至指出附条件逮捕对于防范冤假错案的功效，称："实践中，存在少数重大犯罪案件，侦查机关（部门）提请逮捕时证据材料稍有欠缺，仅达到'基本构罪'。如一律对这类案件不批准逮捕，不仅会影响侦查、放纵犯罪，最终还会影响法治权威。"⑤ 时任广东省检察院侦监一处处长2013年接受采访时称："据初步统计，近年来，全省检察机关每年适用附条件逮捕案件约100件，占全部审查逮捕案件的1‰左右，其中近90%的案件作了有罪判决，附条件逮捕案件质量可以充分肯定。"⑥

程序上，未经最高人民检察院检察委员会决定，缺少司法解释的法定程序，《关于人民检察院审查逮捕工作中适用"附条件逮捕"的意见（试行）》

---

① 徐练华：《附条件逮捕中值得注意的十个问题》，载《人民检察》2013年第12期，第69页。
② 陈菲：《界定"重大案件"防止"以捕代侦"》，载《新华每日电讯》2013年5月23日，第4版。
③ 徐日丹：《轻罪案件不适用附条件逮捕》，载《检察日报》2013年5月23日，第1版。
④ 赵阳、蒋皓：《防轻微刑案以捕代侦体现宽严相济》，载《法制日报》2013年5月25日，第5版。
⑤ 郭彦：《准确把握逮捕条件防范冤假错案》，载《检察日报》2014年7月18日，第3版。
⑥ 陈竹沁：《广东省检察院侦监一处处长吴明来："附条件逮捕广东近年来暂未发现错案"》，载《南方都市报》2013年6月17日，第AA06版。

只是部门规范性文件，效力不仅低于全国人民代表大会通过的基本法——2012年《刑事诉讼法》，也低于检察委员会通过的司法解释——2006年、2010年两个逮捕质量标准。以效力较低、代表部门利益的规范性文件内容，来评价民意代表机关制定的法律内容，未免有本末倒置之嫌。更何况，在2012年《刑事诉讼法》刚刚施行几个月后，就以"弥补了新刑诉法缺陷"为由做出评价，也显得不恰时宜。有评论指出："在2012年《刑事诉讼法》再次进行修正时，法律仍然没有规定附条件逮捕，这说明，立法者并不怎么认同附条件逮捕的概念，并不认为在特殊案件中，需要放宽证据标准，可以先将人逮捕起来再补充证据。"[1] 可谓一针见血、一语中的。

时任山东省烟台市检察院某检委会委员指出："附条件逮捕权是一把双刃剑，其适用与否关系到侦查工作和犯罪嫌疑人的权利保护，用之不当则两受其害。"[2] 2012年《刑事诉讼法》施行后的2013—2014年，以C市为例，据调研，附条件逮捕主要存在以下问题：随意扩大案件适用范围；适用条件把握不当（降低"基本构成犯罪"的标准，将有重大犯罪嫌疑、明显事实不清证据不足、定案证据存在重大矛盾、疑点难以排除的案件也适用，忽视欠缺证据的补正可能性）；利用附条件逮捕规避办案风险（降低逮捕风险，缓解信访压力）；办案程序不规范（多为分管副检察长决定）；捕后跟踪审查不到位（被动审查，极少主动撤销）；捕后轻刑化明显（近一半被判处五年有期徒刑，超1/3被判处三年以下有期徒刑）。可见，即便有了部门规范性文件指引，附条件逮捕制度在实践中的异化现象非但没有得到缓解，反而有持续加剧的趋势，制度的存废之争越发激烈。

五、轰然倒塌：附条件逮捕制度的废止

（一）理念转化：防范错案产生制度量变

2012年《刑事诉讼法》完善了强制措施的规定，在一定程度上解决了附

---

[1] 杨涛：《"附条件逮捕"可休矣》，载《深圳商报》2013年5月24日，第B08版。
[2] 连峻峰：《贪贿案件附条件逮捕措施的适用》，载《检察日报》2014年11月12日，第11版。

条件逮捕制度设置之初意图解决的部分问题。如1996年《刑事诉讼法》中"不符合取保候审、监视居住条件的不批捕无法执行"的情况，由于2012年《刑事诉讼法》将监视居住作为逮捕的替代措施，极大程度削弱了附条件逮捕制度施行的正当性基础。加上刑事侦查技术尤其是以图侦、网侦、技侦为代表的大数据侦查技术突飞猛进，侦查机关对于附条件逮捕的依赖与兴趣开始减弱。加之以审判为中心诉讼制度的提出，逮捕的定罪效应开始退却，这都为附条件逮捕制度的废止提供了良好的外部条件。

对附条件逮捕制度违法性的深层次认识，在于十八大后纠正和防范冤假错案的背景下，以审判为中心的诉讼制度改革倒逼，证据裁判规则开始引领包括侦查、起诉在内的审前程序。批捕环节作为侦查程序的重中之重，一直有"逮捕中心主义"的称谓，也更应该贯彻疑罪从无的司法理念，充分总结、吸取冤假错案为何被错误逮捕的教训。2014年9月，《人民日报》发出了"批捕就该谨慎"的"锐评"，指出："一个环节的失守，就意味着整个法律流程的溃败，错误批捕的大门一开，后面的环节想要纠正冤错，难度将增加数倍。"① 2015年6月，全国侦查监督工作北戴河座谈会强调，"坚守防止冤假错案的底线"是审查逮捕工作的首要任务，附条件逮捕被要求严格慎用，再次面临边缘化的危机。有检察干警开始公开提出反对意见，如重庆市检察院第五分院干警批评道，由于其存在增加逮捕措施运用的恣意性与羁押的必要性审查相冲突等原因，检察机关在《刑事诉讼法》实行后应暂缓该制度执行，并选择适当时机予以废止。②

检察机关推行的所谓"附条件逮捕"，就是通过降低逮捕条件来满足侦查需要的典型例证。③ 同为检察服务侦查的产物，与附条件逮捕同为捕与不捕"中间状态"的，还有实践中创造、无法律依据的撤回提捕机制，撤回提捕与附条件逮捕的相似之处，在于同为"警察权强于检察权""侦查权强于法律监督权"的产物，随着人权保障理念的不断强化，潜在的量变因素持续

---

① 彭波：《批捕就该谨慎》，载《人民日报》2014年9月17日，第17版。
② 郑兆龙：《附条件逮捕制度应该缓行之我见》，载《山西省政法管理干部学院学报》2014年第4期，第90页。
③ 参见陈瑞华：《司法体制改革导论》，法律出版社2018年版，第346页。

积累，二者的相继废除也是顺理成章。①

（二）备案审查：刚性协商导致制度质变

十八届四中全会提出，"完善全国人大及其常委会宪法监督制度，加强备案审查制度和能力建设，把所有规范性文件纳入备案审查范围，依法撤销和纠正违宪违法的规范性文件，禁止地方制发带有立法性质的文件"。这对处于"半冰冻"状态的规范性文件备案审查制度适时"解冻"，提供了良好的外部土壤。作为国家权力机关的全国人大及其常委会对行政规章、地方法规、司法解释进行实质审查，就是要确保法律是"良法"，防止"劣法出笼"。这既是公民监督权的落实，也是国家权力机关"立法审查"的充分激活。② 然而，冰冻三尺非一日之寒。纵然是反对声音较多的附条件逮捕制度，也在备案审查制度的小试牛刀中一波三折。

2016年9月，因当事人被当地检察院附条件批捕，内蒙古苗永军律师在查询法律层面并无附条件逮捕规定后，向全国人大常委会法工委邮寄了对附条件逮捕制度的《申请审查建议书》。法工委启动规范性文件审查监督程序后，认为最高人民检察院以司法解释的方式规定附条件逮捕，既与刑事诉讼法规定不一致，又逾越了司法解释制定权限，于是函告最高人民检察院要求做出说明。起初，最高人民检察院依旧表示，"附条件逮捕"并非检察机关创设的一项法律制度，而是审查逮捕工作中的一项工作制度，是对刑事诉讼

---

① 撤回提捕是指公安机关提请批捕后，以"办案工作需要"为名，在检察机关做出决定之前撤回提请批捕的做法，由于刑事诉讼法规定对审查逮捕案件检察机关只能做出批捕或者不批捕的决定，因此撤回提捕属于游离在法律边缘的"变通"做法，既易导致撤回后不立即放人的"隐性超期羁押"，也会使得提捕率、批捕率等考核数据出现"人为把控"。随着规范化办案要求的提高，撤回提捕已经走入历史、基本不再使用。以重庆市为例，重庆市人民检察院侦查监督处2014年2月发布了《关于严格规范撤回提请逮捕的通知》，规定"凡不构成犯罪、刑拘期限届满的案件一律不允许撤回"。

② 社论：《废止"附条件逮捕"：立法审查照亮现实》，载澎湃新闻网2017年7月12日，https://www.thepaper.cn/newsDetail_forward_1731175。

法中逮捕条件的细化，符合宪法与刑事诉讼法的规定。① 法工委再次致函后，引起了最高人民检察院的高度重视。经过慎重研究，为依法准确适用逮捕条件，最高人民检察院侦查监督厅于2017年4月28日正式下发通知，不再适用"附条件逮捕"，表示将适时启动逮捕质量标准修订工作。②

可见，根植于协商文化土壤之上的备案审查制度是先礼后兵、给足面子，第一次"黄牌警告"后依旧如故的话，第二次就要"红牌罚下"了。"备案审查中发现存在问题的，首先通过工作层面交流或者提出研究意见等形式，加强与制定机关的沟通协调，加大督办力度，督促制定机关自行修改或者废止相关文件。对明显违法、有关方面拒不纠正的，各级人大应依法启动撤销程序，及时作出撤销决定。"③ 试想，一旦最高人民检察院对于全国人大法工委的再次致函"不予理睬"或"依旧如故"，等待附条件逮捕制度的只有一个结果：被人大依法撤销。此为建立在撤销权刚性基础上的柔性协商机制，可谓"刚性协商"。从2003年废止的收容遣送制度，到2013年废止的劳动教养制度，对违法或已不适宜的规范性文件经协商后由制定机关自行废止，已经成为中国特色备案审查制度的一条首选之路。④

需要指出的是，早在2009年，张兆松教授就公开提出对附条件逮捕制度进行立法审查的建议，以"附条件逮捕制度实质上修改了刑事诉讼法规定，扩张了检察机关的逮捕权，不利于保障犯罪嫌疑人的合法权益"为由，建议"全国人民代表大会法律委员会或有关专门委员会应当根据2006年8月27日

---

① 最高人民检察院的观点是，虽然修改后《刑事诉讼法》并未直接规定"附条件逮捕"，但是这一制度是对修改后《刑事诉讼法》关于"有证据证明有犯罪事实"的逮捕条件规定的细化，并非在法定条件之外"另起炉灶"。参见刘福谦、刘辰：《〈关于人民检察院在审查逮捕工作中适用"附条件逮捕"的意见（试行）〉理解与适用》，载《人民检察》2013年第16期，第34页。

② 参见杨轩：《规范性文件备案审查成监督利剑》，载《中国商报》2018年1月11日，第W02版。

③ 张璁：《宪法实施和监督"动真格"》，载《人民日报》2018年1月3日，第17版。

④ 1982年国务院《城市流浪乞讨人员收容遣送办法》规定了收容遣送制度，直至2003年3月孙志刚案成为制度废止的导火索，多位学者、公民上书全国人大建言废止，2003年6月国务院公布《城市生活无着的流浪乞讨人员救助管理办法》，正式废止收容遣送制度；1957年第一届全国人大常委会《关于劳动教养问题的决定》规定了劳动教养制度，2004年后多位学者、公民乃至全国人大代表上书全国人大建言废止，直至2012年8月唐慧案成为制度废止的导火索，2013年12月第十二届全国人大常委会通过《废止劳动教养制度的决定》，正式废止劳动教养制度。

通过的《监督法》对《质量标准》第 4 条进行审查，经审查认为该司法解释同法律规定相抵触的，应当督促最高人民检察院对该规定予以修改或者废止"。① 试想，如果规范性文件的备案审查制度早已健全，或许附条件逮捕制度会早些废止，这既体现了制度缺位的遗憾，也反映出制度制衡的力量。

六、蓦然回首：附条件逮捕制度的功过

（一）反面教材：对完善逮捕制度的意义

"人权保障与逮捕就是这样一种关系：从对被害人人权和社会制度角度讲，需要而且离不开逮捕；从嫌疑人和被告人人权保障角度讲，要控制和慎用逮捕。"② 最高人民检察院副检察长孙谦在 18 年前的论述，对于重新认识附条件逮捕制度依旧有耳目一新的作用。正如 2008 年时任北京市检察院副检察长贾贞在附条件逮捕制度研讨会上所言，"检察工作中遇到理论与实践相冲突的问题，应当放在检察机关法律监督的地位上去思考和解决，不能站在局部利益上去考虑，要高屋建瓴，摆正立场"。③ 对于附条件逮捕制度的评价，也应站在法治发展进步、完善检察制度的角度审视。虽然有促进羁押必要性审查制度形成的正面贡献，但以打击犯罪、保障被害人人权、维护社会多数人利益为价值追求的附条件逮捕制度，通过降低法定的逮捕条件，较大程度上忽视了犯罪嫌疑人的人权保护；须知，一旦在定罪证据不足的条件下附条件逮捕，丧失了无罪推定原则保护的犯罪嫌疑人就处于一种错误逮捕的状态，而这种错误逮捕又因为可以自行撤销，而处于救济无门、无法赔偿的状态。因此，对附条件逮捕制度的废止，既是人权保障、无罪推定等司法理念的进步所致，也是保障诉讼、居中判断等逮捕属性的回归使然，更是防范错案、公平正义等司法文明的客观需要。

---

① 张兆松：《质疑附条件逮捕》，载《宁波大学学报（人文科学版）》2009 年第 3 期，第 24 页。
② 孙谦：《逮捕论》，法律出版社 2001 年版，第 127 页。
③ 李继华：《附条件逮捕：控制犯罪与保障人权的权衡选择——逮捕制度的深化与发展专题研讨会综述》，载伦朝平、贾贞主编：《附条件逮捕制度研究》，法律出版社 2008 年版，第 286 页。

实践中，据笔者亲历与观察，附条件逮捕制度适用的情况多数可以或应当避免。一方面，对于轻罪案件，且不说本不属于附条件逮捕制度设计的适用范畴，仅因案情敏感、有上访风险等维稳压力，在证据达不到法定条件的情况下附条件逮捕，待一段时间热点过后再变更强制措施或做出微罪不诉等无罪化处理，本身就异化了逮捕功能——出现此类问题的原因不在案内而在案外，逮捕不应当是"暂避风头"甚至"包治百病"的所谓"良药"，案外效果、社会效果也不应通过有违法之嫌的"法律效果"来实现。另一方面，对于重罪案件，如果仅因鉴定意见暂未做出等技术性原因而在审查逮捕阶段证据不足，完全可以通过提前介入、加强沟通、特案快办等方式优化办案流程加以解决；① 如果是涉众型案件、经济类案件、命案等社会影响极大的重罪案件，必须转换理念，贯彻无罪推定、疑罪从无、疑点利益归于辩方等"宁纵勿枉"思维，牢记"案件越大，一旦错误就越严重"，该不捕时坚决不捕，严守防范冤假错案的第一道检察关口。②

附条件逮捕制度废止之后，有个别学者与律师进行了评价，都持"原本就违法，早就该废除"的论调，也流露出对逮捕制度走向的悲观情绪。毋庸置疑，"有证据证明有犯罪事实"的逮捕证据标准具有一定的主观弹性，需要批捕检察官行使自由裁量权进行妥善判断。如果没有从根本上树立"批捕就该谨慎"的司法理念，将批捕作为防范冤假错案的第一道检察关口，对同样的案件去掉"附条件"三个字直接逮捕，即以往因证据基本充分而附条件

---

① 笔者曾经办理过三件运输、贩卖毒品的附条件逮捕大案，涉案毒品均在100克以上，按规定需要进行定量鉴定（不仅要鉴定该物是否为毒品，也要鉴定每一单位中的毒品含量比例），因此在鉴定时间上较为局促。在刑事拘留7日、审查逮捕7日的14天内，基层公安机关不仅要完成涉案毒品的提取、封存、称量、检材提取等工作，而且要将检材送至省级公安机关物证鉴定中心委托鉴定。在鉴定中心不可能先出具定性结论报告、鉴定人以个人名义出具"初步认定是毒品"的意见并不正式的情况下，三件涉毒大案都以附条件逮捕办结，最终都顺利做出含死刑的有罪判决。显然，这种情况只是技术层面的问题。

② 在司法责任制改革的背景下，实践中对于此类案件，承办检察官往往以案件重大复杂、检察官权力清单未授权等原因，将案件提交检察官联席会议甚至检察委员会讨论，并请示上级检察院侦查监督部门。与检察官联席会议、上级检察院侦查监督部门意见只是参考不同，本院检察委员会、检察长（包括分管检察长）的决定，即使与承办检察官意见相左，也必须执行。也正因如此，在此类大要案中，附条件逮捕制度只是决定的方式之一，最多是自我授权减少撤销附条件逮捕后的错案责任；换言之，在附条件逮捕制度已被废止的今天，此类大要案很可能也是逮捕的结局，这是羁押惯性、程序力量所决定的，附条件逮捕就是逮捕。

逮捕、现在以证据已经充分而直接逮捕，实践中也可能发生。加之社会科学具有人类主观认识上合理分歧的因素，即使出现捕后不起诉或判无罪等结果，在办案人员不具有主观故意或重大过失的情况下，也不属于应当追究司法责任的错案，都为这种"不再变通，直接逮捕"的处理方式提供了可能。但这绝非附条件逮捕制度可以继续存在的理由——建立在"降低、分层法定证明标准"基础上的附条件逮捕制度，本身就是司法解释违反法律规定的产物。因此，秉持谨慎批捕的态度、贯彻疑罪从无的理念、把握法律规定的条件、回归居中判断的角色、坚持改革有据的原则，可谓废止附条件逮捕制度对于完善逮捕制度的意义所在（见表11-4）。

表11-4 附条件逮捕制度废止后的评价

身份	姓名	对附条件逮捕制度的观点	废除之后对逮捕制度的预测
学者	顾永忠	背离能不捕就不捕法治原则	可附条件不逮捕、不可逮捕[1]
	门金玲	降低逮捕条件，实践中较少	逮捕有弹性，废除影响不大[2]
律师	苗永军	抵触宪法、刑事诉讼法，超权立法	写信建议废除，最有成就感[3]
	金宏伟	违法，检权弱于警权的产物	重回"警察想捕，检察就批"[4]
	杨朝敏	违法，逮捕本无附条件一说	曾"创新"，现正本，算进步[5]
	余安平	违法，帮侦查机关承担责任	推附条件不逮捕，捕是例外[6]

需要指出的是，附条件逮捕制度废止后，依旧有检察干警认为"附条件逮捕制度是贯彻宽严相济的刑事政策的体现，有利于从严打击严重犯罪，保证重大案件诉讼程序的正常进行"，[7] 更有检察干警举出个案，在"证据有欠

---

[1] 参见王选辉、陈欣然：《附条件逮捕废止：律师曾五提程序问题未获支持》，载澎湃新闻网2017年12月23日，https://www.thepaper.cn/newsDetail_forward_1918216。

[2] 参见王梦遥：《高检要求停止适用"附条件逮捕"规定》，载《新京报》2017年7月15日，第A08版。

[3] 参见王选辉、陈欣然：《推动"附条件逮捕"废止的律师：这是职业生涯最有成就感的事》，载澎湃新闻网2017年7月14日，https://www.thepaper.cn/newsDetail_forward_1732727。

[4] 参见金宏伟的新浪网微博，2017年7月12日，https://weibo.com/1300691931/Fc2BJ3nTM。

[5] 参见杨朝敏的新浪网微博，2017年7月11日，https://weibo.com/1042130352/FbUu68LLg。

[6] 参见余安平：《要废除"附条件逮捕"，更要推行"附条件不逮捕"》，载新浪网博客，2017年7月14日，http://blog.sina.com.cn/s/blog_5036bc980102y0l0.html。

[7] 李鑫：《浅析"附条件逮捕"制度的适用》，载《法制与社会》2017年第28期，第36页。

缺，不足以定案"的情况下，加班加点"对该案作出了附条件逮捕的决定，最终将骗取国家 50 多万元补偿款的犯罪分子绳之以法"，① 将附条件逮捕作为打击犯罪的有力武器进行宣传。可见在检察系统内部，对于附条件逮捕制度的认识依旧存在不同意见，这也说明观念扭转比制度废止更加困难。

（二）正面样本：对完善备案审查制度的意义

苏格兰法教授克里斯托夫·盖因强调："在刑事诉讼中对人权作出限制，必须有令人信服的公共政策方面的充足理由。"② 也因此，如果没有公众选择的充足理由，对于所谓的制度创新、体制创新、机制创新，有必要保持最高程度的审慎，防止以部门利益代替人民利益、以个别需要代替全部需要、以片面考虑代替全面考虑，"下位法服从上位法"的原则必须一以贯之。以附条件逮捕制度为例，其效力来源——最高人民检察院司法解释是对"具体检察工作中的法律应用"进行解释，不可逾越法律规定。新时代社会主义法治建设中，不需要超出法律框架的所谓创新来"保驾护航"，"改革必须于法有据"才是最好的法治护航。

回首附条件逮捕制度的沿革，运行十余年的制度在几个月就被废止，备案审查制度的威力巨大，这是宪法监督的力量所在。备案审查制度从"备而不审、审而不纠、纠而不改"到现在的"有件必备、有备必审、有错必纠"，经历了长期的过程。从人大法工委主动审查为主，到公民、学者等社会公众建议审查增多，"人民的选择"正逐步成为制度建设、法治建设的出发点与落脚点，"与人民生活息息相关的问题"正成为民意法定代表机关——全国人大及其常委会工作的重中之重。2018 年 3 月 12 日，十二届全国人大常委会法工委副主任许安标回顾十二届全国人大截至 2017 年年底，"法制工作委员会共收到公民、组织提出的审查建议 1527 件"，其中，"建议对司法解释进行审查的，1116 件"，足见社会公众对个别司法解释的不满程度，尤其是 2016 年以来收到大量针对婚姻法司法解释关于夫妻共同债务承担的规定的审

---

① 参见李立峰、雷晶、王维芳：《苦练出华章》，载《检察日报》2017 年 12 月 29 日，第 8 版。
② 骆兰兰：《在人权与公众利益之间——英国法学专家谈审前程序中的人权保护》，载《检察日报》2001 年 11 月 22 日，第 5 版。

查建议。2017 年 1 月，最高人民法院就发布了有关夫妻共同债务的新司法解释，显示出规范性文件备案审查制度的强大功效——毕竟，单纯的制度废止不是目的，通过废止不合时宜的旧制度进而制定反映民意的新制度，"既废又立"才是制度建设、制度完善的应有方向。

2016 年 2 月制定的《中共中央关于加强党领导立法工作的意见》提出，"一切违反宪法法律的法规规章和规范性文件都必须予以纠正"，这也正是备案审查制度的完善方向。具体而言，一是明确备案审查的基本范畴，尤其是司法解释、会议纪要、红头文件、"三长会议""五长会议"、批复等对公民权利义务造成影响的规范性文件，应当纳入主动审查的对象。二是加强备案审查的信息化建设，在大数据时代推进立法主体和立法文件的互联互通、互相衔接，能在网上审查就在网上审查、能第一时间审查就第一时间审查。三是在继续发挥沟通协商制度优势的基础上，适度强化备案审查制度的刚性，适时发布撤销规范性文件的典型案例，以加大个案的震慑力度。四是健全对外公开、定期反馈的长效机制，对发现的问题不仅要纠正，更要以"看得见"的方式纠正，"工作方式上，原来主要是通过内部协调、协商解决问题，而现在既要通过协调协商，同时也要把问题放在桌面上公之于众，让全社会了解宪法实施和监督制度的实际运作情况"。①

以自身的废止来检验备案审查制度的功效、促进备案审查制度的完善，想必这是附条件逮捕制度设计之初都未曾想到的。人民是历史的创造者，更是历史的书写者，未经人民依法选择却又限制人民基本权利的制度注定要受到人民的检验。从这个角度来说，检察机关全面推荐的"捕诉一体"办案模式改革，在符合我国现行宪法和刑事诉讼法对批捕权职权配置的同时，也必须尊重国际通行的未决羁押决定权运行的法治规律，夯实捕诉关系集约化调整的合理性与正当性。正如朱苏力教授所言："有时，一页历史的教训超过多少本书。"②

---

① 朱宁宁：《全国人大常委会审议备案审查工作情况报告》，载《法制日报》2018 年 1 月 2 日，第 10 版。

② 朱苏力：《制度是如何形成的？——关于马歇尔诉麦迪逊案的故事》，载《比较法研究》1998 年第 1 期，第 71 页。

第十二章

批捕权改良的合理方向：
与羁押权、执行权的对比

一、问题的提出

在司法改革领域，公检法三机关各有一项现行职能，彰显出本土色彩浓厚的"特色学说"，却被学界以不符合司法职权配置的"普遍学理"所诟病。公安机关对看守所和拘留所的监管权力（以下简称羁押权）、检察院对逮捕强制措施的批准或决定权力（以下简称批捕权）、法院对生效民事和行政裁判的执行权力（以下简称执行权），虽然与多数西方法治国家的通行做法不甚相符，有"侦羁不分""捕诉不分""审执不分"之虞，但在中华人民共和国成立70年来尤其是改革开放40年以来的中国法治进程中，也一直在学界争论中稳步运行。尤其是在近年的司法体制改革与行政体制改革中，司法行政机关2018年3月"兼并"政府法制部门后，重组、构建了"大司法"格局，在一定程度上体现了司法行政权行使的统一性，甚至中央全面依法治国委员会办公室也设在司法部，但学界一直呼吁的羁押权、执行权并未一并改革、划归司法行政机关行使。加之公安部于2017年6月15日发布的《看守所法（公开征求意见稿）》依旧规定"公安部门主管看守所工作"，最高人民检察院于2019年1月3日实施内设机构改革正式拉开"捕诉一体"的全国序幕，最高人民法院于2016年4月29日印发《关于落实"用两到三年时间基本解决执行难问题"的工作纲要》，在司法实践层面，羁押权、批捕权、执行权不仅岿然不动，反而在学界"权力转隶"的持续呼吁中，随着公检法三机关的职能完善而强力推进，进入了法制化、集约化、规范化的新时代。

然而，理论界的呼吁并未停止，2019年3月全国两会上依旧有人大代表提出《关于将看守所移交司法行政机关管理的建议》，① 理论与实践的观念冲突、官方与学界的话语撕裂显而易见。比较多数西方法治国家的通行做法，羁押机关独立于侦查机关、审判机关决定未决羁押、执行机关独立于审判机关，以及背后体现出的权力制约、中立判断、主动执行等法理，是在全球化背景下，我国法治建设应当引进、借鉴、移植的"普遍学理"吗？纵览我国整个司法体制改革的进程，公安机关行使羁押权、检察机关行使批捕权、审判机关行使执行权，以及背后彰显出的"侦羁一体""捕诉一体""审执一体"等法理，是立足本土资源，属于中国特色法学知识体系、话语体系和法治体系的内涵之一吗？本章从看守所监管权、逮捕决定权、裁判执行权的权力配置沿革为切入口纵向剖析，通过梳理学界对羁押权、批捕权、执行权的改革立场，将公检法三机关对合理行使羁押权、批捕权、执行权所做出的努力进行横向比较，探求背后存在的中国特色实践与司法改革理论之话语冲突，以及背后彰显的本土资源与法律移植之路线争端，并探寻符合我国国情的羁押权、批捕权、执行权改革之道。

二、三类"合一"：司法实践的行权现状

（一）侦查权与羁押权合一于公安机关

作为法定的羁押场所，看守所"是国家的羁押机关，是人民民主专政的工具之一"，② 负责对被刑事拘留、逮捕、判决生效后剩余刑期三个月以内的犯罪嫌疑人、被告人、短刑犯的羁押，由公安机关负责管理，体现出"侦

---

① 肖胜方：《关于将看守所移交司法行政机关管理的建议》，载民主法制网，http://www.mzyfz.com/html/1302/2019-03-15/content-1387487.html。

② 刘远景、闫文彦：《试论刑事诉讼中看守所的法律地位》，载《理论学刊》2006年第2期，第87页。

羁"合一的鲜明特色。理论上，公安机关兼具行政管理与刑事侦查的双重职能，对看守所的管理属于行政管理职能的组成部分；实践中，由于刑事侦查属于公安机关中心工作，一切其他公安工作都为其服务，对看守所的管理也理所应当服务于刑事侦查的需要。从内部分工来看，公安机关监管部门是负责集中管理看守所、拘留所、戒毒所、收教所等监所（劳教所已经撤销）的内设机构，在公安部是监所管理局、在省级是监管总队、在地市级是监管支队、在区县级是监管大队，由辖区公安机关的一名副职领导专职负责；在部分地区因执法现状、经济发展、发案情况等因素制约，看守所、拘留所、戒毒所、收教所或部分合一而设，或内部分区关押。除了公安机关负责管理外，看守所接受同级检察机关刑事执行检察部门派驻检察室的监督、受到辖区内武警部队的武装保护。

1949年9月27日，中国人民政治协商会议第一届全体会议通过的《中华人民共和国中央人民政府组织法》第十条规定，"政务院设司法部，规定司法部是国家司法行政机关，主持全国的司法行政事宜"。1949年11月1日司法部成立，公安机关和法院各自名下的看守所逐渐划归司法部管理。1949年12月20日，中央人民政府委员会批准的《中央人民政府司法部试行组织条例》第二条规定，"司法部主管犯人改造监押机关之设置、废止、合并及指导、监督事项，即主管监狱、看守所、劳动改造队工作"，具体由主管狱政工作的司法部第三司负责。为了打击反革命、保卫人民政权，遵照1950年11月3日中央人民政府政务院《关于加强人民司法工作的指示》第五条，"关于监所管理，目前一般宜归公安部门负责，兼受司法部门指导，由省以上人民政府依各地具体情况适当决定之"，1950年11月30日司法部、公安部联合发出"司指字第283号"《关于监狱、看守所和劳动改造队移转归公安部门领导的指示》，监狱、看守所、劳动改造队划出司法部，归公安部领导。可见，从中华人民共和国成立到1950年11月30日的一年时间内，司法行政机关是看守所的"娘家"，但由于时间很短、机构整合的缘故，尚未形成具体有效的管理经验。1983年9月26日，国务院发布了《关于将公安部劳改局、劳教局及其编制划归司法部的通知》，规定"将公安部的劳改局、劳教局及其编制一百一十人划归司法部，全国劳改、劳教工作归司法部领导"。1990年国务院制定了《中华人民共和国看守所条例》，明确规定我国现行的看守所管理体制，沿用至今。2003年全国范围内的社区矫正试点工作曾经是"侦羁分离"的改革良机，但在国家安全的背景考虑过程中，"几千家看守所，看守警察10万，未决犯人数可观，牵一发动全身，最终由于司法部响应微弱而不了了之，再一次丧失了改革的契机"。①

（二）批捕权与公诉权合一于检察机关

从苏联检察制度进行法律移植的我国检察制度，自成立伊始就将刑事诉讼侦查阶段、审查起诉阶段的批捕权纳入手中，并写入宪法。1954年、1982年《宪法》均规定检察院行使批捕权，而1979年、1996年、2012年、2018年《刑事诉讼法》都将侦查阶段、审查逮捕阶段的批捕权规定由检察机关独享。改革开放以来，从1979年《人民检察院组织法》通过后最高人民检察院依法设立刑事检察厅统一负责批捕、起诉工作，到1996年在大连市召开的全国检察机关第二次刑事检察工作会议提出"批捕、起诉部门分设"，再到2018年检察机关司法责任制改革再次提出"捕诉合一"，20年一个轮回，捕诉关系经历了合一到分离再到合一的调整。在职务犯罪侦查权转隶后，作为检察权的组成部分之一，批捕权迎来了高度合一直至一体的检察机关内部权力再配置。与40年前法制建设百废待兴时的"捕诉合一"不同，在中国特色社会主义法律体系基本形成的今天，以"优化检察院机构职能体系"为出发点和着眼点的"捕诉合一"模式，基础是"类案划分"，方式是"四同"，即同一检察院的同一案件审查逮捕、审查起诉、诉讼监督，由同一业务部门的同一检察官负责，这实则是"捕诉合一"的2.0版本——"捕诉一体"。

（三）审判权与执行权合一于审判机关

从中华民国时期法院设置民事执行处负责执行工作，到中华人民共和国成立后1951年《人民法院暂行组织条例》规定"人民法院是民事案件的执行机关"，"执行权属于司法权"的观点成为此时期的通说，形成了理论与事

---

① 杨明、张海林：《看守所"中立"改革遇阻》，载《瞭望东方周刊》2010年第48期，第34页。

实双重层面的"审执合一"。1982年《民事诉讼法（试行）》专篇规定了法院的民事执行程序，将法院负责民事执行工作的制度设计予以法制化、规范化、正式化。1991年《民事诉讼法》第二百零九条规定"基础人民法院、中级人民法院可根据需要设立执行机构负责执行工作"，在审判权与执行权同属司法权的理论下，各级法院成立了名为"执行庭"的专门执行机构，审判机构（审判庭）与执行机构（执行庭）正式分离，但这种分离是同属于司法性的内部权力行使分离，是一种初步、有限的审判业务分离，执行庭的命名模式依旧表明执行权是一种司法性权力，并未区别、厘清民事执行权的基本属性。实践中，法院逐渐形成了"小立案—大审判—小执行—小监督"的工作体系，执行被视为审判之外的次要工作、非中心工作。

在"审执合一"模式下，民事执行工作逐渐陷入困局，1988年最高人民法院工作报告中"首次承认执行难"。在以司法属性定位、行使执行权效果甚微后，法院系统改"执行庭"模式为"执行局"模式，降低了执行权的裁判权属性，突出了执行权的行政权属性。1998年12月云南省高级人民法院率先成立执行工作局，2000年最高人民法院在《关于改革人民法院执行机构有关问题的通知》中统一执行机构为"执行局"，[①] 2008年最高人民法院执行工作办公室更名为最高人民法院执行局，至此全国四级法院均成立了执行局，执行权分离于裁判权的趋势逐渐明朗。随着法治建设不断推进，案多人少甚至诉讼"爆炸"开始成为常态，在执行局模式下，审判作为当之无愧的中心工作使法院对执行工作有种"自顾不暇"之感。在此背景下，法院自行负责执行的内置模式，与交付其他机关负责执行的外置模式，成为执行权改革实践运转与理论呼吁的两种方案。2014年党的十八届四中全会《中共中央关于全面推进依法治国若干重大问题的决定》提出了"推动实行审判权与执行权相分离的体制改革试点"，但未明确是内分还是外分，给法院解决执行难提供了时间与空间的可能。中共中央办公厅、国务院办公厅2015年2月12

[①] 根据强制执行权是国家权力，并且是具有司法权和行政权双重性的国家权力的理论，执行机构可设在法院，并且至少应有执行裁判庭（或执行庭）和执行工作部两个部门组成的一个高于审判庭的执行机构，这个机构的名称可以叫执行局。参见高执办：《论执行局设置的理论基础》，载《人民司法》2001年第2期，第27页。

日印发《关于贯彻落实党的十八届四中全会决定进一步深化司法体制和社会体制改革的实施方案》，强调"推动实行审判权和执行权相分离的体制改革试点。在总结人民法院内部审执分离改革经验的基础上，研究论证审判权与执行权外部分离的模式"。虽然最高人民法院于 2016 年 3 月至 2019 年 3 月开展的"两到三年时间基本解决执行难"专项行动取得了显著成效，但 2018 年 10 月 26 日修正的《人民法院组织法》仍然删除了"执行员"的内容，给执行权的内外分之争扫清了改革合法性的法律障碍，埋下了"是否外分可探讨"的伏笔。[①]

三、三种"中立"：学术理论的持续呼吁

（一）羁押权回归中立化

看守所的隶属关系配置，核心是公权力的合理配置问题，是大政府的内部分工问题；看守所的中立化之争，即看守所的归属之争、侦查权与羁押权的分合之争，根本上是价值取向之争、监管权力之争、部门利益之争。虽然在公安机关内部权力分工上，监管部门与治安管理部门、刑事侦查部门是由不同的分管领导负责，存在一定内部制约，但整体看，公安机关掌握了"抓人"与"关人"的权力，看守所总是承担了一定的"突破犯罪""深挖余罪"等法定职权之外的刑事侦查职责，彰显了监管场所打击违法犯罪的第二职能。显然这种权力过于庞大、容易对公民的合法权益造成损害。

从全国范围来看，看守所在运行过程中存在刑讯逼供、牢头狱霸、超期羁押等问题，甚至原本已经基本解决的律师会见难问题 2018 年也出

[①] 2017 年 8 月 28 日全国人大内务司法委员会副主任委员王胜明在《关于〈中华人民共和国人民法院组织法（修订草案）〉的说明》中表示："有关人民法院的执行权，经商有关部门，草案对此未作规定。党的十八届四中全会提出，推动实行审判权和执行权相分离的体制改革试点。目前，审判权和执行权如何分离，尚未达成共识，还在调研论证。人民法院的执行权主要规定在民事诉讼法中，现行人民法院组织法对法院的执行权也未作规定，草案维持现行人民法院组织法的规定，不影响法院的执行工作。"

现了回潮,① 对看守所管理进行改革是各方共识。然而,在改革的具体方向上到底是大范围的制度调整——看守所从公安机关独立出去,还是小范围的机制整合——完善公安内部监管体系,在专家学者自称"独立思考"与公安机关貌似"部门利益"的各自出发点上,产生了巨大分歧。实际上,虽然隶属公安机关管辖,但看守所的正式名称为按行政区划的"××省/市/区/县看守所"或按特殊职业的"××铁路/航运/森林/农垦看守所",而非"××公安厅/局/分局看守所",显示了一定程度的独立性,只是独立有限,与撤销之前的劳动教养委员会一样,表面上直接隶属一级政府,实际上由政府授权公安机关管理。"躲猫猫事件"发生后,在看守所内发生的多起非正常死亡案件进入了公众视野,被媒体冠以各种死法的名称,起到了显著的标题效应。② 这不仅说明了羁押场所"牢头狱霸"的长期存在,也说明了检察机关驻看守所检察室的监督虚化,更说明了公安机关对看守所管理的诸多缺陷。在此情况下,"看守所中立化"理念从之前个别学者的呼吁上升到代表委员的正式提议,进而演变成为社会大讨论,单纯的刑事诉讼价值讨论开始上升到全民的公平正义价值取向之争。这一分歧,随着2009年全国两会期间"躲猫猫事件"的发生,而产生了强大的放射与扩散效应。多数学者呼吁看守所的中立化运行,指出应当剥离公安机关对看守所

---

① 2019年3月全国两会期间,全国政协委员、中华全国律师协会副会长吕红兵称"2018年全国律师协会维权中心及各地方律师协会共接收维权案件642件",律师会见难的问题"卷土重来",原因在于"办案机关对律师执业权的认识有偏差,对现有法律规定的执行不到位,没有真正落实'两高三部'发布的《规定》的明文要求,出于自身办案的需要甚至以案件为'督办'、有领导'批示'为由,人为随意地限制律师会见权"。参见张晓娜:《全国政协委员吕红兵:律师会见难"回潮",应修法解决》,载民主与法制网,http://www.mzyfz.com/html/1303/2019 - 03 - 04/content - 1385858.html。

② 梳理媒体报道,2009—2010年,各地警方宣称的看守所死因有:"洗澡死"——男子在海南省儋州市第一看守所因不肯脱衣服洗澡而遭殴打致死;"床上摔下死"——男子在福建省福州市第二看守所从床上摔下猝死;"噩梦死"——男子在江西省九江市看守所半夜做噩梦后突然死亡;"发狂死"——男子在广东省吴川市第二看守所"发狂而死";"抠粉刺死"——男子在山东省文登市看守所因系抠粉刺所致胸口小洞而死;"喝水死"——男子在河南省鲁山县看守所内在提审时喝开水突然发病死亡;"摔跤死"——男子在江西省修水县看守所上厕所时摔倒猝死。同期,在公安机关管理的拘留所内非正常死亡也时有发生,反映出公安机关对广义上的羁押权(看守所、拘留所、戒毒所、拘役所、劳教所等公安机关负责的羁押场所管理权)行使存在突出问题。

的管理，多数提出划归司法行政机关；① 执业影响较大的律师行业也普遍持此观点；② 有人大代表、③ 政协委员④利用履职身份提出相关提案、议案；有

---

① 早在2001年，陈兴良教授就提出"从长远来看，应当将看守所从公安机关分离，隶属司法行政部门，从而形成对警察侦查权的制约"。（参见陈兴良：《限权与分权：刑事法治视野中的警察权》，载《法律科学》2002年第1期，第65页。）2011年，陈光中先生直言不讳，"应该把管理看守所的职权从公安部门手里拿出去，划归司法行政部门管理。公安机关既负责侦查，同时又负责管理看守所不合适，因为看守所管理的就是犯罪嫌疑人，正是公安机关的侦查对象"。（参见黎伟华、侯兆晓：《看守所，姓"公"还是姓"司"》，载《民主与法制》2011年第15期，第22页。）2017年，樊崇义教授以"无法在公安机关内部改革解决"为由，指出"保留损害羁押分离，新增部门成本高"的现实道路。（参见樊崇义：《看守所：处在十字路口的改革观察》，载《中国法律评论》2017年第3期，第39页。）

② 著名刑事辩护律师徐昕教授从"刑讯、深挖余罪，过度依赖口供"的角度，指出"看守所应当提供中立、平等服务，公安机关应提升侦查技巧手段"的建议。（参见徐昕等：《对〈看守所法〉征求意见稿的若干建议》，载微信公众号"大案"，2017年7月1日。）著名刑事辩护律师田文昌从"看守所把犯罪嫌疑人当作犯人管理，违反无罪推定"为由，指出"侦羁分离，有效制约、回归看守职能"。（参见田文昌：《看守所转隶的必要性与必然性》，载财新网，http://opinion.caixin.com/2017-07-05/101110413.html。）北京市尚权律师事务所主任毛立新从"公安机关不愿意割舍利益，为了侦查破案"为由，指出"随时可受侵蚀，体制变革是唯一出路"。（参见毛立新：《只有侦羁分离，才能保障看守所的中立性》，载微信公众号"京都律师"，2017年7月13日。）全国人大代表、广东国鼎律师事务所主任朱列玉认为，刑讯逼供、牢头狱霸、超期羁押、深挖余罪是现行看守所管理体制的四大弊端，侦押分离才能从根本上预防冤假错案。（参见单玉晓：《朱列玉代表：防止冤假错案应将看守所剥离公安》，载财新网，http://m.topics.caixin.com/m/2016-03-05/100916548.html。）

③ 民法学者、中国社会科学院法学研究所梁慧星教授多年来以政协委员和人大代表的身份，长期关注看守所改革问题，以"公安有证明犯罪嫌疑人有罪的职责，如果公安又负责看管，这就不可能杜绝刑讯逼供"为重要理由，提出"看守所中立化"的议案或提案。2008年第十届全国政协会议上，梁慧星教授以政协委员身份在提案中建议"将羁押犯罪嫌疑人的看守所，划归司法部管辖，根除发生刑讯逼供的体制根源"，得到公安部"推进看守所全程录像"的改革回应；2009年第十一届全国人大会议上，梁慧星教授以人大代表身份在议案中呼吁"从源头上解决刑讯逼供的问题，要将看守所归由司法行政部门"，得到中央政法委"意见很有建设性，我们也正在研究，现在在搞司法改革，不能迅速解决问题"的回应。在分析了"全程录像可以人为操作无法彻底解决刑讯逼供问题""修改法律和加强检察监督不能从根本上解决问题"之后，梁慧星教授直言不讳"问题的根源就在部门利益，就在公安部"。参见郑钰飞、唐小涛：《人大代表梁慧星建议守所脱离公安体系》，载中国网，http://news.china.com.cn/2010-03/11/content_19580794.htm。

④ 法律史学者、南开大学法学院侯欣一教授以全国政协委员的身份，在2005年3月到2017年3月长达12年的时间中，每年两会都持续"看守所中立化"的提案，即"看守所要羁押侦查相分离，脱离公安部门的主管，交给司法行政部门主管，实现中立化，以此消除看守所存在的刑讯逼供和牢头狱霸等恶劣现象"，既以愚公移山之势诠释了"坚持就是一种意义"的切实含义，又在"理解公安部门不愿意交出看守所管理权的顾虑"之基础上，充分履行了参政议政的政协委员职责。参见刘瑜：《看守所改革：十年呼吁"侦羁分离"——访全国政协委员、天津财经大学近现代法研究中心主任侯欣一》，载《民主与法制周刊》2017年第15期，第9页。

公安系统干警及学者从中国特色与现实主义的角度进行回应,[①] 凸显了问题的复杂性与争议的敏感性。

(二) 批捕权回归司法化

从将批捕权赋予我国检察机关的制度设计之初,学界就以西方各国是法院决定审前羁押、检察院处于不中立的追诉地位、刑事诉讼未决羁押率高达90%以上等理由,提出将批捕权从检察院转隶到法院的思路。除了检察系统的学者因部门主义而观点不同外,多数学者都持"应当由法院决定羁押"的观点。从以书面审查为主的三级审批制,到司法责任制改革后检察官根据权力清单行权办案,历经多年改革却无质变,"审查批捕工作不具有诉讼形态,存在着行政化、追诉化、救济虚无化等非诉讼化缺陷"。[②]

在批捕权司法化、中立化运行的理论呼吁中,随着司法责任制改革的推进、职务犯罪侦查权的转隶,检察机关选择了批捕权与起诉权内部合一行使,称呼从2018年的"捕诉合一"到2019年的"捕诉一体",批捕权与起诉权的内部改革再次呈现聚合化、集约化趋势,可谓一石激起千层浪。从2018年初"捕诉合一"的风声初起,刑事诉讼法学界、检察机关内部就产生了较大争议,支持者言之凿凿,反对者声势浩大,甚至个别以前的反对者成为如今的支持者,不仅有学术机构举办了"捕诉合一还是分离"的研讨会,[③]

---

① 白俊华教授指出"完善看守所管理机制,改革取得一定时效",提出"改变考核标准、侦查模式,出路中立"的建议。(参见白俊华:《看守所论——以刑事诉讼为视角》,中国政法大学出版社2015年版,第148页。) 毕惜茜教授从"看守所改革措施取得的成绩要肯定"的角度,指出"基层对看守所转隶阻力没有想象中大";赵桂芬副教授指出"看守所人性化改革取得成果",提醒"不能忽视转隶后的新问题,要宏观考量"。(参见:《看守所归谁掌管?——司法职权的优化配置与〈看守所法〉的修订研讨会侧记》,载法制网,http://www.legaldaily.com.cn/Lawyer/content/2017 - 07/06/content_ 7235734. htm? node = 75898。)

② 陈国兴:《对审查批捕进行诉讼化改造》,载《检察日报》2013年2月6日,第3版。

③ 2018年6月16日,中国人民大学刑事法律科学研究中心和中国政法大学国家法律援助研究院主办了一场"捕诉分离PK捕诉合一"学术研讨会,并全程网络视频直播,持"捕诉分离"立场的学者、律师与持"捕诉合一"立场的学者、检察人士展开了有理、有据、有节的观点交锋,会后发表了会议综述。参见段君尚、聂友伦:《"捕诉分离"V. "捕诉合一"学术研讨会会议综述》,载微信公众号"中国政法大学国家法律援助研究院",2018年6月23日。

有律师事务所举办了"捕诉合一对刑事辩护影响"的研讨会,① 有基层检察院甚至举行了"捕诉合一还是分离"的辩论赛。② 毋庸置疑,捕诉关系的调整属于检察权运行模式的问题,无论是分离模式还是合一模式,检察机关捕诉关系的内部权力运行改革都是合法的,但改革是否合理,则需根据具体时空加以分析。对此,多数学者质疑声层出不穷,不符合刑事诉讼的基本原理就从根本上否定了"捕诉合一"的正当性,③ 检察人士及少数学者则针锋相对予以回应,有关批捕权行使方式的理论争论甚嚣尘上,直至 2018 年 7 月底的检察系统高层定调后,大规模的理论探讨才告一段落。此后,在零星争议中,④ 新时代的批捕权正式走向了与公诉权内部高度合一、一体运行的道路。

(三) 执行权回归行政化

一直以来,学界就有对法院负责执行工作导致"审而不执、审而难执"的评价,审判工作的中心地位导致执行沦为次要与附庸。从比较分析的角度,英国、美国、加拿大等英美法系国家由隶属于司法部的行政机关负责执行,

---

① 2018 年 9 月 1 日,北京市京都律师事务所举办了以"捕诉合一对刑事辩护影响"为主题的第三届"刑辩十人"论坛,陈卫东教授以及十位北京知名刑事辩护律师阐述了"捕诉合一"改革可能对辩护业务的影响。参见京都律师:《第三届"刑辩十人"论坛在京都举行,探讨"捕诉合一"对刑事辩护的影响》,载微信公众号"京都律师",2018 年 9 月 2 日。

② 2018 年 7 月,山东省菏泽市牡丹区检察院举办了以"捕诉合一还是捕诉分离"为辩题、6 名青年干警组成 2 支队伍的第一届青年干警辩论赛,正方提出"审查起诉也有中立性,捕诉合一合的只是办案人员,而不是检察职权,不会影响批捕中立"的论点,反方提出"公诉人审查案件时的独立思考不能等同于公诉权的中立性,捕诉合一会大大压缩犯罪嫌疑人及其辩护人的辩护空间、只能获得一次辩护机会"的论点。参见马静:《捕诉合一还是捕诉分离?辩论场上见分晓》,载《山东法制报》2018 年 7 月 25 日,第 3 版。

③ 此即陈永生教授 2018 年 9 月 17 日在北京大学"法学阶梯"入门系列讲座的内容,"审查批捕和提起公诉是两种截然不同的机能,审查批捕的机能发挥需要检察机关中立地对犯罪嫌疑人是否符合逮捕标准进行判断,这种判断是一种裁判机能;而提起公诉是一种控诉机能。这两种机能的目标不同,不能由同一主体行使,否则就像在运动场上由参赛选手担任裁判一般"。参见韩仁洁:《北大法学院"入门讲座"之二陈永生:如何学习刑事诉讼法学》,载微信公众号"中国法律评论",2018 年 9 月 26 日。

④ 2018 年 7 月底最高人民检察院正式定调全国推行"捕诉合一"后,除检察系统学者外,刑事诉讼法学界呈现出反对与支持并行的不同声音。反对者如孙长永教授、孙远教授、谢小剑教授、童伟华教授;支持者如张建伟教授、洪浩教授、郭烁教授等;媒体则对这种学者争议的现象进行了分析报道。

德国、法国等大陆法系国家由法院内部的执达员负责执行，冰岛、瑞典等少数国家设置独立的执行法院负责执行，审判权与执行权的外分与内分模式并存，但权力运行相分离的精神却是实质。正如职务犯罪侦查权属于检察院时，侦查检察官也被称为侦查员，侦查权与执行权都具有行政属性，相当长时间内，执行法官与执行员也不区分，本质是执行裁判权与执行实施权的高度合一，直接导致执行权内部制约严重不足。至于属于执行权组成部分的执行裁决权，显然比重较少，不足以改变执行权的行政权性质，正如公安机关对治安案件的处罚决定也有裁判权的性质，但并未改变公安机关属于行政机关的性质。

执行中存在的问题，被称为执行难与执行乱，对此法院人士并不讳言。[①]"执行难"主要表现在有规不循，有则不依；取其所需，为我所用；随意改革，盲目求新；随意结合，任意变通等。[②] 作为中国的"土特产"，执行难是我国政治、经济、社会生活中诸多矛盾和问题的一种综合反应，如当事人法制观念淡薄、企业经济效益差、偿付能力弱，地方和部门保护主义作祟，立法滞后影响执行力度等。[③] "执行乱"则包括执行法院、执行员违反乃至破坏执行程序，如消极性违法执行、积极性违法执行、阻碍外地法院执行。[④]

诚然，即使是"执行难"问题愈演愈烈的年代，少数学者也支持在保持执行权内部相对独立的基础上，依旧由法院行使，如常怡教授、[⑤] 谭秋桂

[①] 2000 年，时任河北省高级人民法院副院长景汉朝指出："执行难有其必然性，其最主要的原因是'地缘关系'和'人缘关系'的干扰。"景汉朝、卢子娟：《"执行难"及其对策》，载《法学研究》2000 年第 5 期，第 124 页。

[②] 参见谢光平：《"执行难"的症结及矫正途径》，载《领导科学》2018 年第 12 期，第 6 页。

[③] 参见刘敬怀、黄海：《法院"执行难"现象亟待解决》，载《瞭望新闻周刊》1988 年第 47 期，第 14 页。

[④] 参见高执办：《"执行难"新议》，载《人民司法》2001 年第 5 期，第 8 页。

[⑤] 常怡教授指出："从我国的国情出发，我国的执行机构仍应设在人民法院"，"将执行权交由作为政府机关职能部门的公安机关或司法行政机关行使，会从体制上为地方政府干预执行大开方便之门，加剧执行工作中的地方保护主义"。参见常怡、崔婕：《完善民事强制执行立法若干问题研究》，载《中国法学》2000 年第 1 期，第 99 页。

教授①、张榕教授②等，但在多数学者看来，经多年的改革以及法院系统遍寻破解良方，"执行难"不但没有消解反有逐步强化的态势，内分之路已经几近尽头。在此情况下，多数学者提出了将执行权外分出法院，或归属司法行政机关行使，或单独设立机构行使的建议。执行权"外分"不仅是将民事执行的职责从法院剥离，更是通过对法院限权、分权，从根源上防止因执行权滥用而引发的执行难问题。如汤维建教授提出"执行机构应当独立建制，既不隶属于法院，也不隶属于地方各级政府，应直接隶属于国务院"的建议，指出"中国由法院行使审判权和执行权是有历史原因的，但目前要走出'执行难'的困境，必须实行审判权和执行权的彻底分离，按照执行体制的独立性、统一性和行政性的原理对执行权的运作机制加以改变。这是破解'执行难'的根本出路，也是解决'执行难'的不二选择"。③ 又如李浩教授提醒，"执行权与审判权不同，它在本质上是一种特殊的行政权，因此，在执行制度改革中简单套用民事审判方式改革的经验，在理论上是难以成立的，在实践中也是有害的"。④ 再如徐卉研究员指出："从解决执行难具体而有效的措施来看，执行难问题的解决与审执的内分模式并无必然联系，而内分模式对于执行不公正和执行腐败问题的解决，却存在着体制性的牵制，难以有效推进问题的解决。实践中，执行乱、执行腐败问题依然得不到有效防治，即为

---

① 在"执行难"问题初现的2004年，谭秋桂教授指出："考虑我国的传统和借鉴大陆法系国家的经验，专家建议稿仍规定民事强制执行机构设立在人民法院，但强调应当保持其相对独立性。"（杨荣馨、谭秋桂：《标本兼治，解决"执行难"——民事强制执行法专家建议稿起草问题研究》，载《政法论坛》2004年第4期，第141页。）在"执行难"攻坚初期的2017年，谭秋桂教授强调，"从目前我国的现实情况来看，将民事执行权完整地配置给人民法院，在人民法院内部细分民事执行权的具体权能，构建执行命令权能、执行实施权能和执行裁判权能之间的有效制约机制，应当是我国民事审执分离体制改革的最佳方案"。（谭秋桂：《"审执分离"模式的理性选择》，载《人民法治》2015年第7期，第11页。）在"执行难"攻坚中期的2018年，谭秋桂教授依旧认为，"将民事执行权配置给人民法院的执行模式符合我国基本国情，没有进行根本性改革的必要"。（韩煦、孙超：《中国执行模式的发展现状与展望》，载《法律适用》2018年第23期，第129页。）

② 张榕教授指出："理性地认识强制执行权并在法院现有体制下分化执行权的裁判职能，将执行权中行政属性职权交由法院司法警察行使，应是我国执行机构改革的合理路径。"张榕：《我国强制执行机构改革的理念与路径选择》，载《学习与探索》2007年第5期，第99页。

③ 汤维建：《关于破解"执行难"的理性反思——以执行体制的独立化构建为中心》，载《学习与探索》2007年第5期，第90页。

④ 李浩：《民事执行改革中的若干理论误区》，载《学习与探索》2007年第5期，第85页。

明证。"① 徐昕教授甚至提醒，在执行过程中，"针对法院的暴力抗法则显示了司法权威的失落、司法能力的不足，特别是司法合法性能力的危机"。② 具有讽刺意味的是，时任最高人民法院主管执行工作的副院长黄松有，2004年6月2日在全国法院执行工作座谈会上旗帜鲜明地"澄清"执行权属性，指出"有人先把执行权定位为行政权，然后得出执行机构应该设置在司法行政部门的结论，显然过于简单化"，③ 之后却因为执行工作的腐败问题而入狱，部门主义的话语桎梏凸显。

四、三方"拒绝"：公检法的内部改良进路

在诉讼制度的改革中，公检法的部分偏私性权力一直饱受诟病。没有任何机关会主动承认自己"管得不好"，主动要求舍弃权力、让渡给第三方行使，这是权力本性使然。在羁押权、批捕权与执行权的话语争端中，公安机关"拒绝"羁押权转隶到司法行政机关，检察机关"拒绝"批捕权转隶到法院，法院"拒绝"执行权转隶到司法行政机关，从部门利益的角度出发可以理解。在大制度不变的情况下，公检法三机关并非单纯"拒绝"，而是在承认权力运行问题的基础上，接受批评、转变观念、对症下药，采取内部机制改良的方式完善管理，成为公检法三机关不谋而合的一致声音。

（一）公安机关提升看守所人权保障，成就巨大

针对学者以人大代表、政协委员身份提出"看守所归属司法行政机关管理"的相关提案、议案，2011年公安部回应称"侦羁合一更利于打击犯罪；体现社会主义法制文明；刑讯逼供和超期羁押与看守所没关系"，得出结论"公安机关管理看守所的体制符合中国国情，不宜改变"。④ 与此同时，负责

---

① 徐卉：《论审判权和执行权的分离》，载《中国社会科学报》2016年12月14日，第5版。
② 徐昕、田璐：《法院执行中的暴力抗法：1983—2009》，载《法制与社会发展》2011年第1期，第26页。
③ 黄松有：《当前执行理论研究中的几个重要问题》，载《法律适用》2004年第8期，第4页。
④ 王俊杰：《"心情不好死"与看守所改革》，载《民主与法制时报》2011年6月6日，第B02版。

看守所监管工作的领导开始直面争议,正面回应。如时任公安部监所管理局赵春光局长2014年4月26日在中国社科院法学所"新刑事诉讼法实施状况"研讨会上,称看守所职能定位正由以往服务办案转型为平等服务诉讼,"5年来,全国看守所内未发生过一起刑讯逼供事件"。①

随着"人性化管理"的理念引入,看守所管理理念也突显人性化,开始立足于平等服务诉讼各方。从2009年"躲猫猫事件"至今,公安机关监管部门痛定思痛、大刀阔斧改革,看守所出现了令人欣喜的转变。2014年《刑事诉讼法》实施一年之际,有媒体从基本实现律师与在押人员"想见即见"、讯问地点固定化有效避免"提外审"等方面,报道了全国看守所实施2012年《刑事诉讼法》专题研讨会,得出"看守所实施新刑诉法的情况良好,短时间内变化巨大,受到了社会各界特别是法学界法律界的好评"② 的结论。中国人权研究会副会长陈士球也用"看守所是展示中国人权进步的一面窗户"③ 来评价看守所多年来的巨大变化。毋庸置疑,通过公安机关内部改革,在人权保障的价值引领下,看守所改革取得了极大进步。

(二) 检察机关多维度改良批捕权运行,有得有失

批捕权改良的失败典型,是附条件逮捕制度。从2006年8月17日最高人民检察院检察委员会通过《人民检察院审查逮捕质量标准(试行)》正式规定附条件逮捕制度,到全国人大常委会开展规范性文件备案审查后,2017年4月27日最高人民检察院侦查监督厅发布《关于在审查逮捕工作中不再适用"附条件逮捕"的通知》,11年弹指一挥间,附条件逮捕制度在我国法制史上留下了短暂的印记。作为法律无明文规定、由最高人民检察院通过司法解释自我授权的一项工作制度,附条件逮捕制度不是公众通过民意代表机关——全国人大而依法选择,却通过公民个体上书建言的方式,最终被民意

---

① 汪红:《首部看守所法正在起草》,载《法制晚报》2014年4月29日,第A07版。
② 徐隽:《新刑事诉讼法实施一年来,看守所的变化有多大》,载《人民日报》2014年3月19日,第18版。
③ 张艳玲:《外国人权专家参观中国看守所:人权进步的一扇窗》,载中国网,http://news.china.com.cn/txt/2014 – 09/19/content_ 33552737. htm。

代表机关的常设机构——全国人大常委会而督促废止,体现了"以人民为中心"的法治理念。

批捕权改良的有效举措,是逮捕诉讼化审查机制。从大框架说,批捕权属于检察权,检察权的改革方向是从行政权向司法权的转化,但相比2000年起官方就正式提出可以公开审查方式行使的控告申诉权、不起诉权、民事诉讼监督权,司法属性最强的批捕权在相当长时间内并未提及。直至2009年最高人民检察院发布《关于深化检察改革2009—2012年工作规划》,提出"有条件的地方检察机关,还可对争议较大的案件,试行当面听取侦查人员和犯罪嫌疑人及其律师意见的类似于听证程序的审查批捕机制",首次提及"批捕案件中的听证程序"。2012年最高人民检察院侦查监督厅开始在上海等部分省市进行"审查逮捕诉讼化"的理论研究和实践探索,直击书面化审查逮捕的行政治罪模式①。2016年9月最高人民检察院发布《"十三五"时期检察工作发展规划纲要》,提出"围绕审查逮捕向司法审查转型,探索建立诉讼式审查机制",正式从官方层面回应学界"逮捕案件司法审查"的呼声,使用了"诉讼式审查"一词,将逮捕公开审查作为侦查监督厅2016年度工作要点之一。至此,以公开听证、公开听审、公开审查等模式为代表,诉讼化审查逮捕模式逐步推广,起到了良好的法律效果与社会效果。某种程度上,"诉讼式审查机制"在2016年9月的首次提出,是在新一轮司法改革的大背景下,面对多年以来批捕权转隶法院的学界呼声,官方层面所做的一种回应,是检察权的自我完善。

在历经附条件逮捕制度的"弯路"与诉讼化审查逮捕机制的"进路"后,检察机关最终选择了"捕诉一体"的批捕权行使方式。2018年7月25日,最高人民检察院检察长张军在深圳举行的全国大检察官研讨班上提出将"内设机构改革"作为突破口,"总体上,要以案件类别划分、实行捕诉合一,形成完整的、适应司法责任制需求、有助于提高办案质量效率和提升检

---

① 所谓行政治罪模式,主要是针对现行审前程序中对于犯罪嫌疑人的处理方式而言,不是以诉讼的方式而是通过行政化的审批程序进行。

察官素质能力的内设机构体系"。① 从 2018 年下半年起，上海、重庆等地开始在本地区全面推行"捕诉合一"办案机制，并相继发布了适合本地区实情的试行办法，② 加之此前就在本地区实施"捕诉合一"的吉林、山西、湖南省长沙市雨花区、江苏省苏州市工业园区、重庆市渝北区等，2018 年"捕诉合一"办案模式在全国部分地区扎根。以 2019 年 1 月最高人民检察院内设机构改革为标志，"捕诉合一"的动态改革开始升级为"捕诉一体"静态机制，在全国范围内全面推行。虽然学界依旧有不同声音，但"捕诉一体"全覆盖、大力气、内部性的改革特征，显然不同于之前附条件逮捕制度的"违法"之嫌与诉讼化审查逮捕机制的小范围试行，已经是对批捕权与公诉权的全方位、颠覆性调整。正如叶青教授所预判，"'捕诉合一'超越了审查逮捕和审查起诉两个程序、两项职能的简单叠加，成为一场牵一发而动全身的整体性变革，对检察工作体制机制产生多方面积极影响"。③

(三) 法院立"军令状"破解"执行难"

纵览"执行难"的沿革，最高人民法院从 1988 年年度工作报告中首次承认执行难，历经"执行难不能跨世纪"的 1999 年"执行大会战"，④ 到 2016 年庄严承诺"两到三年基本解决执行难"，再到 2019 年基本解决执行难，30 余年的时间，执行攻坚战终于取得了显著成效。理念上，从内部曾认

---

① 尚黎阳：《重组刑事办案机构案件分类捕诉合一》，载《南方日报》2018 年 7 月 26 日，第 A04 版。
② 参见：2018 年 7 月上海市人民检察院检察委员会 2018 年第 7 次·总第 622 次会议讨论通过的《上海市检察机关捕诉合一办案规程（试行）》；重庆市人民检察院 2018 年 12 月 28 日印发的《重庆市检察机关捕诉一体办案暂行办法》（渝检〔2018〕4 号）。
③ 叶青：《关于"捕诉合一"办案模式的理论反思与实践价值》，载《中国刑事法杂志》2018 年第 4 期，第 1 页。
④ 1999 年 7 月最高人民法院发布《关于人民法院执行工作若干问题的规定（试行）》。1999 年 8 月 3 日，最高人民法院召开全国高级法院执行庭庭长会议，部署为期 4 个月的执行大会战，在全国法院开展"执行年"活动。从此全国各级法院开展了大规模的以清理执行积案为主要内容的"执行年"活动。"建立由各省、自治区、直辖市范围内的法院执行工作由高级法院统一管理和协调的新机制"，力求"全国法院系统 2000 年年底前将实现执行工作良性循环"。参见庄会宁、刘蓓：《"执行难"不能跨世纪》，载《瞭望新闻周刊》1999 年第 51 期，第 30 页。

为执行裁判权是"乌托邦",①到执行裁判权与执行实施权相分离,②法院系统关于执行权的认识逐渐深化;实践中,执行工作"从法院单打独斗转向党委领导、法院主办和社会联动","由单纯执行案件转向执行具体案件与建立长效机制并重",由当事人主义转向职权主义,由强制执行财产转向强制执行财产和强制自动履行并重,由对物执行为主转向对物执行和对人执行并重,从依司法解释执行为主转向依"法"执行和依司法解释执行并重。③

为何从1988—2015年的长达28年的时间中,执行难问题都未得到有效解决,却在2016—2019年短短的3年之间得以基本解决?"未能解决"当然与法院过于重视审判业务,并未将执行工作改革列为司法体制改革重要内容有关;④"基本解决"更与"执行权可能外分"的权力危机感有关,也与"兄弟单位"检察机关职务犯罪侦查权转隶直接带来的"刺激"有关。2014年十八届四中全会明确提出"推动审判权和执行权相分离的体制改革试点"的大方向后,法院系统认清现实,谋定后动,2016年3月提出以"深化内分"模式作为贯彻"审执分离"基本精神的举措,强力推进"执行难"问题的运动式解决,力求在可能的"彻底外分"方案出台之前"最后一搏"。按照最高人民法院的方案,"要坚决打赢基本解决执行难这场硬仗,必须以联动机制为基础,构建解决执行难的大格局;以标本兼治为路径,谋划解决执行难的治本之策;以规范执行为重点,着力解决执行失范、违规问题;以'一打三反'为突破口,坚决整治规避、妨碍执行现象;以改革创新为动力,

---

① 2005年,有最高人民法院法官认为,正如审判程序中财产保全、先予执行等执行性质权力也是审判权的一部分,认为执行程序中执行人员行使的裁判性质的权力,实际上就是裁判权,不必加上"执行"二字。执行裁判权是以讹传讹的结果,是权力的乌托邦。参见孙忠志、范向阳:《执行与审判的界限》,载《人民司法》2005年第9期,第93页。

② 2009年7月最高人民法院发布了《关于进一步加强和规范执行工作的若干意见》,"将执行权区分为执行实施权和执行审查权两类性质的权力,根据其性质的不同,分别采取行政审批制和合议制",前者由执行员负责,后者由法官负责。参见卫彦明、范向阳:《〈关于执行权合理配置和科学运行的若干意见〉的理解与适用》,载《人民司法》2011年第23期,第29页。

③ 参见胡志超:《1999年以来解决执行难的新实践》,载《法律适用》2010年第6期,第92页。

④ 从司法实践来看,"相较于其他司法体制改革任务而言,执行体制改革的迫切性并不是非常突出。最高人民法院2015年、2016年工作安排均未将执行体制改革作为深化司法体制改革的内容加以列举,原因或在于此。"参见百晓锋:《中国民事执行年度观察报告(2016)》,载《当代法学》2017年第3期,第145页。

促进执行工作优质高效；以信息化建设为抓手，提高执行工作现代化水平；以队伍建设为保障，抓好解决执行难的关键因素"。① 从执行裁判权从执行局分离，到将司法警察配置到执行局，②"这场执行攻坚战，打出了声威，打出了士气，力度前所未有，成效前所未有，实现了执行模式的重大变革，基本形成了具有中国特色的执行制度、机制和模式，促进了社会诚信建设，为国际民事执行法治发展贡献了中国智慧"。③

诚然，在以运动式开展解决执行难工作的背后，也需要一定的冷思考——如何将运动式的短期攻坚战，转化为可以有效运转的长效机制？相比而言，此次集法院全院之力来执行，与当年检察院集全院之力来侦查职务犯罪，有异曲同工之妙。在不少基层法院，除了执行局干警，其他不少业务部门、综合部门干警也被抽调参加执行工作，加之宣传部门同步跟进，强大阵势的背后也存在"重执轻审""矫枉过正"的一定担忧。④

五、三重"争议"：特色与普适

（一）"法律移植论"与"本土模式论"

党的十九大报告提出要"加快构建中国特色哲学社会科学"，"发展中国特色社会主义法治理论"，《中共中央关于全面推进依法治国若干重大问题的决定》提出要"加强法学基础理论研究，形成完善的中国特色社会主义法学理论体系、学科体系、课程体系"的要求。相比侦查权，羁押权属于公安机

---

① 江必新：《如何打赢"基本解决执行难"这场硬仗》，载《人民论坛》2017年第2期，第6页。
② 2016年7月上海市三级法院成立执行裁判庭，将执行权中有判断性的部分——执行裁决权与审判权在某种程度上"合一"行使，执行裁判庭，负责诉讼程序中的涉执行诉讼审判及执行程序中的执行裁决加之设立"执行司法警察专门机构"，执行权中有行政性的部分——执行实施权开始大展拳脚，执行局成为彻底行政化的执行实施机构，法院实现了内部权力的再次分离。
③ 周斌：《司法改革路上人民法院阔步前行》，载《法制日报》2019年3月12日，第3版。
④ 据了解，基层法院有法官私下叫苦不迭，调侃法院已经不是以审判为中心，而是以执行为中心，往往在声势浩大的执行难攻坚战专项行动中，举全院所有部门之力齐上阵。言下之意，越注重执行，越会"轻视"审判。也因此，不禁要问，在运动战才能出效果的实情下，执行是不是法院不可承受之重？"不执行不就不难了吗"的调侃难道真的要一语成谶？！

关的非核心权力；相比公诉权，批捕权属于检察机关的非核心权力；相比审判权，执行权属于审判机关的非核心权力。如果对非核心性权力过于"热心"、过度"用力"，纵然对看守所管理工作、"捕诉一体"办案模式、执行难问题解决等均取得相当程度的成绩，但实践与理论难免渐行渐远。这并非实践问题那么简单，而是理论应当反思，尤其是对法律移植的限度如何把握。话语争端在于，羁押权由属于侦查机关的公安机关行使、批捕权由属于公诉机关的检察机关行使、执行权由属于司法机关的审判机关行使，究竟是应当坚持的中国特色，还是必须突破的改革桎梏？

毋庸置疑，羁押场所的中立性、羁押决定权的司法性、执行性权力的行政性，是多数法治国家的通行做法，正如经济全球化是世界发展潮流与大势。但也正如在经济全球化背景下的经济发展中国模式，借鉴西方法治国家先进法治理念的我国法治建设，也应当存在法治发展的中国模式，其中西方法治国家并不存在的举措或做法，只要在我国行之有效，就是法治发展的中国特色。以批捕权的行使为例，除了法院在审判阶段当然有逮捕决定权外，在侦查阶段和审查起诉阶段，是否逮捕只能由检察机关批准或决定，这种独一无二的制度设计显然带有鲜明的制度特色。纵然在国际或地区规范上，有批捕权的检察官可以被视为《公民权利与政治权利国际公约》第9条第3款"其他经法律授权行使司法权力的官员"，[①] 但根据欧洲人权法院1998年"阿赛诺夫等人诉保加利亚"[②] 案的判决，批捕检察官要想被认定为符合《欧洲人权公约》第5条第3款所要求的独立性和中立性，必须满足"决定羁押者与提起控诉者不能同为一人"的首要条件，此即一般意义上的"捕诉分离"，与我国检察机关正在全力推行的"捕诉一体"机制不同。更何况，从我国逮捕制度最直接的法律渊源来看，2001年修订的《俄罗斯刑事诉讼法》取消了检察长批准羁押的权力，规定只有法院有权决定羁押、羁押前的拘捕不得超

[①] 《公民权利与政治权利国际公约》第9条第3款："任何因刑事指控被逮捕或者拘禁的人，应当被迅速带见审判官或者其他经法律授权行使司法权力的官员，并有权在合理的时间内受审判或者被释放。"《欧洲人权公约》第5条第3款："被逮捕或拘禁的任何人，应立即送交法官或其他经法律授权行使司法权力的官员，并有权在合理的时间内受审或在审判前释放。"

[②] ECHR. Assenov and others v. Bulgaria. no. 24760/94. 28/10/1998.

过 48 小时,更对效仿苏联检察制度、扎根于列宁法律监督理论中所生的我国检察制度产生了冲击。也因此,审查逮捕这一最具有司法属性的检察职能显然充满了中国话语——不同于西方国家只审查犯罪嫌疑人的羁押必要性、不涉及案件定罪量刑的实质审查,我国批捕权是建立在实体审查构成犯罪之上的程序性裁判。与日本的精密式司法相类似,在我国无罪判决率极低的现状下,基于"未经法院判决不得对任何人定罪"的规定不可能正式宣告有罪,但逮捕后极其接近甚至无限接近有罪的价值判断毋庸置疑,我国逮捕制度具有鲜明的本土特色。

话语权争端的背后,更是司法改革的本土特色路线与西方法治路线之争,是如何权衡尊重本地实情与借鉴法律移植的限度之争。以批捕权的改革为例,同为"捕诉合一"反对者,陈瑞华教授以经济领域中的"中国模式"为对比,提出了"在刑事诉讼领域中,中国究竟是否形成了一种相对独立的'模式'"之问,指出"真正的社会科学研究,则是将中国问题作为研究对象,循着'中国的问题,世界的眼光''先归纳后演绎''从经验到理论'的思路,提出具有解释力的理论,并对最前沿的理论进行对话,在科学验证的基础上推动法学理论的发展"。[1] 而孙远教授则以"经济全球化条件下犯罪也国际化"为切入,对不能"唯西方马首是瞻"的观点予以驳斥,指出"就逮捕而言,国际通行的公正标准要求由中立的法官决定,主张捕诉合一的人常常会强调中国检察机关的独特'性质'或者'定位'",在全球化的背景之下,中国要想继续保持开放、不闭关锁国,为便于打击跨国犯罪、追赃抓人,刑事司法程序就必须符合国际公认的公正标准。[2]

在理论界持续的话语争端中,实务界在现行法律框架下,持续推进现有权力行使机制,形成了符合本国实情的本地模式,得到了部分学者的肯定。以执行权为例,早在 2008 年,张志铭教授就断言:"即使我们的法院勇于担当,不畏'执行难',执行工作对于法院来说也已经是'烫手的山芋',因为迄今为止的事实可能已经说明,以中国法院在权力架构内的地位以及所拥有

---

[1] 陈瑞华:《刑事诉讼如何形成"中国模式"》,载《检察日报》2019 年 3 月 23 日,第 3 版。
[2] 参见孙远:《为什么捕诉合一不可行?》,载微信公众号"中国政法大学国家法律援助研究院",2018 年 6 月 16 日。

的司法资源,是无力承担解决'执行难'的重任的。"① 但在十年之后,法院系统终于用实打实的成绩单做出了最好回应——最高人民法院执行局 2018 年 9 月 19 日主办的"中国执行模式的发展现状与展望"研讨会上,与会专家对近三年来法院基本解决执行难的成绩与前景予以充分肯定,指出通过"终本程序"对执行不能的区分、执行信息化、信用惩戒体系等多措并举,人民群众对执行工作的获得感与日俱增、"成效前所未有",不仅民事诉讼领域学者发言,刑事诉讼、刑法、行政法领域等学者也多发言点赞,表示"中国特色的执行模式"已经形成。②

(二)"外部改革论"与"内部改良论"

改革就是要突破部门利益的藩篱,要求被改革对象来回答是否"割肉改革",答案当然是否定的。正如在"顶层设计、强力推进"的改革模式下,当初的铁道部不可能主动提出撤销自己的国家部委地位、检察机关不可能主动提出将职务犯罪侦查权交给其他机关,这不仅是部门利益所致,更是"不能主动搬起石头砸自己脚"的人之常情;但如果中央下定决心,以政治高度推进改革,相关利益主体只能服从改革大局,正如检察机关全力配合做好职务犯罪侦查部门的转隶工作,公安部③、最高人民法院④也公开或私下表达过

---

① 张志铭:《执行体制改革的想象空间》,载《人民司法》2008 年第 21 期,第 52 页。

② 在此研讨会上,民事、刑事、行政三大诉讼法的学者都表达了对法院系统主宰生效判决执行权的支持意见。如民事诉讼法学者张卫平教授表达了"强化内分"的观点,"执行工作的开展应处理好执行制度的基本结构与具体执行制度的设计之间的关系问题,坚持审判权与执行权分离,将存有争议的私权通过审判程序加以确定,将已确定的私权通过执行手段和程序予以实现";又如刑事诉讼法学者陈卫东教授表示,"执行模式变革应着力促进执行一体化,建立以最高人民法院执行局为总指挥中心,各个省执行局统辖三级法院的执行体系,实现上级法院对下级法院工作的及时指导";再如行政诉讼法学者王学辉教授认为,"应建立法院主导,借助社会力量促进'执行难'问题解决的具有中国特色的执行制度。"参见韩煦、孙超:《中国执行模式的发展现状与展望》,载《法律适用》2018 年第 23 期,第 127-130 页。

③ 针对全国政协委员侯欣一的多年提案,公安部监所管理局对其私下答复,"如果上面决定了要移交出去,我们立即移交"。参见刘瑜:《看守所改革:十年呼吁"侦羁分离"——访全国政协委员、天津财经大学近现代法研究中心主任侯欣一》,载《民主与法制周刊》2017 年第 15 期,第 9 页。

④ 最高人民法院曾在其官方网站发布《关于将执行局与人民法院剥离的建议答复》,在阐述"审执分离"改革的不同观点、"深化内分"的好处和成绩后,表达了"中央一旦作出决策,无论是深化内分还是彻底外分,最高法院都将坚决贯彻落实,确保改革进程中执行工作的正常秩序,确保'两到三年基本解决执行难'的庄严承诺如期兑现"的态度,立场鲜明,值得赞许。

"中央决定权力转隶，坚决服从"的态度，这是上命下从的执行力度，与执行理由和内容并无直接关联。也因此，在中央对学界呼吁的"外部剥离式改革"并未回应之际，公检法三机关一直在通过"内部大幅度改良"来证实自己行使权力的合理性与有效性。

　　李昌林教授指出："检察机关有改良审查批准逮捕程序的动力和条件。"[①]批捕权是司法性、判断性权力，体现了检察机关的法律监督职能，起诉权是行政性权力，体现了检察机关的指控犯罪职能，二者在某种程度上存在天然的冲突。职务侦查权转隶之前，检察机关一直饱受职务犯罪"自侦—自捕—自诉"、普通犯罪"自捕—自诉"的诟病，学者强烈要求、呼吁多年将批捕权交由中立的法院行使，这一点与看守所隶属关系的呼吁有相似性，与将有司法性、判断性的审判权与有行政性的执行权相分离的呼吁有一致性。换言之，检察机关有能力顶住批捕权剥离的压力，以职务犯罪批捕权上提一级、诉讼化审查逮捕机制、"捕诉合一"等内部机制改革予以应对，公安机关也有能力顶住羁押权剥离的压力，以内部监管机制系列改革予以回应，法院也有能力顶住执行权剥离的压力，以"两到三年基本解决执行难"的攻坚之战予以回应。

　　在各自权力的内部改良中，公检法三机关对权力行使中存在的问题有清醒认识，有通过机制改革完善权力行使的内在紧迫感。以羁押权为例，公安机关内部对看守所监管工作存在的问题有清醒认识，具有改良看守所监管工作的动力和条件。早在 1998 年，就有公安人士提出了看守所存在"思想认识、警力不足、科技化、劳动生产、综合效果、省级看守所定位和走势"的六大困扰，[②]指出在监狱划归司法行政机关的背景下，公安机关对看守所的管理必须进行改革。2013 年，冀祥德教授在公安部机关报上撰文，提出必须对看守所管理进行四个转变，"羁押理念由保障侦查到保障诉讼的转变、羁押管理由单一管理向综合治理的转变、羁押形态由封闭管理向开放透明的转

---

　　① 李昌林：《审查逮捕程序改革的进路——以提高逮捕案件质量为核心》，载《现代法学》2011 年第 1 期，第 118 页。
　　② 田敏全、方香芬、马忠民：《看守所的六大困扰及出路》，载《河南公安学刊》1998 年第 3 期，第 11 页。

变、羁押目标由单纯确保安全向安全文明并重的转变",① 显示了看守所改革的必要性与紧迫性。

正是因为内部改良与外部改革的模式选择不明,未决羁押与民事执行的立法工作遭遇瓶颈,纵然学界持续呼吁,但仍无法进一步实质突破。十三届全国人大常委会立法规划中,《看守所法》与《民事强制执行法》的提请审议机关或牵头起草单位分别是国务院和最高人民法院,而国务院内部委托公安部拟制行《看守所法》建议稿,主体安排显然已经预设了"看守所归属公安机关管理""执行权由法院行使"的前提,但在理论界的争议与"抵制"下,行权主体不变的看守所、民事执行立法并未随即出台。即使2016年9月发布的《国家人权行动计划(2016—2020年)》提出"将制定看守所法,提升被羁押人权利保障的立法层级,完善配套法律法规和规章制度",时至2019年,已经征求意见近两年的《看守所法》并无进一步进展、陷入了停滞,根本原因就是归属问题争议太大;执行权立法亦如此,早在2012年,肖建国教授就将执行立法缺失作为症结所在,一针见血指出民事诉讼法"'补丁式'修法模式实现执行程序法的真正法典化,是不可能的,几个条文的小修小补既触动不了执行难问题,也难以解决执行乱问题"。② 但时至今日,"依循'执行制度建设—执行体制改革—执行立法制定'的改革思路,在审执分离改革尚未形成共识,且难以付诸实践之际,单独制定强制执行法也就自然未能提上立法日程"③。

(三)"部门主义论"与"实用主义论"

在司法改革中,存在一定程度的部门利益束缚,羁押权、批捕权与执行权的改革也不例外。在数十年的运行惯性后,即使在内部诸多权力中居于次要地位,但若此时转隶于其他部门,难免有权力行使不当之虞。以批捕权的

---

① 冀祥德:《我国看守所管理模式的四个转变》,载《人民公安报》2013年8月18日,第3版。
② 肖建国:《执行程序修订的价值共识与展望》,载《法律科学》2012年第6期,第197页。
③ 谷佳杰:《中国民事执行年度观察报告(2017)》,载《当代法学》2018年第5期,第160页。

诉讼化改革为例,"背后的逻辑是,批捕权应当归属于法院,当前的制度设置存在严重缺陷而又无法依愿改为法院行使审查批准逮捕的权力,那么不妨退而求其次,由检察机关'山寨'法院的羁押决定生成模式"。① 以公开审查、公开听证、公开听审等方式为载体的逮捕诉讼化改革,毫无疑问,将批捕权的司法属性体现得淋漓尽致。在通用模式下,检察官坐在中央居中判断,侦查人员在左侧一旁控诉,犯罪嫌疑人及其辩护人在右侧一旁辩护,这种"侦查—辩护—裁判"的"侦辩裁"模式,与一般刑事案件庭审中"公诉—辩护—审判"的"诉辩审"模式,具有内在一致之处。然而,之所以诉讼化审查逮捕机制仅仅停留在个别试点省市、并未在全国范围内推广,正在于有检察系统内部的声音担忧,若诉讼化审查机制成为批捕权的通用行使模式,类似于台湾"检察官开侦查庭",在听证室中央居中判断的批捕检察官在实质意义上已经是在侦查庭内"没穿法袍"的侦查法官,诉讼化审查逮捕机制是在为批捕权的人、权转隶法院"作嫁衣",是某种程度上的"主动转隶",待机制成熟后直接"换装"即可。因此,在检察机关部门利益的局限下,即使要吸收逮捕司法权的属性,也只能在少数案件上开展诉讼化审查,是例外而非原则。

如果说部门主义是利益固化的改革藩篱,那么实用主义是立足于公检法部门主义的基础上,用拿得出、看得见的成绩,向人民群众证实行使职权的合理性。以批捕权为例,纵然刑事诉讼法学界对"捕诉合一"改革反对声不断,2019年3月全国两会上,不仅不少人大代表、政协委员对"捕诉合一"改革点赞,最高检工作报告也达到历史最高通过率。以执行权为例,法院基于部门利益深度强化内分,言下之意在于"只要能解决执行难,谁来执行并不重要",在"一定要解决问题"的理念下,省市县三级法院在专项行动时分别邀请三级人大代表、政协委员全程见证、监督,网络直播、视频直播"全民抓老赖"等形式更加深入人心,"让人民群众在每一个执行案件中都感受到公平正义"的目标与追求正在落地开花。

---

① 张建伟:《逻辑的转换:检察机关内设机构调整与"捕诉一体"》,载《国家检察官学院学报》2019年第2期,第68页。

不仅是人民群众，公检法三机关急于证明、正在证明行使权力正当性的努力，使权力的中立化、科学化、合理化运行取得了显著成效，更使原先持反对观点的个别学者逐渐改变立场。以看守所的归属权为例，陈卫东[①]、程雷等教授[②]从外分到内分的观点变化就是一例，卞建林教授也认为，"公安部的改革已经展示了好的方向，虽然机构没有实现中立，但秉持的是中立的理念，正在逐步淡化公安体制内侦羁不分的色彩，实现内部分工和制约"。[③] 以"捕诉一体"改革为例，坚定反对者陈卫东教授在2018年4月与张军检察长等进行了长达三个多小时的"论战""交锋"，并实地考察个别"捕诉合一"检察院后，虽仍有担忧，但也"深受触动并有所改变"，[④] 李奋飞教授也在考察了实施"捕诉合一"机制三年有余的吉林检察机关后感叹，"如果说选择了远方，接下来就要风雨兼程的话，需要认真考虑具体怎么推开这项改革，才能最大限度地防范改革可能引发的问题"。[⑤] 以执行权的"深化内分"改革为例，肖建国教授一直强调执行权是司法权，认为"民事执行权就是司法权下独立于审判权的司法强制权"，但对执行权实施主体的观点也在发生变化，对现行法律框架下和立法改革角度分别建议，但都是执行局内部

[①] 2012年，陈卫东教授从"侦查羁押一体化，导致功能异化"的角度，提出"独立成立羁押执行局，纳入政府序列"的设想。（参见陈卫东、Taru Spronken主编：《遏制酷刑的三重路径：程序制裁、羁押场所的预防与警察讯问技能的提升》，中国法制出版社2012年版，第160页。）2014年，陈卫东教授认为，"近五年来看守所改革的经验表明，看守所存在的诸多问题主要是管理上的问题，通过强有力的管理机制创新能够解决，无须进行体制变动"，"看守所中立化是包括公安部在内的社会各界的普遍共识。平等服务诉讼理念的提出强调了看守所作为中立的诉讼服务主体平等保障控辩双方的职能行使，而不再是单向配合侦查机构，更不再是打击犯罪的第二战场"。（参见陈卫东：《侦押分离不是看守所立法的现实需要》，载《法制日报》2014年5月17日，第7版。）

[②] 2010年，程雷教授考察了监管体制改革的初衷，指出"看守所由公安机关管理并不是一个板上钉钉的决策，当年决策的暗含之意是，当条件成熟的时候，看守所的监管体制也应当像当年监狱划归司法行政部门管理一样，从公安机关调整为司法行政机关管辖"。（参见程雷：《中国看守所六十年变迁》，载《中国改革》2010年第4期，第76页。）2017年，程雷教授立足现实，以"公安必然反对分离，但认同中立"为由，提出"省级统管，问题在市县两级，成本低"的相对可行之策。（参见程雷：《看守所立法中绕不开的问题：看守所该归谁管？》，载财新网，http://yuanchuang.caijing.com.cn/2017/0622/4289000.shtml。）

[③] 王丽娜：《看守所立法跬步推进》，载《财经》2013年第12期，第19页。

[④] 参见蒋安杰：《最高检的里程碑式重塑性变革》，载《法制日报》2019年3月8日，第3版。

[⑤] 闫晶晶：《"捕诉合一"之问：让实践说话——全国人大监察和司法委员会、最高人民检察院联合邀请法学专家赴吉林检察机关调研"捕诉合一"侧记》，载《检察日报》2018年8月27日，第1版。

独立、总体依旧隶属于法院系统;① 陈杭平副教授观点也存在从执行权"完全外分"模式到"内外分权(责)"模式的微调。② 可见,在"实践是检验真理的唯一标准"认知之下,立足于羁押权、批捕权、执行权行使的本土经验,原本就符合现行法律框架、满足合法性条件的权力行使更加科学、更加合理、更加有效,实践正在以强有力的数据和事实反作用于理论,"不管白猫黑猫,抓住老鼠就是好猫"的实用主义道路正在被理论界正视并引起几近"颠覆性"的观点反思,想必这也是羁押权、执行权的归属问题仍在研究的原因。

六、三维"现实":探寻改革的相对合理之路

(一)"谣言"起伏,"导火索"缺失

批捕权由法院行使、执行权由司法行政机关行使,不仅是不少学者的理论建议,更在实践中有一定改革呼声。2017年4月27日,网络上开始流传一张"法院行使批捕权,8月开始在上海试点"的聊天截图,同步配有张翔教授"如果进行改革而使逮捕权专属于人民法院,也并不违反《宪法》37条"③ 的学理解释文章。一时间,"批捕权转隶法院"的呼声甚嚣尘上。发酵两日后,2017年4月29日晚上海市人民检察院在其官方微信上,发布了文

---

① 2005年,肖建国教授指出,"从民事执行权的司法属性以及民事执行中执行实施权与执行裁判权之间的密切关系来看,民事执行工作应当由人民法院负责,这一体制安排有利于执行工作的顺利进行"。(参见肖建国、赵晋山:《民事执行若干疑难问题探讨》,载《法律适用》2005年第6期,第3页。)2016年,肖建国教授基于现行民诉法框架下,"执行局只负责执行实施工作";从修改民事诉讼法角度提出,"执行局从基层法院或中级法院中分离出去,单独设立,业务上相对独立于本级法院,但要受上级人民法院指导、监督,执行局也仅仅负责执行实施事务工作"。(参见肖建国:《民事审判权与执行权的分离研究》,载《法制与社会发展》2016年第2期,第49页。)

② 2018年4月,陈杭平副教授指出,"执行权'外分'不仅是将民事执行的负担与责任从法院剥离,更是通过对法院限权、分权,从根源上防止因执行权滥用而引发的执行难问题"。(参见陈杭平:《比较法视野下的执行权配置模式研究》,载《法学家》2018年第2期,第83页。)2018年9月,陈杭平副教授坦承,自十八大以来,最高人民法院大力加强执行信息化建设,使一种具有中国特色的"内外分权(责)"模式成为可能。(参见韩煦、孙超:《中国执行模式的发展现状与展望》,载《法律适用》2018年第23期,第129页。)

③ 张翔:《逮捕权配置与宪法相关条款的释义》,载《法制日报》2013年5月22日,第12版。

章《审查逮捕是检察官不容做错的一道选择题!》,显然并非空穴来风,是一种潜在的"辟谣"。

无独有偶,批捕权"外分试点"的小道消息传开一年后,执行权"外分试点"的小道消息也流传开来。2018 年 6 月 27 日,网络上开始流传一张湖南省汨罗市试点"执行外分"的新闻截图,"拟将审判职能与执行职能分离,重新整合配置机构,在汨罗市司法局外分设汨罗市执行工作局,在市人民法院新设执行裁判庭,在市公安局设立汨罗市公安局执行警务大队"。[①] 所谓的"汨罗方案"采取的是"适当外分"模式,即法院保留执行裁判权,成立执行工作局直属于政府,由公安警力保障。但舆论发酵后,新闻随即被删除,既反映出试点的保密性,也体现出问题的敏感性——当然,删除新闻而非正面"辟谣",已经表明试点情况的真实性。

显然,批捕权与执行权"谣言"起伏的背后,是有关司法改革话语权的深层争端。与自上而下的顶层设计不同,羁押权、批捕权、执行权改革属于自下而上的底层推动型改革,如收容遣送制度、劳动教养制度的废除那样,往往需要引起"民怨沸腾"或者付出"血的代价"才能达到"量变"转"质变"。当然,这种"民怨沸腾""血的代价"是推动改革需要尽量避免的,但不得不承认,改革就是重组利益,重新划分蛋糕必须敢于下刀。从这个角度说,也许只有"民怨沸腾""血的代价"才有可能突破利益固化的藩篱,这是一个可悲的现实。

以羁押权的改革为例,如果说 2003 年孙志刚事件直接导致收容教育制度的废除、2012 年唐慧劳教案直接导致劳动教养制度的废除,那么 2009 年"躲猫猫事件"发生后的那段时期正是看守所管理制度改革的最佳节点。在发生了一系列看守所事件的 2009 年,无论专家学者的呼吁还是代表委员的提议,官方都没有按下"脱钩键",似乎给人一种感觉:早已度过最为困难的 2009 年,在公安机关内部改革不断推进的情况下,看守所管理制度日臻完善,尤其是 2016 年 2 月 15 日出台的《关于全面深化公安改革

---

① 原文载于岳阳市人民政府网 http://www.yueyang.gov.cn/yyswbb/30703/content_1310630.html,现已删除,网络有截图或镜像保存。

若干重大问题的框架意见》只字未提看守所管理体制改革,加上看守所立法工作由公安部起草的安排,不得不承认,看守所独立于公安机关依旧面临极大阻力。除非再次发生类似"躲猫猫事件"的恶性事件、人民群众对法治理念的认识上升到质变的高度,产生推倒多米诺骨牌的致命一击,否则,单凭专家学者的呼吁,结果多半就会像检察院对批捕权、法院对执行权的态度那样,"你说你的、我改我的","公众有意见,拿出成绩让你看"。

纵览改革时间表,2018 年 3 月原司法部与国务院法制办重组后形成了"大司法部","随着此轮机构改革,国务院立法工作回归司法行政,但公安机关管理的羁押工作、法院管理的民事裁决执行和行政裁决执行工作,是否可以并入司法行政,需要下一步改革考虑,或者各部门职能调整时逐步完善"。① 一个必须承认的现状是,中央暂时没有按下羁押权、批捕权、执行权的"脱钩键",公检法三机关合理行权的空间依旧巨大。其中,中央对"捕诉合一"改革的"可探索"态度②表明批捕权由检察机关行使应当在相当长时间内不会有变,改革的当务之急在于立法"难产"的羁押权与执行权。对改革"谣言"的悄悄"辟谣"只是一种回避,旗帜鲜明站稳中国特色的模式立场,用"深化内分"的改革铁腕来自我分权、"刮骨疗毒",才是在现行框架下解决问题的可行之策与长远之道。

(二) 三权"重置",检察院"消亡"?

从权力重置的角度,即使短时间内"外分"改革成本较大,但长远来看对司法职权的合理分工与统一行使作用较大。谭世贵教授以法院对执行体制"内置式"改革"虽然取得了一些成绩,使执行难与执行乱的问题得到了一些缓解,但还没有从根本上解决问题。可以说,在现行执行制度框架内不可

---

① 王丽娜:《国务院法制办整合入司法部,国务院立法工作回归司法行政》,载腾讯网,https://new.qq.com/omn/20180313/20180313A0NNHG.html。

② 2018 年 7 月 24 日,中央政法委书记郭声琨在深圳市召开的全面深化司法体制改革推进会上指出,"持续深化以审判为中心的刑事诉讼制度改革,探索捕诉合一"。参见读库君:《关于推进司改,检察官须知 15 件事》,载微信公众号"法律读库",2018 年 7 月 25 日。

能再有更好的改革成效了，内置式改革已经无路可走了"为由，提出"建立统一、独立的执行机构，专门负责执行三大诉讼的裁判"。① 确实，司法改革的大方向应当遵循侦查、审判、检察、执行权力分离的原则，执行权包括民事、行政和刑事执行，刑事执行中占大幅比重的有期徒刑、无期徒刑、死缓、管制、剥夺政治权利都由司法行政机关执行，罚金、死刑直接执行由法院执行，生效判决后剩余刑期三个月以下的有期徒刑、拘役由看守所执行，执行权的行使并不统一；换言之，如果看守所归于司法行政机关管理、执行权由司法行政机关行使，就可统一职权、节约资源。

从现实进路来看，支持权力转隶的学者，往往以职务犯罪侦查权的成功转隶为例，对需要外部重新配置的司法职权提出参照。② 看守所管理权是否应当借鉴经验，从公安机关转隶司法行政机关？羁押决定权是否应当借鉴经验，从检察机关转隶法院？执行实施权是否应当借鉴经验，从法院转隶司法行政机关？中央全面依法治国委员会办公室就设在司法部的顶层设计格局昭示了"大司法"的改革方向，司法部重组后"司法部职能里综合协调行政执法"的大司法职能也是种隐喻，但目前来看，正是因为转隶，在检察机关"失去"了职务犯罪侦查权后，高层似乎并无继续"削弱"检察权、将批捕权划归法院行使的下一动作。

陈瑞华教授通过回顾我国司法行政机关职能权限的改革历程，指出其中基本规律之一，"凡是公检法三机关在管理方面出现问题和缺陷的司法行政事务，都可以被纳入司法行政机关管理的范围"。③ 假设看守所管理权、民事执行权归属司法行政机关，逮捕决定权归属法院，公检法三机关的应对与转变会大有不同。从司法资源成本、改革成本与必要性角度，刑事诉讼侵犯人权现象更甚，考虑到改革"牵一发而动全身"的综合性作用，从改革循序渐进的步骤，"先改革羁押权，再改革批捕权，最后改革执行权"的顺序更为

---

① 参见谭世贵、叶肖华：《我国法院执行体制改革的构想》，载《河南社会科学》2013 年第 3 期，第 17 页。

② 如陈瑞华教授以"未决羁押与侦查、刑罚执行冲突"为由，提出看守所改革应当参照监察委改革，确立必要配套措施的路径。参见陈瑞华：《看守所制度的基本缺陷与改革思路》，载《民主与法制周刊》2017 年第 15 期，第 24 页。

③ 陈瑞华：《司法体制改革导论》，法律出版社 2018 年版，第 147 页。

恰当。从部门利益角度，地位相对更重的公安机关"放权"后，批捕权给了法院，法院自然会"放弃"执行权。

正如当初监狱管理权顺利从公安机关剥离，权力众多的公安机关对失去看守所管理权也"可接受"，法院"失去"执行权、"得到"批捕权后"一进一出"也"无所谓"，"受伤"最大的很可能是检察院，"大公安，小法院，可有可无检察院"的调侃可能成真。要知道，只有公诉权并不足以支撑法律监督机关的宪法地位，只有公诉权、没有批捕权的检察院或许会沦为被司法局"吞并"的命运。从这个意义上来说，相比羁押权、执行权的内部权力分离配置，批捕权的内部合一属性更加明显；从"捕诉合一"到"捕诉一体"，内部高度集权化的改革是一种未雨绸缪与提前自救，是用有力手段证实"检察院搞得好批捕、起诉"，即使与"权力内部分离制约"的理论不一致，也与国际通行的"法院决定羁押"模式不符，但正如世界上独一无二的检察机关提起公益诉讼制度，只要"捕诉一体"改革能够效仿、凸显近期在诸多正当防卫案件中那样的"检察担当"，参照王玉雷案的示范精神，秉持"批捕就是该谨慎"的办案理念，将审查逮捕环节作为防范冤假错案、降低审前羁押的第一道检察防线，并将提高案件质量、降低羁押率作为价值追求，批捕权的"捕诉一体化"行使模式也会受到侦查机关和审判机关的专业认可与人民群众的真心拥护，"以人民为中心"的检察批捕之路会走得更加坚定。

（三）一种"内部合一"，两个"省级统管"

如何在定位于侦查机关的公安机关中，保持羁押权与侦查权的内部高度分离与制约？如何在定位于审判机关的法院中，继续完善审判权与执行权分离、执行实施权与执行裁判权分离的深化内分模式，将"基本解决执行难"进一步深化为"切实解决执行难"？笔者以为，在羁押权、批捕权、执行权的内部改良过程中，从微观的具体机制层面，需要抓住各自权力行使中的关键环节与薄弱之处，如羁押权运行中警惕"狱侦"与"外提"两个关键环节，又如批捕权运行中防范"构罪即捕，以捕代侦"，再如执行权运行中注重运动式执法后的制度建设；从宏观的具体制度方面，检察院要探索、健全

"捕诉一体"办案模式，公安机关、法院可以探索"省级统管"的羁押权、执行权运行模式。既然暂时选择了内部改良，题中之意就是"再完善也有人为的介入因素，需要人为的执行，即关键在人，中立理念的革新才是最重要的"，这种改革路径颇有"相对合理主义"的色彩，是建立在"职能机构不可能主动放弃既得权力"基础之上的机制设计，充分考虑了改革的现实性和可行性，也是成本最小的改革模式。

在看守所管理体系上，可以参考英国警察内部侦查权与羁押权高度制约、羁押警察直属管理与侦查警察平级管理的二元模式，[①] 尝试将"以块为主"调整为"以条为主"的"省级统管"模式。我国看守所、拘留所、戒毒所、收容所、监狱的监管民警都属于广义上的羁押警察，不具有侦查职能，必须从慎用警权、善用警权的高度，强化公安机关内部的权力制约。尤其是，看守所只是一级政府委托同级公安机关管理，委托时间一长就容易产生"就是我的"思维定式。既然是政府委托管理，为了解决侦查权与羁押权合而为一的看守所体制顽疾，当然也可以委托上级公安机关进行管理，这是业务指导的必要性所决定的，理论上并无障碍。具体设置上，省级公安机关监管总队统管全省范围内的看守所，地市级的监管支队、区县级的监管大队由省级监管总队垂直管辖，地市级、区县级看守所的"人、财、物"直接划归省级公安机关。在此设计模式下，虽然看守所监管部门不独立于省级公安机关，但地市级、区县级的看守所监管部门在"人、财、物"各方面均独立于同级公安机关、不受其领导，以期对同级公安机关犯罪侦查起到更高程度的制约作用。实践中，特殊主体的集中羁押模式，也

---

① 英国《1984年警察与刑事证据法》创设了"羁押警察"的分类，羁押警察不承担具体的调查工作，具有高于侦查警察的警衔和相对于后者的独立性，对侦查活动尤其是羁押获得的合法性实施一定的制约。尤其是，羁押警察的级别一般高于负责逮捕、讯问、收集证据的侦查警察，不仅独立于任何对犯罪嫌疑人的调查程序，而且直接由内政部管理，有一些直属管理色彩。就连陈兴良教授也承认，英国"这种独立的看守官的设立能够在一定程度上保障犯罪嫌疑人的权利"。参见陈兴良：《限权与分权：刑事法治视野中的警察权》，载《法律科学》2002年第1期，第63页。

证实了内部条块制约的可行性。①

至于执行权改革，法院系统取得基本解决执行难的重大成就，在于某种程度上突破了上下级法院指导与被指导、监督与被监督的关系，以一种上命下达的行政化运作模式，在区分与界定执行实施权的行政权属性基础上，以本省高级法院执行指挥中心为"司令部"、三级法院执行机构垂直联动的管理机制，使上下级法院的执行局形成了领导与被领导的关系。司法强制性本质以及由此决定的民事执行整体系统效率价值的基本取向，使"统一管理"体制成为以执行实施工作为核心的民事执行制度安排的最优选择。② 从长远来看，法院系统深化执行权内分的进一步举措，可以"步子更大一点"，将执行局直接从本级法院"分离"出来，成立若干新的执行机构，垂直于本省高级法院管理。早在2002年，时任浙江高院副院长提出："在高级法院统一管理和协调下的，民事执行权两级分离的运行机制，有其理论上和法律政策上的依据，也符合我国执行机构改革的特点，是一种能在执行机构形成切实有效的内部制约效能的新机制"③ 近年来，也有法官认为，执行实施机构可以实行跨行政区域的探索，并在最高人民法院统管范畴内实现与基层人民法院和中级人民法院彻底分离。④ 实际上，这是一种类似于"刑事执行检察院"性质的派出执行法院，是一种独立于审判法院、在省内跨行政区划的"小"

---

① 以C市为例，C市Z区、N区、J区的女性犯罪嫌疑人集中在C市第一看守所羁押，C市第一看守所由C市公安局监管总队管理、专门关押涉案女性，驻所检察室也由地市级检察机关派驻。经笔者观察，N区公安分局刑侦民警到市级监管总队管理的市级看守所提讯，普遍更加规范，尤其在外提等"可能有操作性"的隐性方面，往往没有在本区看守所的便利，毕竟"兄弟单位又远了一点距离"，体现了内部制约性的加强。实践中，甚至出现过在区县看守所关押后一直认罪、在二审转押到市级看守所后随即翻供、经查侦查机关存在刑讯逼供的情况——试想，如果当初就关押在上级公安机关管理的看守所中，刑讯逼供是否可以避免或者早日发现？笔者曾经多次提讯N区公安分局侦查后羁押在C市第一看守所的女性犯罪嫌疑人，切实感觉是：市级看守所与案件侦查并无任何直接联系，在羁押中更加注重安全监管、人性服务，市级看守所在押人员的待遇普遍更好。具体而言，女子看守所的监管民警绝大多数都是女民警，监管女民警总体而言比监管男民警更有亲和力、更加人性化。出于市级财政的保障，市级看守所在押女性的生活待遇相比区县看守所在押人员要好，如C市第一看守所每一位女性在押人员的月拨款（伙食费等各种生活费用，俗称"人头费"）500元，而N区看守所每一位男性在押人员的月拨款只有300元，男性、女性都关押的B区看守所每一位在押人员的月拨款只有230元。

② 童兆洪：《民事执行权性质再认识》，载《浙江学刊》2005年第3期，第131页。

③ 童兆洪：《民事执行权若干问题研究》，载《法学家》2002年第5期，第102页。

④ 曹凤国：《审判权和执行权"深化内分"模式研究》，载《法律适用》2016年第8期，第76页。

法院，与本省高级法院是领导与被领导的关系，执行法院的法院称号与传统意义上定纷止争的审判机关不同。总而言之，无论执行权如何改革，把握执行实施权的行政权职能都是重中之重，"当前执行体制改革及将来民事强制执行立法工作应当认真把握非法官执行人员专司弱裁判性和事务性执行实施工作的核心职能"。[①]

七、小结

汤维建教授指出："司法体制改革是推动法治中国的唯一路径"，"只有具备明确的问题意识，摆出问题，查出病症，方能开出好的药方，司法改革才能一步一步扎实推进，最终获得成功。"[②] 羁押权、批捕权与执行权是司法体制改革的课题，一段时间内还是难题，但是否属于"内化"改良已经完全走不通，必须大刀阔斧"外分"改革的痼疾，此方面的话语争端显然见仁见智。毕竟，"源于西方的法律体系被抽去了内在的精髓，分割为徒具外观的零散部件，'进口'之后再以新的理念与原则重新拼接组装，不能不说是话语资源的浪费，并且加剧了法律移植的失败风险。"[③]

司法体制改革还未真正触及部门的核心利益，还未蹚进真正的深水区。党和国务院机构改革已经充分印证，没有什么利益藩篱是撬不动、推不垮、重构不起的。在羁押权、批捕权、执行权的改革方案上，只要中央确定"外分"的权力重置，公检法三机关定会坚决执行，但在方案尚未出台、相关立法停滞的现状下，笔者以为，在现行法律框架内，相关职能部门不仅不能自怨自艾，反而应当利用合法性的制度配置优势，尊重羁押权、批捕权与执行权的普遍运行规律，结合本国实情做出实打实的成绩，并加强相关领域的警务公开、检务公开、执行公开，让人民群众看到成效。毕竟，"我们评价一

[①] 雷彤：《执行体制改革背景下"执行员"的再解读》，载《当代法学》2019 年第 1 期，第 51 页。

[②] 孙金诚：《全国政协委员汤维建：司法体制改革找准"病灶"才能祛"痼疾"》，载民主与法制网 2015 年 3 月 4 日，http://www.rmzxb.com.cn/zt/2015qglh/yc/456724.shtml。

[③] 廖奕：《中国特色社会主义法学话语体系研究反思——以"党内法规"话语为例》，载《法学家》2018 年第 5 期，第 14 页。

个制度，无论如何不能仅仅以个别事件的实质性对错为标准，而是要对一个制度作出总体上的利害权衡，而这种权衡是公众在历史中选择的产物"。① 曾几何时，我国人民选择了公安机关行使羁押权、检察机关行使批捕权、法院行使执行权，但权力行使中的诸多问题已经引发人民群众极大不满，由此进行的权力内部大幅改良也已然或正在取得成效。正如俞荣根教授所言："法院行使执行权，是中国社会主义司法体制建构中最具特色的制度之一。法院执行权如何分解和制约，又是这个司法体制中难度最大的问题之一。可喜的是，各地法院已经在这方面进行积极探索。"②

内部大幅改良的同时，对羁押权、批捕权和执行权中国模式的专业、独立、客观的国内外第三方评估也不可少。联合国经社理事会"关于任意羁押的专家工作组"曾于1997年10月6—16日和2004年9月18—30日两次派人到我国考察未决羁押制度的实践情况，在一定程度上促进了我国法治进程的现代化。时不我待，学者对羁押权和执行权转隶司法行政机关、批捕权转隶法院的持续呼声之中，公安机关对羁押权、检察机关对批捕权、法院对执行权的完善正处于机制创新的关键时刻，选择一条有中国特色的羁押权、批捕权和执行权运行之路，不失为在现行制度之下的机制改良之策。笔者设想，待我国看守所人权保障程度大幅提高、审前羁押比例大幅降低、案件执行效果根本改观之后，官方可以在适当时机再次邀请联合国、欧洲人权法院等国际组织的学者，以及我国相关领域持反对意见的学者，对我国看守所管理制度、逮捕运行制度、民事执行制度进行考察，再次出具相关报告，以兼容并蓄的包容态度表明大刀阔斧的改革决心。正如高一飞教授所言，"研究问题，最终是为了解决问题，包括影响立法实践和司法实践，如果研究的问题最终只是话语误解引发的文字游戏，那是对学术资源的浪费"。③

---

① 朱苏力：《制度是如何形成的？——关于马歇尔诉麦迪逊案的故事》，载《比较法研究》1998年第1期，第71页。
② 徐华华、俞荣根：《论法院执行权力的分解》，载《法学杂志》2012年第1期，第121页。
③ 高一飞：《刑事司法研究中的话语误解》，载《中国法律评论》2017年第2期，第173页。

参考文献

一、著作

[1] 马贤兴. 捕诉合一思索与实践 [M]. 北京：中国检察出版社, 2018.

[2] 张军. 刑事错案研究 [M]. 北京：群众出版社, 1990.

[3] 张军, 姜伟, 田文昌. 新控辩审三人谈 [M]. 北京：北京大学出版社, 2014.

[4] 陈瑞华. 司法体制改革导论 [M]. 北京：法律出版社, 2018.

[5] 朱孝清. 论司法体制改革 [M]. 北京：中国检察出版社, 2019.

[6] 陈卫东. 2018 刑事诉讼法修改条文理解与适用 [M]. 北京：中国法制出版社, 2019.

[7] 北京市人民检察院. 检察机关主导和主体作用例证指导 [M]. 北京：中国检察出版社, 2018.

[8] 龙宗智. 检察官客观义务论 [M]. 北京：法律出版社, 2014.

[9] 孙长永. 探索正当程序：比较刑事诉讼法专论 [M]. 北京：中国法制出版社, 2005.

[10] 胡卫列, 韩大元. 法治思维与检察工作：第九届国家高级检察官论坛论文集 [M]. 北京：中国检察出版社, 2013.

[11] 张兆松. 逮捕权研究 [M]. 杭州：浙江大学出版社, 2017.

[12] 孙谦. 逮捕论 [M]. 北京：法律出版社, 2001.

[13] 施鹏鹏, 等. 司法改革热点问题研究：中国与域外 [M]. 哈尔滨：黑龙江教育出版社, 2019.

［14］邓子滨. 刑事诉讼原理［M］. 北京：北京大学出版社，2019.

［15］张建伟. 论检察［M］. 北京：中国检察出版社，2014.

［16］左卫民，周长军. 刑事诉讼的理念［M］. 北京：北京大学出版社，2014.

［17］张明楷. 刑法格言的展开［M］. 北京：北京大学出版社，2013.

［18］岳礼玲. 中国刑事司法与人权［M］. 北京：法律出版社，2017.

［19］江国华. 错案追踪［M］. 北京：法律出版社，2016.

［20］唐亚南. 刑事错案产生的原因及防范对策：以81起刑事错案为样本的实证分析［M］. 北京：知识产权出版社，2016.

［21］樊崇义，等. 底线：刑事错案的防范标准［M］. 北京：中国政法大学出版社，2015.

［22］李建明. 刑事司法错误：以刑事错案为中心的研究［M］. 北京：人民出版社，2013.

［23］何家弘. 亡者归来：刑事司法十大误区［M］. 北京：北京大学出版社，2015.

［24］胡铭. 错案是如何发生的：转型期中国式错案的程序逻辑［M］. 北京：浙江大学出版社，2013.

［25］黄士元. 正义不会缺席：中国刑事错案的成因与纠正［M］. 北京：中国法制出版社，2015.

［26］宋远升. 检察官论［M］. 北京：法律出版社，2014.

［27］陈光中. 辩诉交易在中国［M］. 北京：中国检察出版社，2003.

［28］杨正万. 辩诉交易问题研究［M］. 贵阳：贵州人民出版社，2002.

［29］马贵翔. 刑事简易程序概念的展开［M］. 北京：中国检察出版社，2006.

［30］孙瑜. 认罪案件审判程序研究［M］. 北京：对外经济贸易大学出版社，2012.

［31］祁建建. 美国辩诉交易研究［M］. 北京：北京大学出版社，2007.

[32] 张智辉. 简易程序改革研究: 辩诉交易制度研究结题报告 [M]. 北京: 中国检察出版社, 2010.

[33] 陈卫东. 被告人认罪案件简化审理程序 [M]. 北京: 中国检察出版社, 2004.

[34] 黄建光. 辩诉交易简论 [M]. 福州: 福建人民出版社, 2016.

[35] 冀祥德. 建立中国控辩协商制度研究 [M]. 北京: 北京大学出版社, 2006.

[36] 陈严法. 认罪认罚从宽制度研究 [M]. 北京: 法律出版社, 2017.

[37] 胡位列, 董桂文, 韩大元. 认罪认罚从宽制度的理论与实践: 第十三届国家高级检察官论坛论文集 [C]. 北京: 中国检察出版社, 2017.

[38] 龙宗智, 等. 司法改革与中国刑事证据制度的完善 [M]. 北京: 中国民主法制出版社, 2016.

[39] 潘金贵. 公诉制度改革研究: 理念重塑与制度重构 [M]. 北京: 中国检察出版社, 2008.

[40] 张步文. 司法证明原论 [M]. 北京: 商务印书馆, 2014.

[41] [美] 安吉娜·J. 戴维斯. 专横的正义: 美国检察官的权利 [M]. 李昌林, 陈川陵, 译. 北京: 中国法制出版社, 2012.

[42] [美] 格雷格·伯曼, 奥布里·福克斯. 失败启示录: 刑事司法改革的美国故事. [M]. 何挺, 译, 北京: 北京大学出版社, 2017.

[43] [美] 戴维·T. 约翰逊. 日本刑事司法的语境与特色: 以检察起诉为例 [M]. 林喜芬, 等译, 上海: 上海交通大学出版社, 2017.

[44] [美] 乔治·费希尔. 辩诉交易的胜利: 美国辩诉交易史 [M]. 郭志媛, 译. 北京: 中国政法大学出版社, 2012.

[45] [美] 拉里·劳丹. 错案的哲学: 刑事诉讼认识论 [M]. 李昌盛, 译. 北京: 北京大学出版社, 2015.

[46] [美] 汤姆·泰勒. 人们为什么遵守法律 [M]. 黄永, 译. 北京: 中国法制出版社, 2015.

[47] [美] 布莱恩·福斯特. 司法错误论: 性质、来源和救济 [M]. 刘静坤, 译. 北京: 中国人民公安大学出版社, 2007.

［48］［加］肯特·罗奇. 错案问题比较研究［M］. 蒋娜, 译. 北京: 中国检察出版社, 2015.

［49］［美］吉姆·佩特罗,［美］南希·佩特罗. 冤案何以发生: 导致冤假错案的八大司法迷信［M］. 苑宁宁, 陈效, 等译. 北京: 北京大学出版社, 2012.

［50］［美］特蕾莎·马丁内斯－莫尔韦恩. 你好, 真相! 蒙冤者的告白和他们的故事［M］. 陈效, 苑宁宁, 等译. 北京: 北京大学出版社, 2013.

二、期刊

［1］孙长永. "捕诉合一"的域外实践及其启示［J］. 环球法律评论, 2019（5）: 5－28.

［2］王敏远. 透视"捕诉一体"［J］. 环球法律评论, 2019（5）: 29－39.

［3］张建伟. "捕诉合一": 职能整合之功能分析［J］. 人民检察, 2018（14）: 17－20.

［4］张建伟. "捕诉合一"的改革是一项危险的抉择?——检察机关"捕诉合一"之利弊分析［J］. 中国刑事法杂志, 2018（4）: 12－27.

［5］张建伟. 逻辑的转换: 检察机关内设机构调整与捕诉一体［J］. 国家检察官学院学报, 2019（2）: 63－76.

［6］叶青. 关于"捕诉合一"办案模式的理论反思与实践价值［J］. 中国刑事法杂志, 2018（4）: 3－11.

［7］洪浩. 我国"捕诉合一"模式的正当性及其限度［J］. 中国刑事法杂志, 2018（4）: 28－42.

［8］郭华, 李红霞. 司法改革背景下的捕诉关系路径选择［J］. 河北法学, 2019（7）: 37－48.

［9］郭烁. 捕诉调整: "世易时移"的检察机制再选择［J］. 东方法学, 2018（3）: 133－140.

［10］敬大力．优化配置强制措施审查职能，加强人权司法保障［J］．人民检察（首都版），2018（2）：4－8．

［11］邓思清．检察权内部配置与检察机关内设机构改革［J］．国家检察官学院学报，2013（2）：48－60．

［12］邓思清．捕诉一体的实践与发展［J］．环球法律评论，2019（5）：40－50．

［13］沈海平．捕诉关系的辩证思考［J］．国家检察官学院学报，2018（4）：51－63．

［14］谢鹏程．动态平衡诉讼观与检察工作［J］．中国检察官，2018（7）：17－18．

［15］谢鹏程，彭玉．论捕诉关系［J］．人民检察，2018（13）：14－19．

［16］原立荣，刘铃悦．司法责任制背景下捕诉合一的合理根据及完善［J］．西南政法大学学报，2019（2）：97－107．

［17］张中．论监察案件的证据标准：以刑事诉讼证据为参照［J］．比较法研究，2019（1）：16－27．

［18］刘生荣．推进捕诉合一深化检察改革［J］．人民检察，2018（21）：18－27．

［19］李乐平．捕诉合一的优势与实践价值：以江苏省无锡市检察机关捕诉办案实践为样本［J］．人民检察，2018（18）：59－62．

［20］陈卫东，龙宗智，谢鹏程，等．抓住改革的"牛鼻子"：检察院司法责任制改革的理论与实践［J］．中国法律评论，2016（4）：1－24．

［21］陈实．论捕诉一体化的合理适用［J］．法商研究，2019（5）：14－25．

［22］卢乐云，曾亚．以审判为中心改革下的检察运行机制转型［J］．中南大学学报（社会科学版），2017（3）：52－53．

［23］孔璋．现行检察体制内捕诉关系的论证：兼谈中国特色审前羁押司法审查制度的构想［J］．人民检察，2004（5）：32－36．

[24] 冯丽君．司法体制改革背景下"捕诉合一"的必要性［J］．人民检察，2018（14）：21-23．

[25] 尹吉，王梦瑶．捕诉合一是新时代适宜的司法体制改革举措［J］．人民检察，2018（12）：14-17．

[26] 拜荣静．比例原则在捕诉程序中的引入与适用［J］．兰州大学学报（社会科学版），2019（1）：65-77．

[27] 万毅．检察权运行的改革调整［J］．中国检察官，2018（8）：55-58．

[28] 谢小剑．检察机关"捕诉合一"改革质疑［J］．东方法学，2018（6）：102-109．

[29] 童伟华．谨慎对待"捕诉合一"［J］．东方法学，2018（6）：110-121．

[30] 杨依．我国审查逮捕程序中的"准司法证明"：兼论"捕诉合一"的改革保障［J］．东方法学，2018（6）：122-131．

[31] 步洋洋．除魅与重构："捕诉合一"的辩证思考［J］．东方法学，2018（6）：132-140．

[32] 龙宗智．检察机关内部机构及功能设置研究［J］．法学家，2018（1）：141-151．

[33] 陈卫东．人民监督员制度应退出司法舞台吗［J］．人民论坛，2019（3）：88-89．

[34] 徐昕，黄艳好．中国司法改革年度报告（2018）［J］．上海大学学报（社会科学版），2019（2）：1-19．

[35] 闵春雷．论审查逮捕程序的诉讼化［J］．法制与社会发展，2016（3）：62-69．

[36] 朱孝清．对检察官中立性几个问题的看法［J］．人民检察，2016（2）：5-11．

[37] 汪海燕．检察机关审查逮捕权异化与消解［J］．政法论坛，2014（6）：80-91．

[38] 聂友伦．检察机关批捕权配置的三种模式［J］．法学家，2019（3）：43-56．

[39] 张勇. 检察一体化与金融检察专门机构职能模式选择 [J]. 法学, 2012 (5): 157-159.

[40] 傅文魁. 论捕诉合一及监督 [J]. 中国检察官, 2006 (2): 72-73.

[41] 夏继金. 质疑"捕诉合一" [J]. 人民检察, 2003 (9): 50-51.

[42] 曹军. 基层院捕诉合一做法不应提倡 [J]. 人民检察, 2004 (11): 62.

[43] 许永俊. 捕诉合一办案机制研究 [J]. 国家检察官学院学报, 2001 (1): 101-106.

[44] 祁彪. "捕诉合一"进行时 [J]. 民主与法制, 2018 (36): 8-24.

[45] 赵天贵, 高潮. 未成年人刑事案件捕诉一体化初探 [J]. 人民检察, 2013 (20): 22-25.

[46] 李昌林. 审查逮捕程序改革的进路：以提高逮捕案件质量为核心 [J]. 现代法学, 2011 (1): 114-122.

[47] 李昌盛. 证明标准的德性之维 [J]. 暨南大学学报（哲学社会科学版）, 2016 (5): 110-119.

[48] 孙谦. 刑事立案与法律监督 [J]. 中国刑事法杂志, 2019 (3): 3-15.

[49] 赵慧. 捕诉一体运行的配套制度优化 [J]. 中国检察官, 2019 (9): 3-6.

[50] 重庆市南岸区人民检察院课题组. 公安机关办理刑事案件指标执法之检察监督 [J]. 国家检察官学院学报, 2016 (3): 39-54.

三、报纸

[1] 张军. 最高人民检察院工作报告 [N]. 人民日报, 2019-03-13 (2).

[2] 彭波. 批捕就该谨慎 [N]. 人民日报, 2014-09-17 (17).

［3］蒋安杰．最高检的里程碑式重塑性变革［N］．法制日报，2019-03-11（3）．

［4］胡云腾．正确把握认罪认罚从宽保证严格公正高效司法［N］．人民法院报，2019-10-24（5）．

［5］谭畅．争议"捕诉合一"：新方向还是回头路？［N］．南方周末，2018-08-02（3）．

［6］敬大力．捕诉一体重构刑检职能提升工作质效［N］．检察日报，2019-01-23（9）．

［7］邓思清．捕诉合一是中国司法体制下的合理选择［N］．检察日报，2018-06-06（3）．

［8］郑赫南，梁高峰．"捕诉合一"在这里已实行一年多：走进山西省太原市小店区检察院［N］．检察日报，2018-07-27（2）．

［9］陈瑞华．刑事诉讼如何形成"中国模式"［N］．检察日报，2019-03-23（3）．

［10］金园园．法治越是被需要和重视就越需要护法机关：专访最高人民检察院原副检察长朱孝清［N］．检察日报，2018-11-26（4）．

［11］龙建文．立足司法责任制构建捕诉合一模式［N］．检察日报，2018-07-22（3）．

［12］张吟丰，余颖，罗大钧．长沙雨花："捕诉合一"办案机制的基层实践［N］，检察日报，2018-08-20（2）．

［13］张和林，严然．"捕诉合一"模式更加契合司法实践需要［N］．检察日报，2018-06-13（3）．

［14］左燕东．检察机关办理命案推行新模式［N］．山西日报，2015-04-17（A02）．

［15］闫晶晶．"捕诉合一"之问：让实践说话——全国人大监察和司法委员会、最高人民检察院联合邀请法学专家赴吉林检察机关调研"捕诉合一"侧记［N］．检察日报，2018-08-27（1）．

［16］徐盈雁．"1+1=2"还是"1+1>2"？——全国人大监察和司法

委员会、最高人民检察院联合邀请法学专家赴基层检察机关调研"捕诉合一"侧记［N］. 检察日报，2018 – 07 – 24（1）．

［17］李明耀，蔡学文，叶伟龙．互补？联动？监督［N］．检察日报，2007 – 10 – 8（2）．

［18］马静．捕诉合一还是捕诉分离？辩论场上见分晓［N］．山东法制报，2018 – 07 – 25（3）．

［19］姜洪．检察改革精装修需要集纳多方智慧［N］．检察日报，2018 – 09 – 06（1）．

［20］黄芹，周珊，张峻琦．苏州吴中："捕诉合一 + 专业化办案组"全面落实办案责任制［N］．检察日报，2018 – 06 – 22（2）．

［21］阮占江，郑涛．记者探访湖南首个捕诉合一基层试验田［N］．法制日报，2018 – 07 – 06（5）．

［22］汤瑜．全国各地探索"司改"新路径［N］．民主与法制时报，2018 – 08 – 12（2）．

［23］李营．"捕诉合一"有利于提高检察产品品质［N］．江苏法制报，2018 – 07 – 26（A）．

［24］元明．"捕诉合一"解决不了案多人少矛盾［N］．检察日报，2005 – 04 – 13（3）．

［25］胡冬平．捕诉合一不宜推行［N］．检察日报，2004 – 07 – 19（3）．

［26］殷强．"捕诉一体化"改革的法理分析与展望［N］．中国社会科学报，2019 – 11 – 21（7）．

［27］季美君．捕诉一体背景下应强化侦查监督［N］．检察日报，2019 – 11 – 12（3）．

［28］王敏远．完善刑事诉讼中的认罪认罚从宽制度疑难问题研究［N］．法制日报．2017 – 03 – 01（10）．

［29］汪海燕．完善刑事诉讼中认罪认罚从宽制度［N］．人民法院报，2017 – 04 – 24（2）．

［30］周斌，蔡长春．借鉴诉辩交易元素试点认罪从宽制度［N］．法制日报，2016 – 01 – 23（2）．

[31] 谢敏. 牢牢把握改革方向确保试点依法规范展开 [N]. 检察日报, 2016-11-29 (1).

[32] 杨帆. 二审认罪认罚要与一审认罪认罚有所区别 [N]. 辽沈晚报, 2017-03-23 (A06).

[33] 王恩海. 认罪认罚从宽制度试点应慎重 [N]. 上海法治报, 2017-02-22 (B06).

[34] 刘金林. 认罪认罚从宽制度仍应坚持常规证明标准 [N]. 检察日报, 2016-08-25 (3).

[35] 蔡长春. 北京海淀法院刑事速裁再提速, 48 小时全流程审结醉驾案 [N]. 法制日报, 2017-05-24 (3).

[36] 张旭, 钱也. 速裁两起危险驾驶案均在 5 分钟内审完 [N]. 重庆晨报, 2017-05-25 (15).

[37] 黄洋洋, 许文楚. 广州海珠司法部门联合规范适用认罪认罚从宽制度 [N]. 人民法院报, 2017-03-24 (4).

[38] 王志成.《关于在部分地区开展刑事案件认罪从宽制度试点工作的办法》第八条之商榷 [N]. 天津政法报, 2017-05-23 (3).

[39] 宋浤沙. 从程序与实体角度推进认罪认罚从宽制度探索 [N]. 检察日报, 2017-07-06 (3).

[40] 左燕东. 检察机关办理命案推行新模式 [N]. 山西日报, 2015-04-17 (A02).

四、其他

[1] 陈亮. 检察机关捕诉关系研究 [D]. 上海: 华东政法大学, 2011.

[2] 陈园. 捕诉合一模式的理论反思与实践价值 [D]. 南昌: 江西财经大学, 2019.

[3] 刘昭邑. 我国检察机关捕诉合一办案机制研究 [D]. 南宁: 广西师范大学, 2019.

［4］库木斯汉·哈列力．捕诉合一检察权运行机制探析［D］．乌鲁木齐：新疆大学，2019．

［5］齐宁．检察机关捕诉合一办案模式的反思与优化［D］．沈阳：辽宁大学，2019．

［6］董靓．检察机关捕诉合一办案机制探析［D］．南昌：江西财经大学，2018．

［7］刘星．检察机关捕诉资源整合办案机制研究［D］．长春：东北师范大学，2017．

［8］赵娜娜．论捕诉合一机制［D］．太原：山西大学，2016．

［9］王友武．未成年人刑事案件"捕诉合一"机制的反思与构建［D］．湘潭：湘潭大学，2014．

［10］刘辉．论捕诉一体［D］．武汉：华中师范大学，2019．

［11］胡志风．刑事错案与侦查程序研究［D］．北京：中国政法大学，2011．

［12］陈士渠．刑事错案的证据分析：以侦查为视角［D］．北京：中国政法大学，2008．

［13］李春刚．刑事错案基本问题研究［D］．长春：吉林大学，2010．

［14］陶婷．错案论［D］．上海：华东政法大学，2014．

［15］朱崇坤．法官错案责任追究的法理分析［D］．北京：中共中央党校，2014．

［16］沙尚飞．论俄罗斯辩诉交易制度［D］．哈尔滨：黑龙江大学，2015．

［17］黄河．德国刑事诉讼中协商制度研究［D］．北京：中国政法大学．2010．

［18］颜廷光．美国现代辩诉交易制度研究［D］．合肥：安徽大学，2016．

［19］赵宇佳．辩诉交易的比较法考察与启示［D］．北京：中国政法大学，2011．

［20］杨佳．美国辩诉交易制度与德国协商制度之比较研究［D］．银川：宁夏大学，2013．

[21] 杨柳幸. 认罪认罚从宽制度研究 [D]. 重庆：西南政法大学，2015.

[22] 杨婷. 中国式辩诉交易价值理论与实践探寻 [D]. 北京：首都经济贸易大学，2017.

[23] JON B. G. The innocence commission: preventing wrongful convictions and restoring the criminal justice system. New York: New York University Press, 2008.

[24] MIREILLE D. M. European criminal procedure. Cambridge: Cambridge University Press, 2008.

[25] EADY, DAVID S. Abridged, & smith on contempt, London: Sweet & Maxwell UK, 2011.

[26] RICHARD S. F. The search for the whole truth about American and European criminal justice, Criminal Law Rev, 2000.

[27] GLADYS K. N. The impact of plea bargaining on the criminal justice delivery: a case study of the Uganda high court criminal trials. Author House, 2017.

[28] NICOLAS H., ZACHARY C. B. Plea bargaining. Juris Publishing Inc., 2017.

[29] MONA L. Hard Bargains: The coercive power of drug laws in federal court. Russell Sage Foundation, 2016.

[30] ADURALERE O. Plea bargaining and judicial decisions in Nigeria. Lap Lambert Academic Publishing, 2016.

[31] RICCARDO B. Victim – offender reconciliation in the People's Republic of China. Palgrave Macmillan, 2016.

[32] PETER B. Plea bargaining: female prosecutorial discretion and decision making. Scholars' Press, 2015.

[33] RAMULU E. Police investigation, security proceedings for prevention of crime, plea bargaining. Asia Law House, 2015.

[34] MIKE M. LUKE M. Criminal judges: legitimacy, courts and state - induced guilty pleas in Britain. Edward Elgar Pub, 2014.

[35] REGINA R. Plea bargaining in national and international law: a comparative study. Routledge, 2014.

[36] MAYNARD N. Y. Inside plea bargaining: the language of negotiation. Springer: Soft cover reprint of the original first edition, 2012.

[37] URIEL P. Corporate crime and plea bargains. The Law & Ethics of Human Rights, 2017 (1).

[38] CALLY C. A legal and moral case for climate action. High Country News, 2016 (2).

[39] WOOLARD J. L. Power, process, and protection: juveniles as defendants in the justice system. Advances in Child Development and Behavior, 2016 (2).

[40] PETER S. The rocky flats plea bargain: a case study in the prosecution of organizational crime in the US nuclear weapons complex. Journal of Crime and Justice, 2015 (2).

[41] JOHN D. B. A preliminary assessment of the impact of plea bargaining among a sample of waiver - eligible offenders. Youth Violence and Juvenile Justice, 2015 (3).

[42] SIDDHARTHA B. Prosecutorial retention: signaling by trial. Journal of Public Economic Theory, 2015 (2).

[43] ROLLION W. Q. Agnew's plea bargain: between rhetoric of consensus and confrontation. Communication Studies, 1977 (3).

[44] LETOURNEAU E. J. Sex offender registration and notification policy increases juvenile plea bargains. Sexual Abuse, 2012 (10).

[45] DAVID L. W. Plea bargaining and the decision to go to trial: The application of a rational choice model. Policy Sciences, 1978 (1).

[46] KENNETH S. B. The plea bargaining process from the defendant's perspective: a field investigation. Basic and Applied Social Psychology, 1985 (2).

后　记

"永远年轻，永远热泪盈眶，永远相信努力的意义。"

——题记

本书是我攻读博士学位的"无心插柳"之作，也是我从事检察工作的"应声应景"之作。

本书的写就，纯属意料之外。2016年9月，在硕士毕业四年后，我回到西南政法大学法学院，从硕士专业刑法学"跨专业"到诉讼法学，全日制、定向就读刑事诉讼法学方向博士研究生，从事刑事诉讼法和司法制度方面的研究。在刑事诉讼法学科组带头人孙长永教授的设计、主导下，以"硕博同堂、多师同堂"为特色的教学课程改革给我带来了极大的收获，与刑事诉讼法学和刑法学硕士研究生的分组讨论使我获益良多，听全体刑事诉讼法学教研室教师的课堂讲解使我受益匪浅。还记得，孙长永教授在"欧洲人权法院判例法"课程中对一个个经典判例的翻译、讲解、研讨和提炼，高一飞教授在"司法制度与改革"课程中对司法改革的前世今生、何去何从分门别类娓娓道来，李昌林教授在"刑事诉讼法分论"课程中根据不同章节特点精心配备公检法一线"实务导师"，刘梅湘教授在"刑事诉讼法总论"课程中为我们倾囊相授强制措施和侦查制度的来世今生，潘金贵教授在"刑事证据法学"课程中对我发言时"误读"品格证据的内容答疑解惑，张吉喜教授在"外国刑事诉讼法"课程中对美国司法判例的原文逐字逐句解读，李昌盛教授在"博士论文选题与写作"课程中为我们讲解论文写作经验至深夜11点……西南政法大学刑事诉讼法教研室的教师们，为国家级重点学科的奋斗付出太多，能够在这样的氛围中接受深造，实属学生之幸。

奋斗的日子是美丽的，沉醉在知识的海洋里是幸福的。第一年的在校全日制上课期间，没有一次缺课，其间每周还要赶回单位办理两三件审查逮捕案件，经常踏着晨曦赶赴学校，上午上课、中午赶回单位、下午下班后再次赶回学校、晚上下课后伴着夜幕赶回家中……第一学年告一段落后，翻阅整整三册的笔记，我常感叹："博士生阶段的求学之路不易！求学于'严进严出'的国家级重点学科更加不易！"博士生学习过程中的课程、科研和学位论文等应然压力，与日常检察办案的实然压力，混合交织，原本使我几乎没有多余精力分身再展开博士学位论文主题之外的其他研究。然而，世事弄人、时势造人，除了我的博士阶段研究重点——认罪认罚从宽制度对检察权的重要外部调整作用，从检察权的自我内部优化而言，自 2018 年下半年起，在日常办案中，我深切感受到"捕诉合一"改革已成为检察系统"牵一发而动全身"的大事情，有展开理论研究的必要性与紧迫性。于是，我有了尝试从时间的海绵中挤挤水的冲动。

本书的写就，也属情理之中。2012 年 8 月，在硕士应届毕业后，我进入重庆市南岸区人民检察院工作，在半年的职务犯罪侦查局、公诉科历练后，我扎根于侦查监督科从事审查逮捕、立案监督、侦查活动监督等工作，从书记员到助理检察员再到检察官助理，直至 2018 年 8 月重庆市检察系统"捕诉合一"改革的序幕拉开。其间，2013 年 8 月至 2017 年 4 月，我以助理检察员身份承办了审查逮捕案件 600 余件 700 余人，对三级审批制模式下的"捕诉分离"办案机制颇为熟悉；员额制改革后，2017 年 5 月至 2018 年 7 月，我以检察官助理身份协助办理审查逮捕案件 120 余件 150 余人。实话实说，对于包括我在内的不少批捕检察干警而言，在 2018 年年初"捕诉分离还是捕诉合一"争论初起之时，心态是复杂的，"批捕权被公诉权'兼并'""批捕权独立性降低""检察机关内部监督制约体系弱化"等担忧突显，对批捕权"边缘化"以及案件质量下降的担心直接导致对改革的合理性产生一定疑问。也正是由于在检察机关的自侦、批捕和公诉三大主干部门都有所涉猎的缘故，我对检察权中有行政属性的侦查权、有司法属性的批捕权和二种属性兼有之的公诉权都有一定感触。如果说侦查、批捕、公诉的"侦捕诉三合一"是不可逾越的内部权力配置红线（虽然 2019 年深圳市检察机关已经提出了"侦捕诉一体化"的口号），那么在职务犯罪侦查权转隶后，如何在司法改革的新时代中，进一步合理配置刑事检察权，是一个检察系统需要重新审视、认真研究的新问题、大问题。

孰料，实践的天时地利很快到来——2018年8月，在重庆市人民检察院的全市统筹之下，重庆市南岸区人民检察院进行了内设机构改革，将公诉科、侦查监督科合并为检察一部、检察二部，一位侦查监督（公诉）员额检察官搭配一位公诉（侦查监督）检察官助理组成一个独任办案单元，实行"捕诉一体"办案机制。我再次经历了岗位转换，从侦查监督科转岗到检察一部，协助一名资深公诉检察官组成一个独任办案组。感谢检察机关内设机构改革，"捕诉合一"使我重操公诉主业，时隔六年之后，再次走上法庭的公诉人席位。感谢审判公开，2018年9月7日首次在一件适用普通程序的诈骗案中协助出庭，2018年9月28日首次在一件适用速裁程序的盗窃案中独立出庭，我得以在庭审直播网上保存这两个"首次"出庭的视频和截图，"捕诉合一"改革中的"捕诉人员合一"使我个人的检察生涯有所裨益。在认罪认罚从宽制度与"捕诉一体"办案模式的耦合之下，重拾公诉主业的我，深入批捕权与公诉权一体化行使的一线，综合发挥批捕、公诉、诉讼监督等检察职能。"捕诉一体"改革至今，我已经协助检察官全面开展了提前介入、审查逮捕、立案监督、侦查活动监督、审查起诉、出庭公诉、审判监督、羁押必要性审查等刑事检察业务，协助办理案件170余件230余人，全面接触侦查、起诉、审判等全诉讼流程，全面接触案侦民警、法制民警、看守所民警、值班律师、法律援助律师、委托辩护人、刑庭法官、刑庭法官助理、刑庭书记员等相关人员，积累了本地"捕诉一体"办案机制的大量实践素材与经验。

直接"刺激"我"忙里偷闲"、暂时转换研究主题到"捕诉合一"改革上的，是2018年5月刑事诉讼法学界研讨"捕诉分离还是捕诉合一"之时，"否定同事一定比否定自己更加容易吗"的学者反问。彼时，作为即将走入检察史册的侦查监督科一员，以往批捕案件中几次被公诉科同事"内部制约"后微罪不诉、存疑不诉甚至绝对不诉的经历，尤其是我对某贩卖毒品案批捕后被同事绝对不诉、不得不内部向上一级检察院撰写《复查报告》并接受案件质量问题评查的经历（虽然经评查后未被认定错案），直接造就了我对"检察机关内部制约体系"非同一般的敏锐。似乎站在了检察机关权力配置改革的十字路口，几乎是凭着一口突如其来的"写作之气"，我回顾了自己批捕案件被公诉同事监督制约的历程，结合了我在本单位"捕诉合一"改革之后的初期经验，一气呵成地完成了《左右手何以制约：捕诉合一模式下的内部监督机制研究》一文，在 2018 年 10 月 26 日浙江工业大学承办的第六届全国司法文明博士生、博士后论坛上进行了主题发言，并荣获一等奖，该文的精简版也发表在《新疆社会科学》2019 年第 3 期。至此，一发不可收拾，从理论剖析到实证调研再到横纵向对比，不知是何种力量在推动我笔耕不辍，短短数月之内开展了对"捕诉合一"改革的深入研究。

恍然间，自从 2018 年 8 月重庆检察机关内设机构改革到 2019 年 12 月本书写就之际，历经一年半的基层一线实践，我对"捕诉合一"改革的态度经历了"将信将疑—深信不疑"的升级转换，深感在检察改革的新时代，"捕诉一体"的一线实践者有责任也有义务对"捕诉一体"的程序设计进行理论反哺与正当证成，本书的出炉即为"应声应景"之作。因此，本书中，我既不回避"捕诉一体"改革带来的批捕权独立性和内部监督机制弱化等潜在问题，更不回避"捕诉一体"改革带来的批捕权配置方向再争论，力求从一线实践者的亲历性角度对"捕诉一体"改革的理论争议、实践样态和发展趋势展开全面研究。遗憾的是，由于我国检察机关行使批捕权的独特权力配置，加之我对相关外文资料的检索能力有限，"捕诉一体"主体的比较法研究文献部分有所缺失。

在写作过程中，我深感"捕诉一体"改革中理论"否定"与实践"肯定"的话语冲突乃至撕裂现象之甚，因此，在对捕诉关系的纵向分析之余，回到"捕诉一体"的司法职权配置改革进行公检法横向分析。正如公安机关行使看守所管理权导致"侦羁合一"、法院行使民事判决执行权导致"审执合一"，检察机关此次选择的"捕诉合一"升级版——"捕诉一体"亦引起理论界不少诟病。比较西方法治国家的通行做法，审判机关决定未决羁押，以及背后体现出的权力制约、中立判断、司法审查等法理，是在全球化背景下，我国法治建设应当引进、借鉴、移植的"普遍学理"吗？纵览我国整个司法体制改革的进程，检察机关以"捕诉一体"模式行使批捕权，是立足本土资源，属于中国特色法学知识体系、话语体系和法治体系的内涵之一吗？

为何有关批捕权的法学研究成果极少为检察官所关心和吸纳？为何检察机关完善批捕权现行体制的迫切需要无法得到及时充分的学理回应？究而言之，以"普遍学理"为判断标准的法学研究是否需要回应建立在"特色学说"基础上的司法实践需要？反言之，坚守现行批捕权运行模式的实务界是否对法学界的改革意见给予了充分关注与尊重？我从"捕诉一体"改革话语争端中寻找出上述根源问题，并进行了分析。倘若本书能够对进一步完善我国批捕权和公诉权的运行模式起到些许作用，这也就达成本研究的使命了。

同时，本书也是2019年度国家检察官学院科研基金资助项目"捕诉一体办案机制研究"（GJY2019D01）的最终研究成果。

第一本拙作得以面世，需要感谢的人太多。在此不禁要劳烦笔墨，详细列出这份我人生成长与学术道路之上的"感恩清单"。

感谢我的妻子何婵、女儿闵可恩、岳父岳母，家人的支持与陪伴总是我奋斗不止的动力源泉。尤其是妻子何婵，在我就读博士研究生的前三年内，不仅完成了怀孕、生产、哺乳、育儿等贤妻良母全流程，更在其自身从事的小学工作中完成了语文学科教学和班主任管理的双丰收，获得了2019年重庆市南岸区优秀班主任称号。每当在学业上陷入低潮之时，妻子的不懈奋斗总是我"擦干眼泪再出发"的动力源泉。检察工作七年、定向读博三年，这本小书正是送给女儿闵可恩的一份小礼物，希望她懂得"奋斗到热泪盈眶"的意义。

感谢我的博士研究生导师高一飞教授。高老师在学术指引上的严格要求使我在破茧成蝶之前"痛并快乐着"，高老师著作等身的学术高水准是我永远仰望并欣往奋斗的指路灯塔，高老师在授课过程中"自掏腰包"邀请各路名师前来讲学的工作态度值得我学习赞赏。从硕士刑法学到博士刑事诉讼法学，我在不经意间追随着高老师的学术之路，这种发自内心的学术追随将会持续终生。

感谢我的硕士导师王敏教授。王老师在犯罪心理学和社区矫正学上的谆谆教导常在耳畔，为我打下了刑事实体法的扎实基础。正是有了实体法的基础，才有助于我如今完全浸润在程序法之中，使我对在刑事检察工作中遇到的问题自发从刑事一体化的角度展开思考，正如我的博士学位论文选题"认罪认罚从宽制度",亦如对刑事诉讼全流程都有巨大影响的"捕诉一体"办案机制改革。

感谢我的本科教师——西华师范大学法学院唐芳教授、罗荀新教授。唐老师作为龙宗智教授的弟子,带领我进入刑事诉讼法的大门,还记得唐老师对"彭水诗案"的绘声讲述、对专业实习的调研指点,栽下了一颗程序正义的种子。罗老师作为左卫民教授的弟子,在担任我本科阶段班主任期间,对我在各部门法综合发展与学术道路指引方面,起到了重要作用,更为我考取硕士研究生和通过司法考试提供了充足的官方支持与后勤保障。虽然我因故放弃了2016年基本考取的四川大学法学院刑事诉讼法学专业博士研究生,无法亲自聆听两位名师的教诲,但唐老师和罗老师的耳提面命,让我领略了名师弟子的风采,尤其是唐老师和罗老师持续学术深造的境界追求给本科阶段尚属"学术小白"的我指明了今后发展的学术方向。

感谢我的语文教师——河南油田第三小学唐一清老师、河南油田第一中学孙惠老师。唐老师是使我爱上作文、爱上语文、爱上文字的领路人,小学五年的一笔一画、一夸一骂都是对我、对每一个小朋友真诚的爱,这份爱使我一生在汉字的魅力之中前行。孙老师是纠正我内向、胆怯性格的矫正者,"逼"我在讲台上向全班朗诵自己写的作文,使我第一次有了站上讲台演讲的勇气,让我明白"既要写得好、更要讲得好"的道理。两位义务教育阶段的语文老师,你们的师风、师德、师道令我终身受教。

感谢重庆市人民检察院第四分院高松林检察长,感谢重庆市南岸区人民检察院李大槐检察长、黎先文副检察长、付红波副检察长、纪检组石斌组长、政治部李朝东主任、检察委员会乔梅专职委员、李治国专职委员、马小林专职委员,感谢检察二部刘宇主任、检察六部陈中丁主任和张霆副主任、检察七部吴言才主任和刘蔚琳副主任,感谢甘明检察官、陈革检察官,领导、老师与同事在检察实践中的支持与提点总让我受益良多,两位从事检察事业二三十年的师傅——甘明、陈革"手把手"带我进入检察大门的谆谆教诲与经验传授更是我奋斗前进的不竭力量。

感谢博士同学师索、李崇涛、孙潇琳、张全涛、孙明泽、赵飞龙、崔玮、杨勇、彭俊磊、张文波、张威,感谢硕士同学张远远、孟楠楠、刘劲阳、杨辉、倪婷、王健、李永航，感谢本科同学龙渝、赵贵松、李长平、王镇宇、陈立三，感谢小学、初中、高中都是同学和榜样的孙兴、洪亮，不管天各一方，曾经给予我的同学温暖与成长提携都使我铭记于心。

知识产权出版社法律编辑室齐梓伊主任和编辑唱学静学姐为拙著的出版付出了辛苦的劳动，在此谨表谢忱！

恍然间，博士研究生四年的求学生涯已经进入最后一年，博士学位论文的任务早已迫在眉睫，我却还在思想上和行动上"开学术小差"。在如此繁忙的学习压力与工作节奏之下，我本应重点关注博士学位论文的个人研究方向，而不应该将有限的研究经历分散到其他方面，要知道"思想虽然无限，精力确实有限"。对我分散精力于博士学位论文主题之外的其他研究，虽然在天时地利人和兼具之下的"捕诉一体"改革之中"心有抱负、不写不快"，但归根结底，纵然"柳已成荫"，"无心插柳"也不应该，最后道一声抱歉。

限于水平所限，拙作错漏之处在所难免。恳请读者不吝赐教、批评指正。

闵丰锦
2019年12月4日宪法日
于重庆市南岸区人民检察院图书室